BELGIEN

Vordere Umschlagklappe: Belgien

Hintere Umschlagklappe: Stadtplan Brüssel

Ferdinand Dupuis-Panther

BELGIEN

DuMONT

Titelbild: Gent, Besichtigung per Boot
Umschlaginnenklappe vorne: Antwerpen, Grote Markt mit Brabo-Brunnen
Umschlaginnenklappe hinten: Die Janshuismolen vor den Toren von Brügge
Umschlagrückseite: Flandrische Küste (oben); Flohmarkt in De Haan (Mitte); Gasthaus ›A la mort subite‹ (unten)
Vignette S. 1: Mini-Europa beim Atomium in Brüssel
Abbildung Seite 2/3: Blick auf Dinant

Über den Autor: Ferdinand Dupuis-Panther, geboren 1952 in Hamburg, hat Sozialwissenschaften studiert und in verschiedenen pädagogischen Projekten gearbeitet. Heute bereist er als Autor den südpazifischen Raum, aber auch Norddeutschland und die Beneluxländer.

Mein Dank gilt dem Belgischen Fremdenverkehrsamt in Düsseldorf, dem Office de Promotion du Tourisme sowie dem Toerisme Vlaanderen für zahlreiches Informationsmaterial und kostenlose Hotelübernachtungen. Die persönliche Betreuung durch die Fremdenverkehrsämter von Tongeren, Hasselt, Diest, Aarschot, Mechelen, Lier, Antwerpen, Leuven, Brüssel, Gent, Brügge, Aalst, Lokeren, St. Niklaas, Veurne, Ieper, Poperinge, Tournai, Mons, Hotton, La Roche und St-Hubert machten die Recherchen vor Ort zu einem angenehmen Aufenthalt. Bedanken möchte ich mich auch bei SABENA für einen Freiflug von Hamburg nach Brüssel.

© DuMont Buchverlag, Köln
4., aktualisierte Auflage 2000
Alle Rechte vorbehalten
Umschlaggestaltung: Groschwitz, Hamburg
Satz und Druck: Rasch, Bramsche
Buchbinderische Verarbeitung: Bramscher Buchbinder Betriebe

Printed in Germany   ISBN 3-7701-3019-7

INHALT

LAND & LEUTE

Natur und Wirtschaft

Geschichte, Gesellschaft und Kultur

UNTERWEGS
IN BELGIEN

Brüssel

Route 1: In der Umgebung von Brüssel

Route 2: Von Brabant nach Limburg

Route 3: Von Mechelen nach Antwerpen

Route 8: Zwischen Hohem Venn und Ardennen

Route 9: Durch die Ardennen

TIPS & ADRESSEN

LAND & LEUTE

Natur und
Wirtschaft

Geschichte,
Kunst und Kultur

Natur und Wirtschaft

Die Semois bei Chassepierre in den Ardennen

Die Landschaften

Das Königreich Belgien erstreckt sich über eine Fläche von 30 528 km² und ist damit den Bundesländern Brandenburg und Nordrhein-Westfalen vergleichbar. Von dieser Gesamtfläche entfallen auf die Region Flandern 13 522 km², auf die Wallonische Region 16 844 km² und auf die Region Brüssel 162 km². Mit den Anrainerstaaten Frankreich, Luxemburg, Deutschland und Niederlande teilt sich Belgien eine Grenze von insgesamt 1445 km Länge, wovon die Grenze zu Frankreich mit 620 km der längste Abschnitt ist.

Das Landschaftsrelief Belgiens fällt von Ost nach West ab, also vom Hochplateau der Ardennen mit Höhen über und um 500 m im Osten zu den 0–5 m über dem Meeresspiegel liegenden Poldern vor der **Nordseeküste**. Der 66 km lange, weitgehend touristisch erschlossene Küstenstreifen mit seinen Dünen ist dem Marsch- oder Polderland, einst dem Meer abgerungen und heute landwirtschaftlich genutzt, vorgelagert. Das **Binnenland**, bestehend aus der Flämischen und Kempener Tiefebene, erhebt sich bis auf 50 m. Es schließt an die Marsch an und um-

Landschaft bei Haltinne

In Flandern

faßt das Gebiet zwischen Leie und Schelde. Das **Kempenland** westlich der Scheldemündung, zwischen den Scheldezuflüssen Demer, Zenne, Kleine und Große Nete, besteht weitgehend aus unfruchtbaren Kies- und Sandböden. Neben den ausgedehnten Heideflächen der Kalmthoutse Heide findet man Kiefernwälder und Weiden für die Viehwirtschaft.

Zwischen südlicher Schelde und Ijzer liegen das Heuvelland mit dem Kemmelberg (156 m) als höchster Erhebung und die Flämischen Ardennen mit Hügeln wie dem Pottelberg (157 m). Sie sind Teil der mittelbelgischen Platte mit lehmig-sandigen Böden. Zum belgischen Hügelland gehört auch das **Brabanter Plateau** südwestlich und -östlich von Brüssel. In einem Teil dieses Plateaus, dem Hageland, wird, wie auch am Rande des Kemperlandes bei Mechelen, intensiver Gemüseanbau betrieben. Östlich des Hagelands erstreckt sich zwischen Maas und Demer das Haspengau, ein Obstanbaugebiet. Im Gegensatz zum Nordrand der mittelbelgischen Platte ist der Südrand, vor allem im Hennegau zwischen Tournai und Mons, mit Löß bedeckt. Entlang Sambre und Maas zieht sich ein stark industrialisierter Sektor von Mons über Charleroi und Huy nach Liège.

Südlich davon, im **Condroz,** steigt das Land auf bis zu 300 m an. Maas, Ourthe und Lesse durchfließen diese Region. Die Täler dieser Flüsse sind im wesentlichen Siedlungsräume, während auf den höher gelegenen Ebenen Land- und Forstwirtschaft betrieben wird. Die Ton-Schiefer-Senke der **Famenne** westlich und östlich des Oberlaufs der Maas ist dem Hochland der Ardennen vorgelagert. Im Südosten dieser Senke, der sogenannten Calestienne, finden sich die schönsten Kalksteinhöhlen wie die von Hotton, Rochefort und Han-sur-Lesse. Im Süden der Famenne schließen sich die bewaldeten **Ardennen** mit ihren tonhaltigen Lehmböden an. Sie werden land- und vor allem forstwirtschaftlich genutzt. Die Landwirtschaft konzentriert sich auf den Kartoffelanbau. Drei Viertel aller in Belgien erzeugten Kartoffeln kommen aus dieser Region.

Belgien ist stark verstädtert. In dem kleinen Land haben sich nicht weniger als 15 Verdichtungsgebiete mit jeweils mehr als 80 000 Einwohnern herausgebildet, in denen zwei Drittel der Bevölkerung leben. Entsprechend dicht ist das Netz der Nationalstraßen, Autobahnen und Eisenbahntrassen.

Das Klima

Belgien liegt im Bereich einer gemäßigten Klimazone. Der kälte-ste Monat ist der Januar mit durchschnittlich 2,6 °C, der wärmste der Juli mit 17,1 °C. Die Küstenregion ist mit 1700 Sonnenstunden im Jahr gegenüber 1550 Sonnenstunden im Landesdurchschnitt begünstigt. Die durchschnittliche Niederschlagsmenge liegt bei 800 mm/Jahr. Die Hochebene des Hohen Venn (Hautes Fagnes) ist mit 1400 mm/Jahr das regenreichste Gebiet, in Baraque Fraiture, auf einer Höhe von 652 m, fallen immerhin noch 1300 mm/Jahr. Die Ardennen sind wegen ihrer Schneesicherheit auch im Winter ein Reiseziel, die Küste, aber auch Brüssel, locken dagegen mit milden Temperaturen, die auch im Winter deutlich über 0 °C liegen.

Pflanzen und Tiere

Entsprechend der Bodenbeschaffenheit, dem Relief und dem gemäßigten Klima findet man in Belgien typisch nord- und mitteleuropäische Flora und Fauna. Mehr als ein Drittel der Wallonischen Region ist bewaldet, am dichtesten die Provinz Luxembourg im Südosten des Landes. Zum allergrößten Teil bestehen diese Wälder aus Nadelhölzern, überwiegend schnellwachsenden Fichten, die dann zu Pappe und Papier, aber auch zu Furnieren, Paneelen, Planken und Balken verarbeitet werden. Nur hier und da werden diese Monokulturen durch »Urwälder« durchbrochen wie etwa im Naturreservat Rouge-Ponceau, wo Moorbirken eingestreut sind. Die Laubwälder des Brabanter Plateaus bestehen vor allem aus Buchen und Ahorn, gelegentlich mit Stiel- und Roteichen durchsetzt. Auch die Silberlinde und die echte Kastanie (Marone) gedeihen hier.

Die Vegetation der Trockenheide im Hohen Venn besteht im wesentlichen aus Heidekraut mit traubenförmigen, rosa Blüten sowie aus Preisel-, Blau- und Rauschbeeren. Hier und da entdeckt man den Blutwurz mit seiner gelben, rosenartigen Blüte. Die Ränder der Heide sind von krautigen Pflanzen wie dem Borstgras bedeckt. Wacholder, Birken und Eichen bilden die Vegetation der von Dünen durchzogenen Heide des Kempenlandes, an den Flanken der dort vorhandenen Dünen gedeihen Buntgras und Sandsegge.

Rehe, Hirsche und Wildschweine bevölkern die Wälder vor allem der Ardennen, deren Flüsse im Oberlauf noch sehr fischreich sind. Über den offenen Vennflächen kreisen Mäusebussard und Rabenkrähen. Blaureiher und Haubentaucher sind häufiger Gast in der Polderlandschaft von Ost- und Westflandern. Auch der Kiebitz hat hier sein Brutgebiet.

Die zu Restflächen geschrumpften Naturlandschaften werden streng geschützt und sind im allgemeinen nicht frei zugänglich. Das gilt für die ehemaligen Stadtwälle von Damme, wo Fledermäuse ihre Schlafplätze haben, ebenso wie für das Naturreservat von Modave, wo Wanderfalken und Hermeline zu finden sind.

Die Kalmthoutse Heide

Die Kalmthoutse Heide liegt zwischen Essen und Kalmthout in der als *Noorderkempen* bezeichneten nördlichen Region der Provinz Antwerpen. Ursprünglich hatte sich hier nach der letzten Eiszeit eine Naturlandschaft mit sandiger Deck- und tonhaltiger Unterschicht herausgebildet. Stete Westwinde formten aus dem Scheldetal Dünen, die bis zu 47 m hoch waren. Auf den sandigen Flächen grünten Eichen-Birken-Wäldchen, in den feuchteren, von kleinen Bächen durchzogenen Niederungen wuchsen Erlen und Weiden, Ried und Seggen. Durch den Eingriff des Menschen, der die Wälder mit dem Beginn des Mittelalters abholzte und der landwirtschaftlichen Nutzung zuführte, entstanden Heideflächen, die für die Viehhaltung genutzt wurden. Die

Sanddünen in der Kalmthoutse Heide

feuchten Niederungen wurden trockengelegt, der dabei gewonnene Torf als Brennstoff verwandt. Der Torf, aber auch Dung, wurden über die sogenannten Torfkanäle nach Breda und Roosendaal verschifft. Durch diese Trockenlegung wurden zudem neue Weideflächen gewonnen.

Im 17. und 18. Jh. begann man mit der Aufforstung der abgeholzten sandigen Fläche mit schnellwachsenden Nadelhölzern, vor allem mit Tannen, denn in den limburgischen Kohlerevieren benötigte man viel Holz für das Abteufen der Schächte. Erneut veränderte sich die Landschaft, als im 19. Jh. der tonhaltige Boden als Grundstoff für die neu entstehenden Ziegeleien abgebaut wurde. Nachdem diese in den 1930er Jahren aufgegeben wurden, füllte man die Tongruben mit Sand, einige wurden auch in Fischteiche umgewandelt.

Für die wirtschaftliche Entwicklung des Landstriches spielte die Abtei von Tongerlo mit den ihr angeschlossenen Höfen bis zu ihrer Auflösung nach der Französischen Revolution eine wesentliche Rolle. Sie besaß seit Mitte des 12. Jh. durch Schenkung Grundbesitz zwischen den heutigen Orten Kalmthout und Essen und förderte die landwirtschaftliche Erschließung des Gebiets.

Einschneidend veränderte die Eisenbahnlinie Antwerpen–Roosendaal (1852/54) die Landschaft. 15 Mio. m³ Sand wurden aus der

Kalmthoutse Heide abtransportiert und beim Bau des Gleisbettes verwendet. Dafür wurden auch die Dünen abgetragen, was einen wesentlichen Eingriff in das Landschaftsprofil bedeutete. Die einsetzende industrielle Revolution, in deren Zuge im nahegelegenen Antwerpen viele neue Arbeitsplätze entstanden, führte dazu, daß die Gemeinden der Noorderkempen gleichsam zu städtischen Vororten wurden. Die verbleibenden bäuerlichen Betriebe entwickelten sich nach und nach zu reinen Viehzuchtbetrieben. Eine erneute Zäsur war die Parzellierung von Kiefern- und Tannenwäldchen in den Randgebieten der Kalmthoutse Heide, die seit 1970 verstärkt einsetzte. Vor allem in den *Wiltertse Duinen* kauften wohlhabende Niederländer Grundstücke auf, um sich dort Bungalows zu errichten.

Die Kalmthoutse Heide umfaßt eine Fläche von ungefähr 1700 ha. Davon ist mehr als die Hälfte zum Naturschutzgebiet erklärt worden. Nährstoffarme Böden sind eine Bedingung für die typische Heideflora wie Heidekraut *(struikheide)* mit seinen rosafarbenen, traubenförmigen Blüten zwischen August und September. Typisch ist auch die Gemeine Glockenheide *(dopheide)* mit nadelförmigen Blättern und rosa Blütenglocken zwischen Juni und Juli. Die Dünen der Kalmthoutse Heide sind, obgleich durch menschliche Eingriffe verändert, immer noch bis zu 17 m hoch. Einige von ihnen, insbesondere im Zentrum der Heide, sind nahezu vegetationslos. Nur an den Hängen haben sich graugrünes Silbergras (Buntgras) und Sandseggen angesiedelt. In den geschützten Zonen, die wie das Putse Moor nicht trockengelegt wurden, sind Sonnentau und Wollgras heimisch. Birken und Eichen, aber auch Wacholder und Ebereschen sind typisch für die Noorderkempen.

Neben Hasen, Wieseln, verschiedenen Mäusearten sowie Vögeln wie Kleiber, Kiebitz und Brachvogel sind es zahlreiche Insekten, die die Dünen, die Heide und das Venn zu ihrem Lebensraum gemacht haben. Nach letzten Zählungen kommen in der Kalmthoutse Heide 90 % der in Belgien heimischen Libellenarten vor. Zu ihnen gesellen sich Grabwespen, Schwebfliegen, Bienen und Hummeln.

Nicht nur ein kurzer Abschnitt des Europäischen Fernwanderweges GR 5, sondern sechs verschiedenfarbig ausgewiesene Wanderwege führen vom Parkplatz am Putsesteenweg (Kalmthout) durch die Kalmthoutse Heide. Die ausgewiesenen Wege sollten wegen der empfindlichen Vegetation nicht verlassen werden. (Im Frühjahr 1996 wurde durch Brandstiftung ein Viertel der Kalmhoutse Heide vernichtet. Es wird bis zu 10 Jahren dauern, ehe wieder eine typische Heidevegetation entstanden sein wird.)

»Es gibt keine Belgier«
Der Sprachenstreit

Nach den Religionskriegen, die zum Exodus der wohlhabenden flämischsprechenden Kaufleute, Handwerker und Gelehrten geführt hatten (s. S. 30), wurde das Flämische zur Sprache des einfachen Volkes, der Bauern, Arbeiter und Tagelöhner. Französisch war die Sprache der höfischen Kultur, später der bürgerlichen Oberschicht. Auch in den aufblühenden Industriezentren des 19. Jh. und in der Metropole Brüssel wurde überwiegend französisch gesprochen. Erst mit den Schriftstellern Jan Frans Willems, Guido Gezelle und Hendrik Conscience (s. S. 51) setzte ein Rückbesinnen auf flämische Sprache und Kultur ein. Das Bestreben nach Gleichstellung der beiden Sprachen, letztlich der beiden Kulturen, führte zum sogenannten Gleichheitsgesetz (1898). Wie stark jedoch die französische Sprache in der Gesellschaft verwurzelt war, mag die Tatsache belegen, daß im Parlament bis 1936 Debatten nur in Französisch geführt wurden.

Nach dem Ersten Weltkrieg mehrten sich auf flämischer Seite Stimmen, die nicht nur kulturelle Autonomie verlangten, sondern sogar von einem »großniederländischen Reich« träumten. Mit dem Ruf »Alles voor Vlaanderen« verbanden vor allem die ehemaligen flämischen Frontkämpfer die Forderung nach Selbstverwaltung. Ihnen hatte der belgische König persönlich versprochen, sich für ihre Belange einzusetzen. Der Ijzerturm in Diksmuide wurde Wallfahrtsort flämischer Nationalisten und Symbol des Widerstandes. Dieses Streben nach Eigenständigkeit wurde auch nicht durch die Niederlandisierung der Genter Universität im Jahre 1930 und die Einführung des Niederländischen als einzige Unterrichtssprache in den Grund- und weiterführenden Schulen des flämischen Landesteils im Jahre 1932 aufgegeben. Etwa zur gleichen Zeit formierte sich eine Wallonische Bewegung, die bereits 1938 den Gedanken der Föderalisierung des Staates in die Auseinandersetzung einbrachte.

Auch über den Zweiten Weltkrieg hinaus kam es zu Massenbewegungen der Flamen, die sich als Mehrheit gegen die ihrer Meinung nach vorhandene *Verfransing* (Französisierung) Belgiens wehrten. Der Streit der beiden Kulturen machte selbst vor den Hochschulen nicht halt. So wurde in der zweisprachigen Provinz Brabant mit Louvain-la-Neuve neben der flämischsprachigen Katholischen Universität Leuven eine neue Universität gegründet, in der ausschließlich Französisch Unterrichtssprache ist.

Ein erster Schritt zur Beilegung des Sprachenstreits war die Festlegung von Sprachgrenzen im Juli 1962. Unerbittlich wird jedoch nach wie vor um die Gemeinde Voeren (Fourons) gestritten. Dieser Ort an der holländisch-belgischen

NIEDERLANDE

Brügge
Antwerpen
Antwerpen
Oost-Vlaanderen
West-Vlaanderen
Gent
Limburg
•Hasselt
Brüssel
Brabant
Flamland
Brabant
Wallon
Liège
Hainaut
Namur
Liège
Mons
FRANKREICH
Namur

N
0   50 km

Luxembourg

GROSS-
HERZOGTUM
Arlon• LUXEMBURG
Luxembourg•

DEUTSCHLAND

- Flämisch
- Französisch
- Deutsch
- Französisch/Flämisch

Sprachgrenzen und regionale Gliederung

Grenze gehörte bis 1963 zur wallonischen Provinz Liège, ehe er dem flämischen Belgisch-Limburg zugeschlagen wurde. Sein wallonischer Bürgermeister José Happart war bis 1988/89, als er zurücktrat, Stein des Anstoßes. Hartnäckig hatte er sich geweigert, die Ratssitzungen, wie für die Gemeinden der flämischen Provinzen vorgeschrieben, in Niederländisch abzuhalten.

Die stärkere Föderalisierung eines belgischen Bundesstaates, der die Kulturhoheit der Sprachengemeinschaften garantiert, ist die politische Antwort der jetzigen Koalitionsregierung auf die Auseinandersetzung zwischen Flamen und Wallonen. Damit scheint der Feststellung Rechnung getragen zu werden, die der sozialistische Abgeordnete Jules Destrée 1919 an König Albert I. richtete: »Sire, Sie regieren über zwei Völker. Es gibt in Belgien Wallonen und Flamen. Es gibt keine Belgier.« Doch weder die verschiedenen Verfassungsreformen zur Föderalisierung in den 80er Jahren noch der 1992 begonnene »Dialog der Gemeinschaften« haben den Vorwurf der »Französisierung« entkräften können.

Wer glaubte, mit der Unterzeichnung der neuen Verfassung durch König Albert II. am 17. 2. 1994 und den Neuwahlen zu den Parlamenten von Bund und Regionen am 21. 5. 1995 würden die Stimmen je-

Steckbrief Belgien

Fläche: 30 528 km^2
Bevölkerung: 10,2 Mio.
davon Ausländer: 9 %
Bevölkerungsdichte: 334 pro km^2; am dichtesten besiedelt ist Brabant, am dünnsten Luxembourg Belge
Bevölkerungsverteilung: 59,3 % Flamen, 40 % Wallonen, 0,7 % deutschsprachige Belgier in den Ostkantonen
Lebenserwartung: Männer 72,4 Jahre, Frauen 79,1 Jahre; jeder fünfte Belgier ist älter als 60 Jahre
Religionen: ca. 8,5 Mio. Katholiken, 38 000 Protestanten, 250 000 Moslems, 35 000 Juden
Sprachen: Französisch (Wallonisch und Dialekte), Hochniederländisch (Flämisch und Dialekte) und Deutsch
Hauptstadt: Bruxelles/Brussel, Wohnort von 9,4 % der Belgier
Verkehrsnetz: Streckenlänge der Eisenbahn: 3398 km; der Straßen: 16 084 km; der Binnenwasserstraßen: 1514 km
Längster Fluß: Maas (993 km)
Armut: 6 % der Bevölkerung leben unter der Armutsgrenze
Arbeitslosenquote: 13,6 % der aktiven Erwerbsbevölkerung (15–64jährige), höchste Quoten in Wallonien (47% aller Erwerbslosen in Belgien) und Hainaut (22 %); Frauenanteil insgesamt 57 %
Bruttoinlandsprodukt (BIP): 8657,25 Mrd. BEF, über die Hälfte des BIP werden in Flandern, ein Viertel in Wallonien erwirtschaftet; Dienstleistung 69,9 %, Industrie 29,9 %, Land- und Forstwirtschaft 0,5 %
Staatsausgaben: Gesundheitswesen: 7,8 % des BIP (im Vergleich Deutschland 10,5 %); Bildungswesen: 5,7 % des BIP (EU 5,2 %)
Staatsverschuldung: ca. 123 % des BIP, damit höchster Schuldenberg innerhalb der EU
Wichtigste Handelspartner: Export zu 76 % in EU-Staaten, vor allem in die BRD, Niederlande, nach Frankreich; Belgien gehört zu den elf wichtigsten Exportländern der Welt; Importe zu 70 % aus den Staaten der EU
Wichtige Exportgüter: Maschinen und Fahrzeuge, elektrische Anlagen, Nahrungsmittel, unedle Metalle; Belgien ist weltweit der wichtigste Exporteur für geschliffene Diamanten
Staat und Verwaltung: Konstitutionelle Erbmonarchie und föderaler Staat mit Zweikammer-Parlament: Abgeordnetenkammer und Senat; 10 Provinzen: Antwerpen, Flämisch- und Wallonisch-Brabant, Hainaut, Liège, Limburg, Luxembourg Belge, Namur, Ost- und Westflandern

ner verstummen, die weitere Schritte in Richtung Autonomie der Regionen oder gar Eigenstaatlichkeit forderten, wurde in der Folgezeit eines Besseren belehrt. So ließ der konservative flämische Ministerpräsident van den Brande keine Gelegenheit aus, um sich gegen einen finanziellen Lastenausgleich zwischen dem prosperierenden Flandern und dem wirtschaftlich eher dahinsiechenden Wallonien auszusprechen. Seine Forderung, die Aufwendungen für Gesundheitsversorgung und Kindergeld den Regionen zu übertragen, sind dabei tagespolitische Scharmützel. Größere Bedeutung kommt den Statements von flämischen Christdemokraten, Anhängern der Volksunie und den flämischen Liberalen über eine zukünftige Konföderation zu, die durch ein Referendum beschlossen werden soll.

Angesichts der politischen und wirtschaftlichen Krise wächst der Zulauf zu rassistisch-nationalistischen Gruppierungen. Der *Vlaams Blok,* der mit Parolen wie »Das eigene Volk zuerst« die Forderung nach einer »rassisch und kulturell homogenen Gesellschaft« salonfähig zu machen sucht, konnte bei den Wahlen vom 21. 5. 1995 jeden vierten Antwerpener Wähler für sich gewinnen.

Verschiedene Geschehnisse haben die Frage der künftigen politischen Gliederung Belgiens in den Hintergrund gedrängt, allen voran die Dutroux-Affäre, bei der es um die Entführung, Vergewaltigung und Ermordung Minderjähriger geht (s. S. 36), sowie der Mord an dem Sozialistenführer André Cools, in den Amtsträger der wallonischen *Parti socialiste* verwickelt sind. Wechselseitig geben sich Parteivertreter aus Flandern und Wallonien die Schuld am Versagen der Ermittlungsbehörden.

Viele Menschen versprechen sich eine neue Politik von basisdemokratischen Gruppen wie »Wit voor directe democratie«, die sich nach dem »Weißen Marsch von Brüssel« (20. Oktober 1996) überall im Land gebildet haben. Initiatoren dieser Bewegung jenseits der Sprachgrenzen sind die Eltern verschwundener und ermordeter Kinder, die, wie andere Bürger, der seit Jahrzehnten uneingeschränkt herrschenden politischen Kaste – Sozialisten und Christdemokraten – sowie der allgegenwärtigen Filzokratie überdrüssig sind.

Die Wirtschaft

Die Landwirtschaft

Trotz der dichten Besiedelung spielt die Landwirtschaft für Belgien eine wichtige Rolle. Dabei handelt es sich in erster Linie um den stark intensivierten und rationalisierten Anbau von Gemüse wie Blumenkohl, Porree, Salat, Chinakohl, Paprika und Fenchel, vor allem aber Chicoree, der auf den Feldern und in den Glashäusern um Mechelen

Das »weiße Gold«

Witloof

Die Bezeichnungen wechseln. Mal ist von *Witloof* oder *Witlof,* mal von *Chicon,* mal von *Chicorée* die Rede. Hin und wieder wird auch vom »weißen Gold« oder der »Papaya des Pajottenlandes« gesprochen. Doch es handelt sich um ein und dasselbe weiß-gelbliche, konisch geformte Blattgemüse mit verholztem Kern. Der herbe, bittere Geschmack des Chicorée ist seine typische Eigenschaft. Er kann gekocht, überbacken, geschmort und gedünstet, in Gänsefett gebraten oder roh mit Olivenöl und Sherryessig als Salat angemacht werden. Bei *Witloof op Ternatse Wijze* wird das Gemüse in Butter gedünstet und mit Champignons und goldgelb gebratenem, geräuchertem Speck sowie frischer Sahne zubereitet. Gewürzt wird mit Muskat, Salz und Pfeffer. Auch mit Jakobsmuschel ist der feingeschnittene, in Zitronensaft geschmorte Chicorée ein typisch belgisches Gericht. Kleingehackt, mit frischem Knoblauch, Kerbel, Pfeffer, Salz und Muskatnuß gewürzt, für 10 Minuten geschmort und dann mit Hühnerbouillon und Sahne gargekocht, ergibt er eine köstliche *Witloofroomsoep.* Mit Lachsmousse gefüllte Chicoréeblätter sind eine kleine Zwischenmahlzeit oder Vorspeise. Doch das Gericht schlechthin ist *Witloof met Ham en Kaassaus,* wobei der Chicorée gekocht, in Schinken gewickelt und mit Käsesauce überbacken wird. Kroketten oder Kartoffelbrei werden als Beilagen gereicht.

Auch aus dem Brauchtum ist das beliebte Gemüse nicht wegzudenken: In Brabant wird bei folkloristischen Umzügen *Piet Blok*, der Klompenmacherriese, mitgeführt. Seine Figur weist darauf hin, daß die

oder in dem durch Schelde und Rupel gebildeten »Klein-Brabant« in der Provinz Antwerpen betrieben wird. Auch Obst, vor allem Erdbeeren, Äpfel und Birnen aus Limburg, dem nördlichen Kempenland und dem Osten von Flämisch-Brabant, ist ein bedeutender Exportartikel. In einem Land, in dem es eine lange Tradition des Bierbrauens gibt, wird natürlich auch Hopfen angebaut. Fast 90 % der Anbaufläche liegen im Heuvelland bei Poperinge (Westflandern). Den größten Anteil der landwirtschaftlich genutzten Fläche (1,3 Mio. ha) aber machen Wiesen und Weiden aus. Auf ihnen grasen friesische

Gemüsebauern im Winter ihr Geld mit dem Fertigen von *Klompen*, Holzpantinen, verdienten. *Trieneke,* eine Riesin mit schwarzer Kappe, weißer Jacke und weißem Kleid, hält einen weißgelben Witloof als Symbol für den neuen Reichtum in Brabant am Ende des 19. Jh. in ihrer Hand.

Bei all den Gaumenfreuden soll die Entdeckung des Chicorée, der unterdessen auch als weißer Sproß mit burgunderroten Spitzen gezüchtet wird, nicht vergessen werden. Bereits im 16. Jh. beschreibt Rembert Dodoens in seinem *Cruydt-Boek* den Chicorée als Verwandten der Endivie. Dabei handelt es sich um die Sprossen der Wegwarte (Zichorie), deren Wurzel, geröstet und gemahlen, in schlechten Zeiten Ersatz für Bohnenkaffee war. Mitte des 18. Jh. wird im *Dictionnaire d'Agriculture* die Zucht erläutert: In dunklen Kellergewölben wurden die Wurzeln der Zichorie mit einer Lage aus Mist und Erde bedeckt. Nach 25 Tagen konnte man weiße, blättrige Sprossen ernten und verkaufen. Bis in die Mitte des 18. Jh. war dieses Gemüse als *Capucienenbaard* (Kapuzinerbart) oder *Uytspruytsels* (»Ausgesprossenes«) bekannt.

Gemüsebauern aus Schaarbeek unternahmen Mitte des 19. Jh. erneut Versuche, das Gemüse zu züchten. Sie bedeckten die aufrecht nebeneinandergesetzten Wurzeln mit Pferdemist und hielten diesen feucht. Alsbald sprossen die weißgelben Chicoréeköpfe. Durch die Selektion von Samen und die Verfeinerung der Anbaumethoden wurden in der Folgezeit die Erträge gesteigert. So war es 1872 möglich, zum erstenmal »Belgische Endivie« nach Frankreich auszuführen. Vor allem im Dreieck Brüssel-Mechelen-Leuven begann man Ende des 19. Jh. mit dem intensiven Anbau. Chicorée wird heutzutage in Gewächshäusern, unter Plastikfolien und in Hydrokulturen gezogen und in beträchtlichen Mengen ins europäische Ausland exportiert.

Milchkühe, aber auch die wallonischen »Bleu Blanc«-Fleischrinder, die ein Gewicht von bis 1200 kg erreichen. Eine noch bedeutendere Rolle spielt die Schweinemast.

Wie in den meisten europäischen Ländern geht auch in Belgien die Zahl der landwirtschaftlichen Betriebe stetig zurück. Nur noch 0,5 % der Beschäftigten finden in der Land- und Forstwirtschaft ein Auskommen, denn längst ist auch Belgien eine Nation der Dienstleister geworden. Fast die Hälfte der landwirtschaftlichen Betriebe bewirtschaften weniger als 10 ha. Nur im wallonischen Condroz sind die Höfe traditionell größer.

Die Industrie

Belgiens Schwerindustrie blickt auf eine lange Tradition zurück, an deren Anfängen die Kupferschmieden von Dinant, die Zinngießereien von Huy und die Eisenkochereien von Charleroi und Liège standen. Diese traditionellen Industrien wie auch das Kohlerevier in der Borinage bei Mons sind längst Geschichte. Auch die beiden Stahl-

konzerne, Cockerill Sambre mit Niederlassungen in Charleroi, Huy und Liège und Sidmar in Zelzate, können wegen der schwierigen Absatzsituation seit einiger Zeit nur noch sinkende Nettogewinne verzeichnen.

Während die einst von rauchenden Schloten geprägte Industrieregion Südbelgiens nach und nach verödet und in einer tiefen Krise steckt, ist der traditionell ärmere Norden durch die Ansiedlung von neuen, forschungsorientierten Betrieben, die sich z. B. auf Compu-

In Liège: Fußball vor dem Stahlwerk

ter-Hard- und Software, Biochemie u. ä. konzentrieren, mittlerweile wohlhabend geworden.

Eines der größten belgischen Unternehmen ist der Chemiekonzern Solvay, der durch die Übernahme von Tenneco Minerals Company (Wyoming/USA) zum weltgrößten Sodahersteller geworden ist. Überhaupt spielen multinationale Konzerne im Wirtschaftsleben Belgiens eine nicht unwesentliche Rolle, zumal die Städte und Gemeinden, die durch die Schaffung von Industriezonen und Wirtschaftsparks ausländische Unternehmen angelockt haben, nun von deren Investitionspolitik abhängig geworden sind. Schaut man sich beispielsweise die Liste ausländischer Unternehmen an, die sich in Flandern niedergelassen haben, so finden sich Namen wie Wang (USA), Fuji (Japan), Scania (Schweden) sowie Niederlassungen des deutschen Gießereiunternehmens Degussa, der BASF und der Siemens AG. Angezogen von Investitionshilfen hat Shell sein europäisches Forschungszentrum in Louvain-la-Neuve (Wallonien) aufgebaut. IBM hat sich im historischen Industriekomplex Grand Hornu bei Mons niedergelassen.

Zu den traditionellen Wirtschaftszweigen zählen die Diamantenschleifereien von Antwerpen, das mit seinen vier Diamantenbörsen als Weltzentrum des Diamantenhandels gilt. Und als »typisch belgisch« könnte man die Firma Saluc bezeichnen, die 75 % des Weltmarkts für Billardkugeln kontrolliert.

Dienstleistungssektor

Der Dienstleistungssektor weist die höchsten Beschäftigungszahlen auf. Hier arbeiten fast 70 % aller berufstätigen Belgier. Über die Hälfte dieser Arbeitsplätze konzentriert sich auf fünf belgische Großstädte. Auf Brüssel entfallen dabei 30 % der vorhandenen Beschäftigungsverhältnisse und auf Antwerpen 11 %. Fast 70 % des belgischen Bruttoinlandprodukts stammen aus Dienstleistungen. Einen entscheidenden Anteil an den Dienstleistungen hat der Bereich Forschung und Entwicklung. Dabei fällt den Universitäten eine wichtige Aufgabe für die Zukunft der Wirtschaft zu. An der Reichsuniversität Gent wird zum Beispiel intensiv an Projekten der Gentechnologie und Molekularbiologie gearbeitet. Dazu zählt u. a. die Untersuchung der genetischen Komponenten bei Krebserkrankungen der Zellen.

Geschichte, Kunst und Kultur

Geschichte

Malerei

Architektur

Literatur

Musik

Essen und Trinken

Sport

Heilig-Blut-Prozession in Brügge

Daten zur Geschichte

1. Jh. v. Chr. – 4. Jh. n. Chr	Nach der Unterwerfung keltischer Stämme durch römische Heere unter Caesar und der Bildung der Provinz *Belgica* dringen im letzten Drittel des 4. Jh. im Zuge der Völkerwanderung Franken nach Südwesteuropa und auf das Gebiet des heutigen Königreichs Belgien vor.
um 460	Das Frankenreich der Merowinger entsteht und wird unter Chlodwig nach Süden ausgedehnt.
7. bis frühes 9. Jh.	Die Karolinger übernehmen die Macht im Frankenreich, das unter Karl dem Großen seine Blütezeit erreicht.
9. Jh.	Das Frankenreich zerfällt. Es entsteht unter anderem das Mittelreich, zu dem auch das Staatsgebiet des heutigen Belgien gehört.
11. bis 13. Jh.	Burgund dehnt seinen Einfluß auf die nordwestliche Region Europas aus. Zur gleichen Zeit wächst die Bedeutung der flandrischen Städte wie Gent, Brügge oder Ypern, die sowohl als Handelsplätze als auch durch die Tuchweberei zur Blüte kommen.

»Die Goldsporenschlacht«, Radierung von James Ensor

1302	In der »Goldsporenschlacht« von Kortrijk besiegen flämische Bürger die französischen Ritterheere und können mit 500 erbeuteten goldenen Sporen das Schlachtfeld verlassen.
1382	In der Schlacht von Roosebeke schlagen die Heere Philipp II. von Burgund die aufständischen Flamen.

Philipp der Schöne,
Herzog von Burgund

14. – 15. Jh.	Die Herzöge von Burgund weiten durch geschickte Heiratspolitik und Erbschaften ihren Machtbereich aus und erhalten Flandern. Durch die Eheschließung der Tochter Karls des Kühnen, Maria von Burgund, mit Maximilian I. von Österreich wird der Grundstein zum habsburgischen Weltreich gelegt, zu dem auch die Nördlichen und Südlichen Niederlande gehören.
1496 – 1512	Maximilians Sohn Philipp der Schöne vermählt sich mit der Erbtochter von Spanien, Johanna der Wahnsinnigen, und schafft damit die Voraussetzung für eine Macht- und Gebietserweiterung, die unter Kaiser Karl V. durch Bildung des Burgundischen Reichskreises, bestehend aus den Südlichen Niederlanden (Belgien), fortgeführt wird. In dieser Zeit entwickelt sich Antwerpen durch den Warenumschlag aus den spanischen Kolonien in Amerika

zu einer der wichtigsten europäischen Handelsmetropolen.

Der Spanisch Niederländische Krieg 1568–1648

Unter Karls Nachfolger, Philipp II., der als König von Spanien seine Halbschwester, Margarete von Parma, als Landvögtin der 17 niederländischen Provinzen einsetzt, verschärft sich der Glaubenskonflikt zwischen dem Norden, der den Ideen der Reformation zuneigt, und dem katholischen Süden der Niederlande. Er mündet in den niederländischen Freiheitskampf gegen die »Hispanisierung« unter Philipp II. und seinem Landvogt, dem Herzog Alba. Unter Führung der Grafen Egmond und Hoorn, Statthalter von Flandern und Geldern, und Wilhelm von Nassau-Oranien (1533–1584) führt der Adelsbund der *Geusen* den Kampf für die Unabhängigkeit. Nach der Hinrichtung der Grafen Egmond und Hoorn 1568 auf dem Marktplatz von Brüssel entsteht die **Union von Utrecht** (1578/79), Keimzelle der unabhängigen Nördlichen Niederlande (1581). Unter dem Statthalter der Spanischen Niederlande, Herzog Alba, beginnt eine gnadenlose Protestantenverfolgung. Während des 80 Jahre andauernden Kampfes für Glaubensfreiheit und Unabhängigkeit, der zwischen der Union von Utrecht und dem spanischen König ausgetragen wird, kommt es zu einem Exodus der Elite der Südlichen Niederlande. Protestantische Kaufleute, Juristen, Handwerker und Gelehrte fliehen vor Repression und Inquisition, vorwiegend nach Amsterdam. Dies bedeutet den wirtschaftlichen Niedergang von Städten wie Antwerpen, Gent und Brüssel. Mit den Friedensverhandlungen von Münster und der Teilung der Niederlande endet 1648 diese blutige Epoche: Die Vereinigten Niederlande im Norden erringen die Unabhängigkeit; die Südlichen Niederlande bleiben unter spanischer Herrschaft.

2. Hälfte 17. Jh.

Der französische König Ludwig XIV. kämpft um die Vormachtstellung in Europa. Er erobert Westflandern und Hennegau, Brüssels Großer Markt wird bombardiert (1695) und weitgehend zerstört. Im »Frieden von Rijswijk« werden die »belgischen« Gebiete Frankreich wieder abgesprochen.

1701–1714

Im Zuge des Spanischen Erbfolgekrieges werden die österreichischen Habsburger Herren über die Südlichen (»belgischen«) Niederlande.

1792–1799   Das revolutionäre Frankreich führt Krieg gegen Österreich und Preußen. Die Vormachtstellung Frankreichs wird erst durch die sogenannten Befreiungskriege (1813–1815) gebrochen.

1815   Napoleon I. wird in der Schlacht von Waterloo (südlich von Brüssel) durch eine englisch-preußische Koalition unter Blücher und Wellington militärisch geschlagen.

Napoleon I.
Bonaparte

1814/15   Durch den Wiener Kongreß erfolgt die Neuordnung Europas, wobei unter anderem die Vereinigung der Südlichen Niederlande (Belgien) mit den Nördlichen Niederlanden, dem heutigen Königreich Niederlande, zum »Vereinigten Königreich der Niederlande« vollzogen wird. Wilhelm I. von Oranien wird erster Regent dieses Vereinigten Königreichs, einer konstitutionellen Monarchie mit Zwei-Kammer-Parlament. Doch zwischen den beiden Landesteilen sind wegen der kulturell-religiösen Unterschiede – calvinistischer Norden, katholischer Süden – die Konflikte bereits angelegt. Zudem wird der Süden bei der politischen Mitsprache benachteiligt. Die Bevorzugung des Niederländischen gegenüber dem

Französischen, das Zurückdrängen des katholischen Einflusses im Unterrichtswesen und eine despotische Amtsführung legen den Grundstein für die Opposition des Südens. Die in Europa aufkeimenden demokratischen Bewegungen, die sich gegen den Absolutismus richten, sind ein zusätzlicher Nährboden für die ausgebrochenen Unruhen. Durch militärische Intervention wird der Aufstand zunächst im Keim erstickt, die Bildung eines Belgischen Nationalkongresses verhindert sie jedoch nicht. Das mit Holland liierte England, aber auch Österreich und Rußland sind daran interessiert, den Konflikt friedlich beizulegen und gleichzeitig den Einfluß Frankreichs in Europa zu neutralisieren.

1831   Auf der Londoner Konferenz wird die Unabhängigkeit Belgiens anerkannt, Belgien wird eine konstitutionelle Monarchie, erster Regent wird Leopold I. von Sachsen-Coburg.

1839   Im Londoner Vertrag wird ein Teil Luxemburgs an Belgien übertragen und die Selbständigkeit des Landes durch das Königreich der Niederlande anerkannt.

1865–1909   Ära Leopolds II. Er erwirbt den Kongo (1885) als persönlichen Besitz, um die dort vorhandenen Rohstoffe auszubeuten.

Kaffeeträgerinnen im Kongo machten den belgischen König reich

1894	Durchsetzung des allgemeinen Wahlrechts.
1898	Gleichstellung der flämischen und französischen Sprache, insbesondere in der Verwaltung, der Rechtssprechung und im höheren Schulwesen.
1899	Die II. Internationale der Arbeiterparteien nimmt ihren ständigen Sitz in Brüssel.
1908	Der königliche Privatbesitz Kongo wird verstaatlicht und in »Belgisch-Kongo« umbenannt.
1914	3. August: Deutsche Truppen überrollen das neutrale Belgien und besetzen fast das gesamte Land.
1915	Aus dem Bewegungskrieg wird vor allem bei Ieper (Ypern) ein Stellungskrieg mit Kampfgaseinsatz.
1918–1919	Zwischen Juli und November gelingt der Entente (Frankreich, England, Belgien) das Zurückdrängen der deutschen Truppen. Der Aufstand der Arbeiter und Soldaten im Deutschen Kaiserreich sowie der Thronverzicht Wilhelms II. verändern die politische Situation und führen zur Friedenskonferenz von Versailles.
1920	Im Gebiet von Eupen-Malmédy finden Abstimmungen zugunsten eines Verbleibs bei Belgien statt. Belgien muß als Ergebnis des Friedens von Versailles seine Neutralität aufgeben.

Erschießung von belgischen Widerstandskämpfern durch deutsche Soldaten, 1915

1932	Per Gesetz wird Niederländisch zur Unterrichtssprache in Flandern; auch Rechtsfälle müssen dort nunmehr in Niederländisch verhandelt werden.
1934	Leopold III. wird König der Belgier (bis 1951). Französischsprachige Rexisten unter Degrelle und der Flämische Nationale Verband (VNV), Parteien nazistischer bzw. faschistischer Prägung, feiern Mitte der 30er Jahre beachtliche Wahlerfolge.
1936	Belgien kündigt sein Militärbündnis mit Frankreich und erlangt erneute Neutralität bei gleichzeitigen Garantien für die Souveränität durch die Westmächte.
1940–1944	Die deutsche Wehrmacht erobert Belgien, um von dort Frankreich angreifen zu können. Nach der Kapitulation

Gefangen, abtransportiert, vergast...

Die Infanteriekaserne Generalleutnant Baron Dossin de Saint-Georges von Mechelen an den Ufern der Dijle diente zwischen 1942 und 1944 als SS-Sammellager. Dort bewahrt heute das **Jüdische Museum der Deportation und des Widerstandes** (Joods Museum van Deportatie en Verzet, Goswin de Stassartstraat 153, So–Do 10–17, Fr 10–13 Uhr) ein dunkles Kapitel der belgischen Geschichte vor dem Vergessenwerden.

Nach dem deutschen Überfall auf Belgien und dessen Kapitulation am 10. Mai 1940 begann die deutsche Militärregierung – unterstützt nicht nur von SS und Gestapo, sondern auch von Anhängern der faschistischen Parteien Belgiens, REX und VNV – mit der systematischen Verfolgung von politischen Gegnern, Juden und anderen Minderheiten. Am 14. April 1941 fand in Antwerpen ein Pogrom gegen die jüdische Bevölkerung nach dem Vorbild der »Reichskristallnacht« statt. Durch zahlreiche Gesetze und Polizeiverordnungen, z. B. ein Verbot der Trambenutzung, wurde die Bewegungsfreiheit für Juden eingeschränkt, – sie sollten aus dem Bewußtsein der Öffentlichkeit verschwinden.

Ein Rundgang durch das Museum läßt erkennen, wie planvoll die Faschisten bei der Vernichtung der belgischen Juden vorgingen. Den Transportlisten ist zu entnehmen, daß zwischen Juni und September 1942 aus dem SS-Sammellager Mechelen 2251 Juden für Arbeiten am Westwall eingesetzt wurden. Wer nicht bei der Sklavenarbeit umkam, wurde nach Auschwitz verbracht – wie 22 257 belgische Juden, von denen 16 000 in den Gaskammern ermordet wurden. SS und Gestapo

im Mai 1940 übernehmen die deutsche Militärverwaltung, die Gestapo und SS die Macht. Die Verfolgung politischer Gegner und Juden ist an der Tagesordnung; dennoch können dank der Courage eines Teils der belgischen Bevölkerung mehr als die Hälfte überleben.

1944 Landung der alliierten Truppen. Mit Ardennenoffensive ab 16. 12. 1944 versucht die deutsche Wehrmacht vergeblich, den Vormarsch der Alliierten zu stoppen.

1948/49 Gründung der Benelux-Zollunion und des Brüssler Beistandspaktes, der im Nordatlantischen Bündnis (NATO) aufgeht. Durchsetzung des Frauenwahlrechts.

1950 König Leopold III. tritt zugunsten seines Sohnes Baudouin I. zurück.

führten in Antwerpen und Brüssel regelmäßig Razzien durch, um Juden aufzuspüren und ins Sammellager Mechelen zu bringen. Nicht ohne Betroffenheit liest man den Abschiedsbrief von Boris Averbuch an seine Frau, der von seinem frühmorgendlichen Abtransport berichtet. Die Deportationslisten geben nüchtern die Abgänge aus Mechelen wieder: 16.8.42: 1067, 4.9.42: 718... Fotos zeigen jüdische Häftlinge, die vor dem Abtransport zum Hofappell angetreten sind und deren Kleidung mit Hakenkreuzen beschmiert ist. Der Museumsbesucher wird aber nicht nur mit den Opfern, sondern auch mit den Tätern konfroniert. So mit SS-Sturmbannführer Major Schmitt, Kommandeur des Auffanglagers Fort Breendonk und des SS-Sammellagers Mechelen. Er wurde nach Kriegsende in Belgien als Kriegsverbrecher hingerichtet.

Unweit von Mechelen liegt **Fort Breendonk.** Ende des 19. Jh. als Teil eines Verteidigungsrings rund um Antwerpen errichtet, wurde das Fort 1940–44 von den dortigen Gefangenen, unter ihnen der Generalsekretär der Flämischen Kommunistischen Jugend, René Dillen, zu einem Auffanglager ausgebaut, das von Soldaten der Wehrmacht und flämischer SS bewacht wurde. Unter den 4000 politischen Gefangenen und Schutzhäftlingen, die das Lager durchliefen, befanden sich auch russische und polnische Juden. Harte Arbeit und Mangelernährung dienten der Dezimierung: 188 Häftlinge kamen durch Folter oder Hinrichtungen zu Tode. Mit dem Vorrücken der Briten nach Willebroek und Boom endete am 4. September 1944 der Terror im Fort Breendonk, das seit 1947 eine nationale Gedenkstätte ist (Brandstraat 57, 2660 Willebroek, 1.4.–30.9. 9–18, 1.10.–31.3. 10–17 Uhr).

1957   EG-Beitritt Belgiens.

1970–1993   Weitreichende Staatsreformen. Flandern, Wallonien und Brüssel werden eigenständige Regionen. Den Räten der drei Sprachengemeinschaften werden Kulturhoheit, Umweltschutz, Raumplanung und Wohlfahrtspflege übertragen. Mit Abschluß der Verfassungsreform am 8.5.1993 ist Belgien ein föderaler Staat. Am 31. 7. stirbt König Baudouin. Thronfolger ist sein Bruder Prinz Albert.

1994   Die sog. »Augusta-Schmiergeldaffäre«, in deren Zusammenhang Millionenbeträge von italienischen und französischen Flugzeugherstellern an die Flämische Sozialistische Partei geflossen sind, wird aufgedeckt. Darin verwickelt ist u.a. der Ex-Wirtschafts- und Außenminister und amtierende NATO-Generalsekretär Willy Claes.

1995   Zum 1. 3. wird die Wehrpflicht abgeschafft. Die Wahlen vom 21. 5. bestätigen die bisherige Koalitionsregierung unter Dehaene. Nach Aufhebung seiner Immunität tritt Willy Claes am 20. 10. als NATO-Generalsekretär zurück.

1996-1998   Der Fall des Marc Dutroux, einem vorzeitig aus der Haft entlassenen Sexualstraftäter, der sich als langjähriger Kinderschänder und mehrfacher Mörder erweist, deckt ungeheure Verwicklungen von Justiz und Polizei auf. Es kommt zum Rücktritt der Innen- und Justizminister und zur längst überfälligen Polizeireform.

1998   Im Juni werden durch einen Großbrand Teile der historischen Altstadt von Stavelot, einer der Hochburgen des wallonischen Karnevals (s. S. 226 f.), zerstört. Der EU-Gerichtshof verurteilt im Juli Belgien zur Geldbuße, da es als einziges EU-Land das kommunale Stimmrecht für Bürger anderer Mitgliedsländer noch nicht eingeführt hat. Angesichts eines Europaratsberichtes über den Sprachenstreit in Brüsseler Randgemeinden flammt im August der Zwist unter den Sprachgemeinschaften wieder auf. Der »Agusta-Prozeß« endet u. a. mit Freiheitsstrafen auf Bewährung für Willy Claes und den ehem. Verteidigungsminister Guy Coeme sowie Aberkennung der bürgerlichen Ehrenrechte.

1999   Am 4. 12 prunkvolle Vermählung des belgischen Kronprinzen Philippe mit der aus adligem Hause stammenden Mathilde d'Udekem d'Acoz in Brüssel.

2000   Gent feiert den 500. Geburtstag Karls V. Brüssel ist neben Avignon, Bergen, Bologna, Helsinki, Krakau, Prag, Reykjavik, Santiago de Compostela Kulturhauptstadt Europas.

Malerei

Rogier van der Weyden

(geb. 1399/1400 in Tournai; gest. 1464 in Brüssel)

Erst mit 27 Jahren begann Rogier van der Weyden seine Lehre als Maler. Nachdem er seine Ausbildung beendet hatte, zog er nach Brüssel und schuf dort als Stadtmaler sowie im Auftrag verschiedener Klöster zahlreiche Tafelbilder, vor allem Flügelaltäre und Andachtsbilder, deren idealisierte Figuren Weltentrücktheit und Askese ausdrücken. Besondere Sorgfalt verwandte Rogier van der Weyden auf exakt ausgearbeitete Hintergründe (Landschaften, Stadtansichten) sowie auf Details wie Blumen und Gräser. Dieric Bouts und vermutlich auch Hans Memling zählten zu seinen Schülern.

Jan van Eyck

(geb. um 1390 in Maaseyck; gest. 1441 in Brügge)

Als Hofmaler von Johann von Bayern arbeitete Jan van Eyck in Den Haag, später unternahm er im Dienst Herzogs Philipp des Guten von Burgund mehrere Reisen an

Rogier v.d. Weyden, »Verkündigung«

Jan van Eyck, »Genter Altar«

ausländische Höfe, wo er unter anderem Isabella von Portugal, die spätere Frau Philipps, portraitierte. In den Jahren 1425–35 malte Jan van Eyck Madonnenbildnisse, später auch Portraits, die in ihrer sorgfältig ausgearbeiteten Individualisierung ihrer Zeit weit voraus sind. Sein bedeutendstes Werk ist der »Genter Altar« (s. S. 151), dem noch weitere Flügelaltäre, u. a. in Brügge, folgten. Sein Ruhm begründet sich vor allem aus der meisterhaften Bearbeitung der Oberflächen, der genauen Natur- und Menschenbetrachtung, der dichten Atmosphäre seiner Bilder, der Beherrschung der Perspektive sowie seiner Fortentwicklung der Ölmalerei.

Pieter Bruegel, »Heimkehr der Jäger«

Pieter Bruegel d. Ä.

(geb. 1525/30 bei Breda; gest. 1569 in Brüssel)
Der Sohn einer Malerfamilie wurde nach seine Ausbildung 1552 Mitglied der Lucasgilde von Antwerpen, dem damaligen Zentrum der niederländischen Malerei, und unternahm anschließend eine ausgedehnte Reise durch Italien. Zurück in Antwerpen knüpfte er Verbindungen zu humanistischen Gelehrten, die ihn zu seinen frühen Bilderfolgen (»Die sieben Tugenden«, »Die sieben Laster«) inspirierten. Sein Werk ist tief von der flämisch-brabantischen Kultur geprägt. Bäuerliche Szenen wie etwa die »Monatsbilder«, die die Einheit des Menschen mit der Natur zeigen, lassen ihn oft als Genremaler (»Bauern-

bruegel«) erscheinen, seine Landschaftsbilder, die auf der Grundlage genauester Naturbeobachtung entstanden, begründen die niederländische Tradition der Landschaftsmalerei. Doch wird bei genauerem Hinsehen sein moralischer Anspruch, die Warnung vor menschlicher Torheit, vor Unmäßigkeit und Selbstüberhebung offenbar. Seine frühen Werke sind noch deutlich von den grotesk-dämonischen Darstellungen eines Hieronymus Bosch geprägt, seine späteren Bilder zeichnen sich mit ihrer flämischen Malweise in kräftigen, klaren Farben durch eine immer lebensvollere Wiedergabe des täglichen Lebens aus.

Jan Bruegel, »Blumenstrauß«

Jan Bruegel

(geb. 1568 in Brüssel; gest. 1625 in Antwerpen)
Der Sohn Pieter Bruegel d. Ä. wird wegen seiner bevorzugten Sujets – Landschaften, vor allem aber dekorative, farblich sorgfältig abgestimmte Blumenarrangements – auch »Blumenbruegel« genannt. Er wurde in seiner Jugend zunächst von seiner Großmutter, der Miniaturmalerin Marie Bessemer, ausgebildet, verbrachte anschließend sieben Jahre in Italien und ließ sich schließlich in Antwerpen nieder, wo er Hofmaler des spanischen Statthalters wurde und mit Peter Paul Rubens zusammenarbeitete. Sein Werk zeichnet sich durch minuziöse Darstellung und große Freude am Detail aus.

Peter Paul Rubens

(geb. 1577 in Siegen; gest. 1640 in Antwerpen)
Peter Paul Rubens gilt als der Barockkünstler schlechthin. Nach einer gründlichen Ausbildung als Landschafts-, Historien- und Portraitmaler unternahm er, wie die meisten seiner Zeitgenossen, eine ausgedehnte Studienreise nach Italien, wo er in den Dienst des Herzogs Gonzaga trat und für diesen diplomatische Aufgaben wahrnahm. Diese Tätigkeit sollte ihn den Rest seines Lebens begleiten. Nach seiner Rückkehr nach Antwerpen im Jahr 1608 gründete er eine Werkstatt, wurde Hofmaler des spanischen Statthalters Erzherzog Albrecht, heiratete seine erste Frau, Isabella Brant, und baute sich ein luxuriöses Palais (s. S. 133). Sein Werk, oft große, bewegte Komposi-

P.P. Rubens, »In der Geißblattlaube«

tionen von leidenschaftlicher Sinnlichkeit und rauschhafter Farbigkeit, umfaßt historische, religiöse, mythologische Themen, Portraits und Landschaften, insgesamt an die 600 Gemälde.

Anthonis van Dyck

(geb. 1599 in Antwerpen; gest. 1641 in London)
Nachdem er bereits als Junge von etwa 10 Jahren seine Lehre als Maler begonnen hatte, konnte Anthonis van Dyck mit 16 Jahren seine eigene Werkstatt eröffnen. Bald darauf, 1617, trat er für drei Jahre in das Atelier des Malers Peter Paul Rubens ein, mit dem er die Antwerpener Jesuitenkirche St.-Carolus-Borromäus ausmalte. Nach einem

kurzen Aufenthalt in England und einer ausgedehnten Italienreise lebte er einige Jahre als hochgeschätzter Portraitmaler und Hofmaler der Erzherzogin Isabella in seiner Heimatstadt, bevor er 1632 für immer nach England ging, wo er zum offiziellen Hofmaler Karls I. aufstieg. In seinem Werk, das die Grundlage für die Malerei des englischen Rokoko schuf, verbinden sich das Temperament eines Rubens mit der delikaten Farbigkeit der venezianischen Schule. Während er sich in seinen späteren Jahren ausschließlich auf die Portraitmalerei konzentrierte, sind in seinem Heimatland noch eine Reihe religiöser und mythologischer Motive zu sehen, darunter »Trunkener Silen« (Brüssel) und »Der hl. Augustinus in Verzückung« (Antwerpen, Augustinus-Kirche).

A.v. Dyck, »Frans Snyders und seine Frau«

James Ensor

(geb. 1860 in Oostende; gest. 1949 in Oostende)
Während seines Studiums an der Brüsseler Akademie pflegte Ensor

J. Ensor, »Selbstbildnis mit Masken«

enge Beziehungen zu den belgischen Symbolisten, die sein frühes, von dunklen Farben bestimmtes Werk prägten. Seine späteren Werke, helle, farbensprühende Bilder, nähern sich in der Technik mehr der impressionistischen Malerei an, behandeln aber in ihren Motiven – Masken, Skelette, tumultartige Menschenansammlungen – das Thema der Entfremdung des Menschen von seiner Umwelt.

René Magritte

(geb. 1898 in Lessines; gest. 1967 in Brüssel)
Nach seinem Studium an der Brüsseler Akademie arbeitete Magritte unter anderem als Zeichner in einer Tapetenfabrik und malte in seiner Freizeit abstrakte Bilder. Zwischen 1927 und 1930 weilte er in Paris und lernte dort den Kreis der französischen Surrealisten um André Breton kennen. Von nun an versammeln sich in seinen Bildern aus ihrem Zusammenhang isolierte Gegenstände und losgelöste Szenen, die eine traumähnliche, verfremdete Welt schaffen. Willkürliche Farbgebung, Veränderung der Größenverhältnisse, Verschiebung von Vorder- und Hintergrund, dabei aber naturalistische Malweise sind Elemente seiner Malerei.

René Magritte, »Die Kunst zu leben«

Paul Delvaux

(geb. 1897 in Antheid bei Huy; gest. 1994 in Veurne)
Nachdem er zunächst mit expressionistischen Werken debütierte, wandte sich Delvaux, angeregt von seinem Landsmann Magritte und dem Italiener Giorgo de Chirico, dem Surrealismus zu. In seinen Bildern stehen isolierte Figuren, oft nackt, in einer Traumwelt, die kulissenhaft mit Säulen, Treppen und anderen Versatzstücken der klassischen Architektur möbliert ist.

Paul Delvaux, »Pygmalion«

Architektur

Die Kathedrale von Tournai

Im Übergang von der Romanik zur Gotik entsteht im Hennegau, in der 1146 zum Bistum erhobenen Stadt Tournai, eine der bedeutendsten Kathedralen dieser Epoche. Ab 1141 errichtet, zeigt das Langhaus mit deutlich abgesetzten Seitenschiffen, klar gegliederten Wänden, Rundbögen auf stämmigen Pfeilerbündeln, Kreuzgewölben und bilderfreudigen, ausdrucksstarken Steinreliefs noch deutlich die horizontale Gliederung der Romanik. Doch als der Chor in Angriff genommen werden sollte (ab 1242),

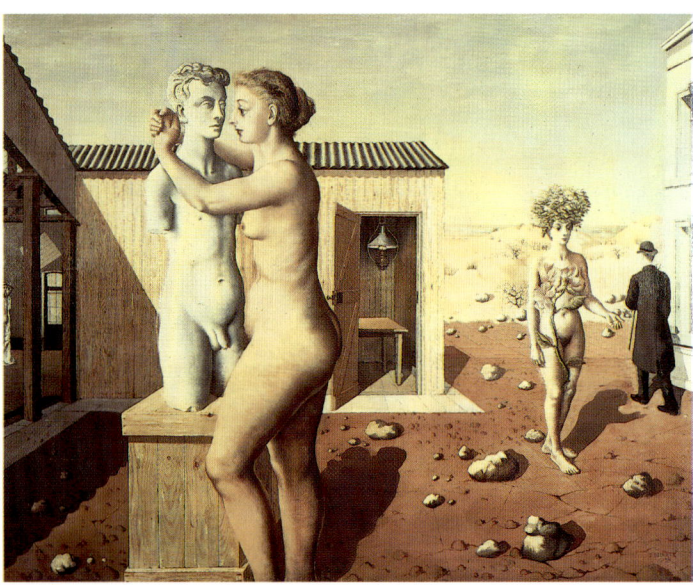

waren in Frankreich inzwischen die ersten gotischen Kathedralen errichtet worden, und dieser Baustil, der mit völlig anderen, neuartigen technischen Mitteln arbeitete, wurde nun auch in Tournai aufgegriffen. Vertikale Linien bestimmen nun den Bau, alles scheint in die Höhe zu streben, und tatsächlich ragt der Chor 14 m über das Langhaus empor. Nicht mehr die Masse des Steins trägt den Bau, sondern reich verziertes Strebewerk am Außenbau, welches erlaubt, daß die Wände, von großen Fenstern durchbrochen, sich gleichsam in Licht und Farbe auflösen.

Kathedrale von Tournai

Das Rathaus von Leuven

Rathaus von Leuven (rechts)

Im ausgehenden Mittelalter und mit dem Beginn der Neuzeit steigen die Städte Flanderns und Brabants zu ungeahnter Blüte auf. Leinenweberei und Tuchhandel begründen Macht, Reichtum und Selbstbewußtsein der Bürger, die sich mit prächtigen Profanbauten selbst ein Denkmal setzen. Rathäuser, Belfriede, Tuch- und Fleischhallen werden im dekorativen, formenschwelgenden Stil der Gotik gebaut und reich geschmückt. Eines der schönsten Beispiele brabantischer Spätgotik (Flamboyantgotik) ist das Rathaus von Leuven (1439–69). Im Vergleich zu seiner Breite hoch aufragend, erscheint es dennoch in seinen Proportionen ausgewogen. Die über und über mit steinernem Schmuck überzogene Fassade ist von spitzbogigen Arkaden und großen, mit Maßwerk verzierten Fenstern durchbrochen. Zwischen den Fenstern stehen in fialenbekrönten Nischen nicht weniger als 300 Figuren aus der Geschichte der Stadt. Je drei zierliche, kostbar wirkende Türmchen schmücken die Giebel des Gebäudes.

Das Rathaus von Antwerpen

Das 16. Jh. ist eine Epoche grundlegenden Umbruchs: Entdeckungen und Erfindungen, Reformation und Gegenreformation, die Wiederentdeckung der antiken Denker und das aufklärerische Gedankengut des Humanismus haben das alte Weltbild umgeworfen. Die Bauten streben nicht mehr ekstatisch in den Himmel, sondern stehen fest im Diesseitigen. Die Formensprache der Antike mit ihren Säulen, Giebeln und Ornamenten – Kugeln, Pyramiden und Kartuschen – wird aufgegriffen und weiterentwickelt. Das Rathaus von Antwerpen, Ausdruck des Bürgerwillens einer reichen Weltstadt, ist eines der eindrucksvollsten Bauwerke dieser Epoche. Die wuchtigen Rustika-Blöcke des Erdgeschosses verankern den Bau scheinbar im Boden, dorische und ionische Säulen gliedern die Fassade, die Loggia unter dem vorkragenden Dach verrät den italienischen Einfluß.

Rathaus von Antwerpen

Deutlich tritt der turmartige Mittelbau (Mittelrisalit) aus ihr hervor, dekoriert mit Säulen, Obelisken, Wappen und den in tiefe Nischen gestellten Figuren.

Die St.-Carolus-Borromäus-Kirche in Antwerpen

Der Barock ist die Zeit der großen Bauensembles. Doch während dieser Stil im 17. und 18. Jh. in vielen Ländern fast die gesamte sakrale Baukunst prägte, sind in Belgien nur vergleichsweise wenige Zeugnisse dieser Epoche entstanden, so etwa die St.-Carolus-Borromäus-Kirche in Antwerpen, die ganz dem

Typus der italienischen barocken Jesuitenkirche entspricht, die im Zuge der Gegenreformation erbaut wurden. Es entstand eine dreischiffige Hallenkirche mit prächtiger säulengeschmückter Fassade. Die üppige Ausstattung des von einem Tonnengewölbe überspannten Inneren ist am besten in der Liebfrauenkapelle erhalten, Stuck und Marmor sind neben den z. T. von Rubens geschaffenen Gemälden die wesentlichen Materialien.

Der Justizpalast in Brüssel

Das 19. Jh. lebt aus dem Fundus der Kunstgeschichte. Wieder wird

St.-Carolus-Borromäus in Antwerpen

Justizpalast in Brüssel, Eingang

die Formensprache der Antike bemüht, denn vor allem die Anhänger der Französischen Revolution sehen z. B. im Römischen Staatswesen eine Verkörperung der nun wieder angestrebten Bürgertugenden. Doch auch bei Gotik, Renaissance und Barock werden Anleihen genommen. Prominentestes Beispiel dieses »Historismus« oder »Eklektizismus« genannten Stils ist der Brüsseler Justizpalast (1866–88), der monströs vergrößerte Elemente verschiedener Stile übereinandertürmt und mit einer gewaltigen Kuppel krönt.

Art Nouveau

Einzigartig ist die erhaltene Architektur aus dem Beginn des 20. Jh. Das individuelle Heim, die Villa des wohlhabenden Mäzens, stellte um 1900 die wichtigste Herausforderung für die Architekten dar. Kunstmäzene und Industriegrößen wie Ernest Solvay und Adolphe Stoclet ließen sich in ihrem Bestreben nach »fürstlichem Wohnen« für eine neue Stilrichtung gewinnen. Nicht nur die der Natur entliehene Formgebung, sondern auch die Transparenz des Baukörpers, Skelettbauweise und Verwendung von Gußeisen sowie dekorative Farbigkeit sind Kennzeichen des neuen Stils: Art Noveau.

Art Nouveau: Hotel Hannon

Zu den Architekten und Designern, die sich um eine solche revolutionäre Formgebung bemühten, gehören Henry Clemens van de Velde (1863–1957), Victor Horta (1861–1947) und Paul Hankar (1859–1901). Für sie wurde Brüssel das Zentrum avantgardistischer Kunst und Architektur. Die neue künstlerische Bewegung scharte sich um Octave Maus, der 1881 die Zeitschrift »L'Art Moderne« ins Leben gerufen hatte.

Mit Victor Hortas **Haus Tassel** (1893) in der Rue P.-E. Janson in der Brüsseler Gemeinde Ixelles wird allgemein der Beginn der Art-Nouveau-Architektur datiert. Horta richtete sich in seinem Schaffen gegen die industrielle Massenfertigung und das eintönige Kopieren alter Kunststile, wie sie in der neoklassizistischen oder neobarocken Fassaden- und Giebelgestaltung zutage trat. Als Meister der transparenten Flächen und rhythmischen Linien verschafft er dem Betrachter seiner Architektur den Eindruck von Leichtigkeit. Skelettkonstruktionen anstelle von massivem Mauerwerk, Glas und gußeiserne Säulen, die sich in Palmenfächern gleichsam auflösen, warme Töne wie Aprikose und Karamel im Innenraum, aber auch das Fortfallen von Trennwänden sind Elemente seiner Architektur.

Wie eine sich aufbäumende Woge erscheint der Eingang des Hotels **Deprez Van De Velde** in der Brüsseler Avenue Palmerston. Im marmornen Treppenhaus der **Maison**

Neues Leben in alten Brüsseler Gemäuern

Tagtäglich verändert sich die belgische Hauptstadt. Ungebrochen ist die Bauwut, vor allem im Quartier Léopold, wo sich Europas parlamentarische Festung in den Himmel erhebt und den lieblichen Parc Léopold beschattet. Unübersehbar sind Zerfall und Leerstand im Zentrum der Stadt rund um die Börse. Weitreichende Bausünden gibt es zu beklagen, aber auch zahlreiche, mit neuem Leben erfüllte architektonische Schmuckstücke zu bewundern.

Außerhalb der Stadtmauern aus dem 12. Jh. und jenseits des Tour Noir steht das heutige, zwischen 1911 und 1914 im eklektizistischen Stil umgestaltete **Flämische Gemeinschaftszentrum De Markten,** dessen Name wie auch die Straße Oude Graanmarkt an die zahlreichen Märkte erinnert, die es bis 1830 in diesem Viertel gab. Ursprünglich war das Bauwerk ein im 13. Jh. gestiftetes Kloster der Augustinerinnen, die es 1783 durch das Edikt Josefs II. verloren. Der Spiegelsaal im ersten Stock diente bis 1965 der Christalleries du Val-Saint-Lambert, die 1910 alle Gebäude erworben hatten, als Verkaufs- und Ausstellungssaal. Heute wird De Markten für Ausstellungen, Theatervorstellungen und als Stadtteilcafé genutzt. Unweit von De Markten steht hinter einer Häuserzeile verborgen das prächtige barocke **Maison de la Bellone** (Rue du Flandre 46, ✆ 5 13 33 33, Di–Fr 10–18 Uhr, Juli geschl.), auf dessen mit ionischen Pilastern geschmückter Fassade die Jahreszahl 1697 zu finden ist. Vier Medaillons zeigen die römischen Kaiser Hadrian, Antonius, Marc Aurel und Trajan. Über dem Eingangsportal prangt die römische Kriegsgöttin Bellona. Die Sockel der Pilaster sind mit zahlreichen symbolischen Reliefs verziert. Der Prachtbau, dessen Vorhof mit einer Kuppel überdacht ist, dient nicht nur als Dokumentationszentrum für Schauspielkunst, sondern im Sommer im Rahmen des Festivals Bellone-Brigittines als Aufführungsort für Theater und Konzerte.

Wie aus einer bis 1957 arbeitenden Gueuze-Brauerei, der Brasserie l'Etoile, ein modernes Tanztheater mit Übungs- und Vorführsälen werden konnte, erfährt der Besucher der **Kaaitheater-Studios** (Rue Notre-Dame du Sommeil 81, ✆ 2 01 59 59). Hier arbeiten namhafte Tanzchoreographen wie Anne Teresa De Keersmaeker und Regisseure wie Jan Fabre. Auch Vertreter der modernen klassischen Musik wie das Ictus-Ensemble treten hier auf. Der backsteinerne Gebäudekomplex wurde 1850 inmitten eines Arbeiterquartiers als Modellfabrik erbaut und bei der Renovierung 1993/94 in seinem industriellen Charakter weitgehend erhalten. So ist die Bühnentechnik mit ihren Flaschenzügen, Hebebühnen, Lichtschienen – wie die Technik an einem industriellen Arbeitsplatz – für den Zuschauer sichtbar.

Der Bau, in dem sich das **Restaurant La Manufacture** (Rue Notre Dame du Sommeil 12–22, ☎ 5 02 25 25) befindet, beherbergte bis 1943 eine Druckerei und anschließend bis 1975 die Lederwarenmanufaktur Delvaux. Nach dem Umzug der Manufaktur stand das Gebäude in dem einst von Kleinindustrie und Werkstätten geprägten Viertel 12 Jahre leer, ehe nach sorgfältiger Umgestaltung ein geschmackvoll eingerichtetes Restaurant entstand. Am Material wurde nicht gespart: edles Holz, bläulicher Kalkstein, rote Granittische, Ledersitze. Noch immer erkennbar ist die hallenartige Raumgliederung und der Laufgang im Zwischengeschoß der ehemaligen Werkstatt, in der man sich heute *nouvelle cuisine* schmecken läßt.

Nach dem Schleifen der Brüsseler Stadtmauern zu Beginn des 19. Jh. und dem Wegfall der Stadttore errichtete man an deren Stelle neoklassizistische Zollhäuschen, von denen die am Porte de Ninove und am Porte d'Anderlecht erhalten sind. Die beiden Zollhäuschen am Anderlechter Tor (1835/36) sind mit Pilastern und toskanischen Säulchen verziert. Die von Guillaume Geefs geschaffenen Bildhauerarbeiten »Stadt Brüssel« und »Der Handel« schmücken die Dreiecksgiebel. In der Nacht auf den 20. 7. 1860 wurden die Zollgrenzen zur Freude der Brüsseler Bürger aufgehoben. Seit 1988 befindet sich das **Musée des Egouts,** das Brüsseler Kanalisationsmuseum (Mi 9, 11, 13, 15 Uhr, Infos: ☎ 5 13 85 87), im Anderlechter Tor. Hier bekommt man einen einmaligen Einblick in einen Teil des Brüsseler Kanalisationslabyrinths und erfährt in einer Diashow mehr über dessen Bau und Wartung.

Wer sich von der äußeren Begrenzung des sogenannten Brüsseler Fünfecks wieder zum Grand Place bewegt, erreicht die **Markthalle von Saint-Géry.** Nachdem 1788 die Eglise Saint-Géry abgerissen worden war, stellte man an ihrer Stelle einen Obelisken mit Brunnen auf und erbaute im Neorenaissancestil einen überdachten Markt, dessen Aufteilung einer Kirche mit einem Mittel- und zwei Seitenschiffen entspricht. 1989 sind verschiedene Modeboutiquen in die Markthalle eingezogen. Ein großer Teil der Verkaufsflächen steht jedoch leer. Der Betrieb eines Internet-Cafés scheiterte. Ob und wie lange sich die Modeboutiquen gegen die Konkurrenz in der nahen Rue Dansaert behaupten können, steht in den Sternen.

Horta (Rue Americaine 25, Saint-Gilles), des heutigen Horta-Museums, sind die Handläufe wie verschlungene Triebe gearbeitet. Zu Hortas Arbeiten, soweit sie nicht wie das Haus L'Innovation und das Maison du Peuple der Abrißbirne der 60er Jahre zum Opfer gefallen sind, gehören zudem die **Maison Braecke** (1901; Troonafstandstraat), das **Hotel van Eetvelde** (1895/96; Palmerstonlaan) und der Tempel im Jubelpark (1889–1905). Die **Maison Autrique** (1893) am Haachtse Steenweg (Schaerbeek), das **Hotel Solvay** (1894) in der Avenue Louise und die **Magazins Waucquez** (1903–05) sind Hortas Idee. Das ehemalige Kaufhaus Waucquez ist heute als Comic-Museum über Brüssel hinaus bekannt.

Van de Velde war in erster Linie Gestalter des Innenraumes, den er als Teil des Gesamtwerkes begriff. In das harmonische Linienspiel des Baukörpers wurden die von ihm entworfenen Möbel einbezogen. Kantige Formen wurden zugunsten weicher, welliger aufgegeben, ohne daß das Funktionale verloren ging. Ein von ihm gestalteter Schreibtisch etwa zerfließt gleichsam. Als sein wichtigstes Bauwerk gilt das **Haus Bloemenwerf** (1895/96) in Uccle (Brüssel). Es sind jedoch nicht nur Horta und van de Velde, die – jeder auf seine Weise – belgische Architekturgeschichte des 20. Jh. geschrieben haben. Zu nennen ist auch Paul Hankar, der in Sint-Gillis unter anderem die **Maison Ciamberlani et Janssens** (1897) entwarf, dessen Fassade durch Kleeblattfenster und ornamentalen Giebelfries gegliedert wird.

Ixelles (Elsene), eine der 19 Gemeinden Brüssels, war das exklusive Arbeitsfeld von Ernest Blérot (1870–1957). Ein dreieckiger Zentralerker ist charakteristisch für fast alle seine Entwürfe. Während einer siebenjährigen Schaffensperiode, die er ausschließlich dem »Neuen Stil« widmete, hat er über 100 Wohnhäuser entworfen, darunter die an der Rue Belle-Vue 30–32 sowie diejenigen an der Rue Vilain XIII 7, 9 und 11.

Literatur

Noch im ausgehenden Mittelalter schöpfte die flämischsprachige Literatur aus einer Fülle von Quellen: geistliche Epik, Reimbücher, Fabeln, historische und naturkundliche Werke. Doch mit den Kriegen gegen die Spanier und dem damit einhergehenden wirtschaftlichen und kulturellen Niedergang der Südlichen Niederlande (s. S. 30) begann auch die flämische Literatur zu verschwinden.

Erst im 19. Jh. kann man wieder von einer eigenständigen flämischen Literatur sprechen. Sie sah ihre Bestimmung von Anfang an im Kampf um die Akzeptanz der flämischen Sprache gegenüber dem Französischen (s. S. 18f.), das 1794 mit der französischen Besetzung der Südlichen Niederlande zur Amtssprache geworden war.

Verdienste um das Aufleben einer eigenständigen Literatur erwarben sich vor allem **Guido Gezelle** (1830–99) und **Hendrik Conscience** (1812–83), dessen historischer Roman »Der Löwe von Flandern« das Erwachen der nationalen Identität der Flamen widerspiegelt. Den aufmüpfigen, schelmischen Aspekt der flämischen Volksseele würdigt **Charles de Coster** (1827–97) in »Die Geschichte von Thyl Ulenspiegel und Lamme Goedzak«. Der aus Lier stammende und auch über die Grenzen des Landes hinaus bekanntgewordene Maler und Schriftsteller **Felix Timmermans** (1886–1947) hingegen beweist mit seinen teils romantisierend-volkstümelnden, teils von derbem Humor durchzogenen Geschichten – wie »Pallieter«, »Die sehr schönen Stunden von Jungfer Symforosa, dem Beginchen«, »Minneke Pus oder Die schönen Tage im Kempenland« – tiefe, im Katholizismus verwurzelte Heimatverbundenheit.

Zu den modernen flämisch-belgischen Schriftstellern gehört der in Aalst geborene **Louis Paul Boon** (1912–79), dessen im proletarischen Milieu spielende Romane Staat und Kirche einer feinsinnig-bissigen Kritik unterziehen. Collagenartig – so in »Menuett« – setzt er Notizen, Zeitungsmeldungen, Gedankenbruchstücke gegeneinander. Surreal getönt und von apoka-

Felix Timmermans

lyptischen Vorstellungen getragen ist der Roman »Der Paradiesvogel«. Wie in all seinen Werken scheint es für die Romanfiguren kein Entrinnen aus Kleinstadtenge, sexuellen Obsessionen, naivem Volksglauben und allgegenwärtiger Doppelmoral zu geben. In »Blaubärtchen im Wunderland – Grimmige Märchen für verdorbene Kinder« kommt Boons Vorliebe für die heiter-erotische Welt der Grimmschen Märchen zum Vorschein.

Hugo Claus, der 1997 für seinen Roman »De Geruchten« (»Das Stillschweigen«) mit dem begehrten niederländischen Libris-Preis ausgezeichnet wurde, legt in dieser düsteren Parabel eine moderne Version des verlorenen Sohns vor. Er verknüpft das bis heute totgeschwiegene Thema der Kollaboration während der deutschen Besetzungzeit mit der Kolonialgeschichte Belgiens, die Massaker des letzten Weltkrieges mit denen an den Söhnen Afrikas. Der Dorfkrug, einer der Handlungsorte, trägt den bezeichnenden Namen »Zum Stillschweigen«. Der in Antwerpen lebende Autor schreibt seit Jahrzehnten gegen die »belgische Krankheit« an, gegen das im Zeitgeist liegende Verdrängen und Verschweigen, so auch mit »Der Kummer von Flandern« und »Belladonna«.

Die wallonischen Schriftsteller mußten im Gegensatz zu den flämischen keine »Degradierung« ihrer Sprache hinnehmen, denn das Französische war über Jahrhunderte die Sprache der Intellektuellen und des gehobenen Bürgertums. Die bedeutendsten französischsprachigen Autoren Belgiens verstehen sich im allgemeinen nicht als Wallonen, sondern als französische Schriftsteller, deren belgische Herkunft nur selten bekannt ist.

Sicher der berühmteste Autor Belgiens ist der in Liège geborene **Georges Simenon** (1903–89), Schöpfer des Pariser Kommissars Maigret. Nur wenige seiner Romane, wie »Maigret bei den Flamen«, spielen in Belgien. Die Orte der Handlung, z. B. auch in »Das Haus am Kanal« und »Der Bürgermeister von Furnes«, sind spärlich beschrieben, scheinen nebensächlich gegenüber den handelnden Personen. Lediglich in »Maigret und der Gehängte von Saint-Pholien« läßt

Georges Simenon

sich der Ort des Geschehens, Outremeuse (s. S. 209f.), ein Viertel in Liège, in dem die Simenons zu Hause waren, dichter erfahren.

Nur wenigen ist bekannt, daß **Marguerite Yourcenar** (eigentlich: Marguerite de Crayencour, 1903–87) in Brüssel geboren wurde. Ihre biographischen Arbeiten bedienen sich fiktiver Form, wie in der Lebensgeschichte Kaiser Hadrians »Ich zähmte die Wölfin«. Auch in ihrem Werk klingt ihre flämisch-wallonische Herkunft nur selten an, etwa in »Die schwarze Flamme«, einem Entwicklungsroman, der in der Zeit der Reformation und Gegenreformation spielt. In ihm steht Zenon im Mittelpunkt, ein Arzt, Alchimist und Philosoph aus Brügge, der Züge von Erasmus von Rotterdam und Paracelsus trägt. Für dieses Werk erhielt Yourcenar 1968 den angesehenen Prix Femina. 1980 wurde sie als erste Frau in die »Académie Française« aufgenommen. Sehr lesenswert ist ihre mehrbändige Autobiographie »Gedenkbilder: eine Familien-Geschichte«, »Lebenspfade« und »Liebesläufe«. Aus den Anfängen ihres literarischen Schaffens wurde »Das blaue Märchen und andere Geschichten« als Taschenbuch wiederaufgelegt.

Zwischen Jazz und Chanson

Wer an Jazz denkt, denkt zunächst nicht an Brüssel und Liège, sondern an New York und New Orleans, an das North Sea Jazz Festival in Den Haag und an das Festival von Montreux. Aber für Freunde des Jazz lohnt sich auch ein Besuch im Nachbarland Belgien, und zwar nicht nur wegen seiner Festivals, darunter *Jazz Middelheim* (Antwerpen), das franko-belgische *Gaume Jazz Festival* in Rossignol (Luxembourg Belge) und *Brüsseler Jazz Marathon*, sondern auch wegen der kleinen Jazzclubs zwischen Brügge und Liège.

Ikonen des belgischen Jazz sind bis heute der Gitarrist und Mundharmonikaspieler Toots Thielemans mit seinen bekannten Einspielungen »Bluesette« und »East Coast West Coast« und der 1994 verstorbene Saxophonist Jacques Pelzer, dessen letzte Aufnahme »Salute to the Band Box« eine Hommage an den Bebop ist.

Eine Bereicherung der Jazz-Szene ist auch der Gitarrist Philip Catherine – in Deutschland vor allem durch Einspielungen mit der NDR-Jazz-Bigband bekannt. Mit dem dänischen Bassisten Hans Henning Ørsted-Pedersen und dem Royal Copenhagen Chamber Ochestra ließ er für »Spanish Nights« verspielte Gitarrenläufe erklingen.

Längst begeistern neue Gesichter in Clubs wie dem Brüsseler »Sounds« und im Brügger Kulturzentrum »De Werf« ein recht junges Publikum. Mit Gwenael Micault wird Catoul zum Wanderer zwischen asiatischen Klängen, Tango Argentino, jiddischem Klezmer und arabo-andalusischen Rhythmen und Harmonien.

Schwarzen Blues und sanfte brasilianische Percussion mit *djembé* und *berimbau* vereinigt Chris Joris in seiner Musik. Der Pianist Kris Defoort, der Drummer Stéphane Galland und der Saxophonist Fabrizio Cassol gehören sicherlich zu den aufsehenerregendsten, jungen Jazzmusikern Belgiens. Ihre Kreativität hat sich in zahlreichen Projekten, so in »Akasha«, und Einspielungen der elfköpfigen Formation »Octurn« niedergeschlagen. Ihre Referenz an Gil Evans, Duke Ellington, Charly Mingus und Thelonius Monk ist unüberhörbar. Ein musikalischer Leckerbissen ist die von Defoort und Cassol komponierte Jazz-Suite »Variations on a Love Supreme«.

Der soulig-jazzige Gesang einer Victor Laszlo ist durch die internationalen Charts der Popmusik bekannt, weniger jedoch die Hard Rock-Band *De Mens*, die sich auf ihrer CD »Will Je Beroemd Zijn?« Gedanken über den Alltag in der Wegwerfgesellschaft macht. Wer glaubt Geige, Akkordeon, Cello und Klarinette seien für Rockmusik gänzlich ungeeignete Instrumente, hat bisher noch keinen Abend mit der »Anarchistischen Abendunterhaltung« aus Antwerpen erlebt. Diese sehr junge Band, ausgezeichnet mit den Titel »Kulturbotschafter Flanderns 1997«, vereint Kammermusik, Jazz, Folk und Rock zu einem harmonischen Ganzen. Die Antwerpener Kultband *dEus* gelang mit teils punkigem, teils bluesig-lyrischem Rock auf der CD »In a Bar, under the Sea« der Sprung in die MTV-Charts. »Roots and Wings« von Dani Klein und ihrer Band *Vaya Con Dios* ist eine sehr gekonnte Mischung aus Gospel, West Coast Rock und Rhythm 'n Blues. Der Ohrwurm »Nah Neh Nah« aus den 90er Jahren ist nicht nur bei Fans der Brüsselerin unvergessen.

Die aus Zentralafrika gebürtige, in Brüssel lebende Marie Daulne und ihr Vokalensemble *Zap Mama* hatten sich bereits mit der CD »Sabsylma« als facettenreiche Stimmakrobaten erwiesen, die Afrika, Indien und Australien auf den Bühnen Europas musikalisch vereinten. Mit ihrer neuen Band *Zap Mama 7* setzt Marie Daulne ihre erfolgreiche Mixture aus Reggae, Gospel, HipHop, Rap, afrikanischen Klängen und Percussion fort.

Die Songs des aus Oostende stammenden Arno Hintjens lassen seine Liebe zu Jacques Brel erkennen, in die sich ein Schuß Tom Waits und Sex Pistols mischt. Gleichwohl verbindet sich alles zu

Victor Laszlo

Jacques Brel

gend, »Tango funèbre«. Jüngst hat sich auch das Jazztrio *L'Âme des Poètes* Brels Werk genähert.

Dem niederländischen Chanson verschrieben hat sich Johan Verminnen, der seit mehr als 20 Jahren zu jazzigen Latinorhythmen und Streichersätzen autobiographisch gefärbte Texte über Brüssel singt – »In de Rue de Bouchers« und »Madeleine la Marolienne«.

Als Willem Vermandere, ein westflämischer Liedermacher und Bildhauer aus Steenkerke, am 11. Juli 1992 auf dem Grote Markt von Brüssel sein antirassitisches Lied »Bange Blankeman« sang, löste der national-chauvinistische *Vlaams Blok* Tumulte aus. Trotz wiederholter Drohungen blieb Vermandere seiner Gesinnung auch auf seiner jüngsten CD »Mijn Vlaanderland« treu. Schelmisch-sarkastisch singt er von Flandern als »meinem totgesprühten Ackerland, meinem mittelalterlichen Katholikenland und meinem noch immer schmollenden Naziland«.

Als »Volkssänger ohne Volk« gilt der in Antwerpener Dialekt singende Wannes van de Velde, der 1997 für sein musikalisches und poetisches Schaffen mit dem angesehenen Preis »Freies Wort« ausgezeichnet wurde. Mit lyrischen Liedern zu gefälligen Weisen, die von Klezmer, Oldtime Jazz, Cajun und Cha-Cha beeinflußt sind, findet Dirk van Esbroeck fern von Seemannsromantik ein Publikum für seine Hymne an das Meer: »De Zee en haar Oevers«.

einem eigenen Stil. Überaus gelobt wurde seine CD »Arno en Concert à la Française« mit einer punkigen Interpretation von Brels »Le Bon Dieu«.

Auch dies macht deutlich, daß die Wertschätzung des 1978 verstorbenen Künstlers Jacques Brel nach wie vor hoch ist. Auch ihn halten viele für einen Franzosen. Er kam jedoch als Sohn eines Brüsseler Wellpapierfabrikanten zur Welt. In Chansons wie »Les Bourgeois«, dessen Refrain zynisch das Leben eines Bohemien und die Spießbürgerlichkeit der angesehenen Gesellschaft besingt, vollzog Brel die ›geistige Trennung‹ vom elterlichen Umfeld. Wohl am bekanntesten sind »Amsterdam« und, gleichsam seine eigene ›Endstation‹ besin-

Mit Zunge und Gaumen genießen

Belgien ist ein Paradies für Fritten-liebhaber. In der Tat findet man auf Schritt und Tritt Frittenbuden, wo man frische Pommes frites *(frieten)* mit Mayonnaise, Ketchup oder Sauce Tatar, aber auch »Hot Géant«, ein heißes Würstchen mit Sauerkraut, oder gebackene Miesmuscheln *(Moules frites)* bekommt.

Im kosmopolitischen Belgien muß allerdings keiner auf italienische Pasta und Pizza, spanische Paella oder chinesische Tofugerichte verzichten. Die besondere Mischung aus feiner französischer Küche und deftiger flämischer Hausmannskost jedoch verführt vielleicht zur Vorspeise mit *Mousse au Saumon* (Lachscreme) oder würzig geräuchertem, hauchdünn geschnittenem *Jambon d'Ardenne* (Ardenner Schinken). Doch auch *Slakken op Borgondische wijze* (Schnecken nach Burgunder Art) und Brie in Honigsauce sind ein leckerer Auftakt für ein mehrgängiges Menü. Fischliebhaber wählen dann als Hauptgericht zwischen *Paling in't groen* (Aal in grüner Kräutersauce), gebackener Forelle mit Mandeln, die aus einem der Ardennenflüßchen stammt, fangfrischer, überbackener Seezunge oder Hummer. In den Ardennen probiert man selbstverständlich Wildgerichte, in der Brabanter Gegend den berühmten *Waterzooi*, nicht etwa ein dünnes Süppchen, wie der Name nahelegt, sondern eine gehaltvolle, cremige Suppe aus Gemüse und Huhn, statt Huhn manchmal auch mit Aal oder Steinbutt. Belgische Biere wie Duvel,

Bush, Trappist Westmalle oder Brugse Tripel löschen beim deftigen flämischen Essen nicht allein den Durst, sondern verfeinern auch so manches Hauptgericht wie *Cul de Lapin au Moutarde et Sauce à la Bière de L'Abbaye d'Orval*, Kaninchenkeule in Senf mit Biersauce. Während der Spargelzeit schwelgen Feinschmecker in der Gegend von Mechelen in Spargel mit gehacktem Ei oder mit Seezunge. Chicorée als Salat, aber auch überbacken mit Schinken, Käse und Kartoffelbrei gibt es das ganze Jahr hindurch. Nicht jedermanns Geschmack sind *Frikadellen met krieken*, gedämpfte Fleischbällchen mit heißen Kirschen, oder *Kip met appelmoes*, Hähnchen mit Apfelmus. Recht beliebt sind hingegen *Pannekoeken* (Pfannkuchen) mit Sahne, Schokoladen- oder Karamelsauce, aber auch herzhaft mit Speck, Schinken und Käse zubereitet. Als Nachtisch empfehlenswert sind *tarte au riz* (Reistorte) oder *Lierse Vlaaikens*, würzige Törtchen, die ein wenig nach Lebkuchen schmecken.

Eet Smakelijk! Bon appétit!

Faro, Kriek, Framboise – belgische Biere

Noch zu Beginn des 20. Jh. pflegten Belgier zu sagen, daß es in ihrem Land mehr Brauer als Bürgermeister gibt. Dies kam nicht von ungefähr, zählte man doch landesweit mehr als 3200 Brauereien. Allein in Brüssel gab es bis zum Ersten Weltkrieg 50, in Leuven 17 Bierbrauereien. Dies ist längst Vergangenheit. Doch noch immer rinnt der gelbe Gerstensaft durch durstige Kehlen, kann der Bierkenner zwischen mehr als 400 Bieren mit 200 verschiedenen Geschmacksrichtungen wählen. Bier ist also keine *Verboden Vrucht* – so der Name eines Bieres –, höchstens, wenn es sich um die »Chemiebiere« handelt, deren Wirkung am nächsten Tag schmerzhaft zu spüren ist. Wer nach einem gemütlichen Abend keinen schweren Kopf bekommen möchte, greift auf Biere zurück, die in traditionellen kleinen Brauereien wie Liefmans in

Oudenaarde ohne Chemie und nach dem Reinheitsgebot gebraut werden.

Belgische Biere sind hell oder dunkel, malzig-süß oder stark-bitter. Hochprozentig sind sie alle, gleichgültig, ob sie nun ober- oder untergärig sind. Bei obergärigem Bier benötigt man Gerstenmalz, Hopfen und Wasser sowie Bierhefe. Bei untergärigem Bier können auch Zucker und Farbmittel verwendet werden. Entscheidend ist jedoch die Temperatur während des Gärungsprozesses, die bei obergärigem Bier 24 bis 28 °C, bei untergärigem unter 9 °C betragen muß.

Das einzige belgische Bier ohne Hefezusatz ist das *Gueuze*, das traditionell im Brüsseler Gueuze-Museum hergestellt wird. Bei diesem Bier beginnt die Gärung »spontan«.

Grundlage ist *Lambic*, ein Bier, das Faßgärung erfordert. Zunächst wird die Bierwürze hergestellt: Beim sogenannten Maischen werden zerriebener, ungekochter Weizen und gebrannte Gerste mit Wasser vermischt, das auf 75 °C erhitzt wird. Nach etwa zweieinhalb Stunden wird die entstandene Bierwürze in einen Kochbottich geleitet und Hopfen untergemischt. Anschließend kocht das Gebräu für 3 1/2 Stunden, kühlt dann über Nacht in großen offenen kupfernen Kühlpfannen ab und wird anschließend in Fässer abgefüllt. In diesen findet der Gärungsprozeß statt, an dem Mikroorganismen wie der *Brettanomycis Lambicus* beteiligt sind. Nach drei bis vier Tagen ist das schaumlose Lambic entstanden. Es wird zwischen einem und drei Jahren gelagert. Mischt man nun unterschiedlich altes Lambic, erhält man das »Gueuze«, das in Flaschen abgefüllt und mit einem Korken verschlossen wird. Diese Flaschen werden liegend für weitere zwei Jahre gelagert. Während dieser Zeit reift das Bier und die Mischung der verschiedenen Lambic lagert nun wie bei Champagner in der Flasche ab. Wenn man die Flasche Gueuze zum Ausschank aus den kühlen Kellerräumen holt, in denen Temperaturen zwischen 7 und 10 Grad herrschen, hält man die Flasche waagerecht, damit sich der Bodensatz nicht mit dem Bier vermischt.

Wird Lambic mit Kandis versetzt, erhält man *Faro*. Für *Fram-*

Prozessionen und Jahrmarktstimmung

In einem Land, in dem sich 85 % der Einwohner zum Katholizismus bekennen, lassen sich vielfältige Formen religiöser Tradition finden. Am Straßenrand stößt man auf kleine Kapellen zu Ehren des Heiligen Bonifatius, des Heiligen Joseph oder der Mutter Gottes. Bei einer Rundfahrt durchs Land entdeckt man blumengeschmückte Christusfiguren am Feldrand, und beim Spaziergang durch die Gassen von Brügge und Antwerpen wird man vom süßlichen Lächeln der Madonnen begleitet.

Schon Wochen vor Pfingsten pilgern Gläubige zur St. Martinus-Basilika von Halle (s. S. 90). Einzeln und in Gruppen besuchen sie die Kirche, um im stillen zur »Schwarzen Madonna«, einem Geschenk von Sophie von Thüringen, Herzogin von Brabant, zu beten.

Zu Fuß und auf dem Rad, in kleinen Gruppen und einzeln, besuchen zwischen Mai und September Scharen von Pilgern Scherpenheuvel im flämischen Teil von Brabant, zwischen Aarschot und Diest. Es ist einer der meistbesuchten Wallfahrtsorte Belgiens. Auf dem Hügel, auf dem heute ein barocker Kirchbau mit einer gewaltigen, von 288 vergoldeten Sternen bedeckten Kuppel steht, soll einst eine kreuzförmig gewachsene Eiche gestanden haben, an der ein Muttergottesbild hing. Hier versammelten sich die Menschen zum Gebet. Ein Hirte soll einst versucht haben, das Marienbild zu stehlen, doch als er im Begriff war, dies zu tun, konnte er sich plötzlich nicht mehr bewegen. Dieses Wunder zog noch mehr Menschen nach Scherpenheuvel, so daß zu Beginn des 16. Jh. die erste hölzerne Kapelle errichtet wurde. Alsbald wurde diese jedoch durch die von den Erzherzögen Isabella und Albrecht gestiftete Kirche in Form eines siebenstrahligen Sterns ersetzt.

Während der Prozessionen um die Kirche, beim Gang über den Kreuzweg, verstummen die Umstehenden. Wenn die Reliquien unter einem Baldachin vorbeigetragen werden, schlagen die Pilger ein Kreuz vor der Brust und sinken demütig auf die Knie. Eine Kerze in einer der von außen zugänglichen Kapellen anzuzünden, an einer Messe in der neuerbauten und am Fuße des Hügels stehenden Marienhalle teilzunehmen, in der an jedem ersten Sonntag im Monat die Kinder gesegnet werden, und den Kreuzweg abzuschreiten, ist Teil der jährli-

Heilig-Blut-Prozession in Hoogstraaten

chen Wallfahrt. Doch neben der Besinnung steht das Weltliche. Rund um die Kirche sind Jahrmarktsbuden aufgebaut, die nicht etwa Devotionalien verkaufen, sondern *Malse Noppen* (ein Anisgebäck) und *Peppernoten* (ein pfeffernußähnliches Gebäck), die ein wenig Weihnachtsmarktstimmung aufkommen lassen.

Die Grenzen zwischen religiöser Besinnung und historisch-folkloristischem Schauspiel sind fließend. Beispiel hierfür ist die Heiligblut-Prozession von Brügge, in deren Mittelpunkt die 1150 von Diederich von Elsaß aus dem Heiligen Land mitgebrachte Reliquie mit einem Blutstropfen Jesu steht. Die Gilden der Armbrust- und Bogenschützen und Mitwirkende in Kostümen englischer und lombardischer Kaufleute, die an Himmelfahrt an den Besuchern von Brügge vorbeiziehen, machen nur einen Teil der Prozession aus. Inmitten der bunten Schar der Gilden und Zünfte werden Szenen aus dem Alten und dem Neuen Testament dargestellt, so auch die Vertreibung aus dem Paradies und die Anbetung durch die Hirten. Schließlich reitet auch Diederich von Elsaß in die Stadt ein. Am Ende der Prozession erfolgt die Verehrung der Heilig-Blut-Reliquie. Sie wird während der Prozession von der St. Salvator-Kathedrale zur Heilig-Blut-Basilika mitgeführt. Auf dem Platz vor der Basilika, auf dem sich Pilger von nah und fern versammeln, erteilt der Bischof von Brügge den Segen. Anschließend trennen sich die Wege der Pilger und Schaulustigen. In den Straßen und Gassen drängen sich die Menschen. Über die Kanäle gleiten wie an anderen Tagen die Tourboote. Brügger Spitze und Ansichtskarten werden als Mitbringsel gekauft, und in den Cafés und Restaurants ist kaum ein freies Plätzchen zu finden.

boise braucht man Himbeeren, für *Kriek* Sauerkirschen, die ca. 6 Monate im Bier auslaugen. Gedacht waren diese Biere ursprünglich für die weiblichen Gäste eines *Koffiehuis.*

Man sollte auch das herbe, dunkle *Oerbier* der westflämischen Brauerei »De Dolle Brouwers« probieren, an einem *Kasteelbier* aus Ingelmunster nippen und es mit dem bereits im 14 Jh. gebrauten *Gildenbier* aus Diest vergleichen. So manch einer gewöhnt sich an das helle starke *Bush-Bier* aus dem Hennegau. Köstlich ist das Honigbier *'t Smisje* aus der kleinen Brügger Hausbrauerei »De Regenboog«, das nur im Brügger Pub »Brugs Biertje« ausgeschenkt wird.

Belgischer Nationalsport: Radfahren

Sport

Sport in Belgien meint zumeist Radsport, und dieser war in der Vergangenheit untrennbar mit Namen wie Eddy Merckx, dem fünffachen Tour-de-France-Gewinner, und Patrick Sercu, dem Sechstagekönig, verbunden. Inzwischen ist mit Axel Merckx und Johan Musseuw, dem Straßenweltmeister von 1996, eine neue Generation von Pedalrittern herangereift. Sie messen sich bei den Frühjahrsklassikern im März und April mit der Elite des internationalen Profiradsports. Die »Drei Tage von De Panne«, der »Brabanter Pfeil«, das Klassikerrennen »Gent-Welvegem« über 210 km und die Flandernrundfahrt über das gefürchtete

Baanbolling und *Schuiftafel*

Von Poperinge, der Hauptstadt des Hoppelands, führt der Weg durch die flache Hügellandschaft und die ausgedehnten Hopfenfelder West-Flanderns nach Abele, einer der Hochburgen des *Baanbolling* im belgisch-französischen Grenzgebiet. Auf einer Zementbahn neben dem Café »Du Commerce« in Abele etwa werden an manchem Sommerabend die *Bollen*, flache Holzscheiben, ins Ziel gerollt. Heute treffen sich hier Jacques, Jean und Paul. Mit der Zigarette im Mundwinkel wird Anlauf genommen, dann gleitet die Scheibe durch die flache Zementrinne. Gebückt verfolgt Paul die trudelnde Bewegung der Scheibe. Die beiden Mitspieler drehen sich derweil eine neue Zigarette und nippen am hellen Bier. Es ist Frühjahr und noch Zeit, sich auf die Wettkämpfe zur *Kermis* (Kirmes) am ersten Sonntag im August vorzubereiten.

Drei Spieler sind ungewöhnlich: Meist sind es zwei, vier oder mehr, die aus dem Handgelenk die Scheibe ins Rollen bringen, so die bereitwillig erteilte Auskunft in einer Mischung aus Flämisch und Französisch. Ein gutes Auge für die Krümmung der Bahn und in der Hand ein Gefühl für den richtigen Impuls sind wichtig, soll die 19 oder 25 cm große Scheibe in der 20 m langen, flachen Zementrinne bleiben.

Unterdessen holt Jean Schwung, geht leicht in die Knie und dann…. Zu stark war der Stoß. Die Scheibe rollt über die Zielrose in die Rinne an der Stirnwand. Das Spiel scheint viele Möglichkeiten zu bieten, denn Jacques legt nun eine ganze Reihe einzelner Scheiben in die Rinne, bis zur Zielrose. Nach kurzem Fachsimpeln und dem Ablaufen der Bahn ist wieder Paul an der Reihe, der die Scheibe geschickt auf den Slalomkurs zwischen den Hindernissen schickt. Ein ungläubiger Blick, doch die Scheibe fällt direkt auf den inneren Kreis der Zielrose, wo möglichst viele *Bollen* plaziert werden sollen.

Nächster Halt ist Watou. Das Café »Nouveau St. Eloy« liegt noch in Belgien, während die andere Straßenseite schon französisch ist. Es ist ein wahres Dorado für traditionelle flämische Spiele. Vor dem Café steht ein *Uilebolling*, »Scheibenrollen durch die Eule«. Anders als beim Baanbolling müssen die Scheiben über eine schiefe Ebene hinaufgerollt werden. An ihrer Oberkante stehen fünf bewegliche Metallplatten, die es zu treffen gilt. Wer seine Scheibe zwischen diesen hindurchschiebt, erhält keinen Punkt; im Niederländischen *bollen door de nuil*, woraus *bollen door den uul* – und dann *Uilebollen* entstanden

»Uilebolling« in Watou

ist. Jeder ist eingeladen mitzuspielen. So versuchen sich denn auch Luc, Pieter und Charles an diesem Spiel. Ein blechernes Geräusch und dann ein dumpfes Aufschlagen: Die Metallplatten stehen noch aufrecht. Luc schaut spöttisch und Charles grinst, als Pieter weitausholend seine Scheibe auf die Bahn wirft. Diesmal jedoch trifft er.

Wer glaubt, mit Snooker und Poolbillard oder Dreiband etwas von der Kunst des Billard zu verstehen, irrt, kennt er doch *Schuiftafel* nicht, im Café »Sint Joris« in Alveringem ein beliebter Freizeitsport. Metallscheiben statt Billardkugeln, abgeflachte statt runder Queues gehören ebenso zum Spiel wie ein schmaler Tisch mit erhöhtem Mittelteil und zwei seitlichen Rinnen. Die Tischoberfläche ist mit feinem Sand bestreut, damit die Scheiben besser gleiten. An der Stirnseite des Tisches stecken drei feste Eisenstifte und in der Mitte des Tisches ein Tor. Nach der Einweisung durch die Wirtin kann es beginnen. Auch nach dem dritten Versuch hat Greet die Scheibe nicht im Tor untergebracht. Anneke wird schon ungeduldig, legt eine Scheibe in das Tor und greift sich den Billardstock. Ihr Stoß ist zu hart. Die Scheibe kippt über die Kante und fällt in die Rinne. Nun wechselt die Aufnahme, und das Spiel wird solange fortgesetzt, bis alle Scheiben gespielt sind.

Kopfsteinpflaster in den Flämischen Ardennen sind schon zur Legende geworden. Nicht zu vergessen sind »La Flèche Wallone« und »Liège–Bastogne–Liège« in der Wallonie, bei denen sich die Teilnehmer über die langen Steigungen der Ardennen quälen müssen. Es sind Rennen, die in ihrem Schwierigkeitsgrad und ihrer Bekanntheit denen von Paris–Roubaix oder Mailand–San Remo in nichts nachstehen. Doch es geht auch ein paar Nummern kleiner: Neulinge, Junioren und Frauen bestreiten Wochenende für Wochenende Rennen rund um flandrische Städte und Dörfer, kämpfen auf den Etappenrennen zwischen Denderleeuw und Zottegem um den Sieg im Klassement.

Was es mit Balle Pelota *(Kaatsen)* auf sich hat, wird nur der erahnen können, der zufällig in Leffe (Dinant), Bouvignes, Mardal oder Castel in der Wallonie an einem Samstagnachmittag gesetzten Herren mit leichtem Bierbauchansatz dabei zuschaut, wie sie einen kleinen Ball mit einer Schlagbewegung in das gegnerische Feld befördern.

Von dort schmettert ihn einer der Gegenspieler mit der von einem Lederhandschuh geschützten flachen Hand zurück. Gespielt wird in unterschiedlichen Ligen auf Parkplätzen inmitten der Ortschaften, auf denen ein langgezogenes rechteckiges Spielfeld mit aufgesetztem schmalen Trapez aufgemalt ist. Beim Durchblättern der Sportseiten der Tageszeitungen findet man auch Berichte über diese Außenseitersportart.

Es gibt kaum eine Kneipe, in der nicht ein Billardtisch steht. Zumeist ist er abgedeckt, wird geschont für die Meisterschaftsspiele am Wochenende. Nicht immer wird nur Dreibandbillard gespielt, an besonderen Tischen auch *Toppenbillard*. In der Weltspitze des Billardsports finden sich Belgier wie Raymond Ceulemans, dessen Billardsalon sich unweit der Universitätsbibliothek in Leuven befindet, und Ludo Dielis. Doch inzwischen sind im Dreibandspiel mit Frédéric Caudron und Johan Claessen Konkurrenten im eigenen Land und zukünftige Titelaspiranten aufgetaucht.

UNTERWEGS
IN BELGIEN

Brüssel und
Umgebung

Von Brabant
nach Limburg

Von Mechelen
nach Antwerpen

Von Sint-Niklaas
nach Oostende

Von Veurne
nach Kortrijk

Von Oudenaarde
nach La Louvière

Von Charleroi
nach Liège

Hohes Venn und
Ardennen

Brüssel

Auf dem Grote Markt in Brüssel

Spaziergänge durch Brüssel, die lebensfrohe Metropole Belgiens, führen zu architektonischen Schätzen aus allen Epochen. Der Große Platz, das prächtige Herz der Stadt, prunkt mit barocken Gildehäusern, die Börse und die Galeries Royales lassen das 19. Jh. auferstehen, und das Viertel um die Place van Meenen ist eines der vielen gut erhaltenen Jugendstilensembles der Stadt.

Die belgische Metropole liegt in der Provinz Brabant im Tal der Senne, am Rand des Brabanter Plateaus. Sie ist eine eigenständige, zweisprachige Region und besteht aus 19 selbständigen Gemeinden. Über den Charleroi- und Willebroek-Kanal verfügt sie über einen Anschluß an die Schelde und die Nordsee.

Seit 1966 befindet sich der Sitz des Ständigen Rats der NATO in Belgiens Hauptstadt, seit 1958 das Ständige Generalsekretariat der Beneluxländer und die Kommission der Europäischen Union. Neben diesen supranationalen Organisationen und Behörden, die sich durch Abriß und Neubauten immer wieder Raum schaffen und dadurch die Stadtstruktur verändern, finden wir hier Niederlassungen multinationaler Konzerne sowie Betriebe und Organisationen, die sich in Brüssel wegen seiner Funktion als EU-Hauptstadt niedergelassen haben. Sie beschäftigen insgesamt 46 000 Menschen. 15 000 Arbeitsplätze, von denen nahezu ein Drittel von Belgiern eingenommen wird, sind allein den Einrichtungen der Europäischen Union zu verdanken.

Fast 1 Mio. Menschen leben zwischen Porte Namur und Rue Neuve, Parc du Cinquantenaire und Palais de Justice, Gare du Midi und Gare du Nord. Unter ihnen sind Einwanderer aus Nord- und Schwarzafrika, aus Spanien und Portugal, aber auch die Eurokraten aus den Ländern der Europäischen Union.

Geschichte

Auf dem Gebiet der heutigen Hauptstadt Belgiens gab es neolithische Wohnstätten ebenso wie römische Villen und merowingische Höfe. Über die Gründung der Stadt gibt es unterschiedliche Auffassungen. Wohl Legende ist die Gründung von Brüssel durch den hl. Goorik (Saint Géry) im 6. Jh. Zum Zankapfel unter Historikern wird jedoch die Frage, ob eine Urkunde Otto des Großen von 966, in der

Bruocsella, die »Siedlung im Sumpf«, erwähnt wird, oder die 977 bis 979 unter Karl von Nieder-Lothringen erfolgte Anlage einer Burg und die Errichtung einer Kapelle auf einer Insel in der Senne den Beginn der Stadtgeschichte markieren.

Im Verlauf der Siedlungserweiterung im 11./12. Jh. wurde die erste Stadtumwallung errichtet. Die Anlage der Boulevards des kleinen Rings entspricht dem Umfang der Stadtbefestigung des 14. Jh., von der die Hallepoort (Porte de Hal) übriggeblieben ist.

Nicht nur die Grafen von Flandern und die Herzöge von Luxemburg waren Herren über Brüssel, sondern auch die Burgunder. Unter Philipp dem Guten (15. Jh.) wurde Brüssel die Hauptstadt des Burgunderreiches. Es entstanden das Rathaus und die ersten Zunfthäuser um den Grote Markt, Ausdruck der Macht der Zünfte, die sogar das Vorrecht besaßen, die Schlüssel für die sieben Tore der Stadtmauer zu verwahren. Namhafte Künstler wie Pieter Bruegel d. Ä. und Rogier van der Weyden, Bildhauer, Teppichwirker und Goldschmiede ließen sich während der Zeit der Burgunder in der Stadt nieder.

Auch die Nachfolger der Burgunder, die österreichischen Habsburger unter Kaiser Karl V., machten Brüssel 1531 zu ihrer Hauptstadt. In die Zeit der Regentschaft Philipps II. (2. Hälfte 16. Jh.) fielen die Aufstände unter den Grafen Hoorn und Egmond gegen die

Unterdrückung der Niederlande durch die spanische Krone. 1568 wurden sie mit der Hinrichtung der beiden Adeligen auf dem Grote Markt blutig beendet. Dieses Zentrum der Stadt wurde 1695 durch die Armee Ludwigs XIV. unter Marschall de Villeroy in Brand geschossen. 36 Stunden stand die Stadt unter Beschuß.

Nach den österreichischen Habsburgern unter Joseph II. erlebte Brüssel die »französische Epoche« unter Napoleon. Sie dauerte bis zum Jahr 1815, als die Verbündeten Preußen und England aus der Schlacht von Waterloo siegreich hervorgingen. Bis zur belgischen Unabhängigkeit von 1830/31 war Brüssel neben Den Haag Sitz des Hofes des Vereinigten Königreichs der Niederlande, ehe das Königreich Belgien Brüssel zur Hauptstadt machte.

Der Grote Markt

Der Grote Markt/Grand'Place ist das Herz Brüssels, Zentrum des Handels der mittelalterlichen Stadt, Schauplatz festlicher Turniere, aber auch der Hinrichtung der aufständischen Grafen Egmond und Hoorn. Noch heute findet auf dem rechteckigen Platz (110 × 70 m) jeden Sonntag der Blumen- und Vogelmarkt statt. Straßennamen wie Boterstraat/Rue au beurre (But-

terstraße), Haringstraat/Rue au Hareng (Heringsstraße), Beenhouwerstraat/Petite Rue des Bouchers (Metzgerstraße) oder Brouwerstraat/Rue des Brasseurs sind Hinweise auf das bunte Treiben von Handel und Handwerk, das hier einst geherrscht hat.

Schon im 13. Jh. wurden auf dem Platz die Fleisch-, Brot- und Tuchhallen errichtet, im 15. Jh. kam das Rathaus dazu. Nachdem das Bombardement der französischen Truppen im Jahre 1695 den Platz völlig verwüstet hatte, wurde er bis zum Jahr 1700 wieder aufgebaut und präsentiert sich heute als prächtiges barockes Ensemble von wunderbarer Geschlossenheit. Das eindrucksvollste Gebäude des Platzes ist das gotische **Rathaus** (Stadthuis/Hôtel de Ville), dessen vielfenstrige Fassade von dem 97 m hohen, schlanken **Belfried** beherrscht wird. Mit dem Bau wurde bereits 1402 begonnen. Infolge der wirtschaftlichen Blüte der Stadt genügte jedoch das Gebäude den wachsenden Ansprüchen bald nicht mehr, so daß es 1444 um einen Flügel (den Westflügel) erweitert werden mußte. Beide Flügel sind mit Steinmetzarbeiten reich verziert. Rechts neben dem Durchgang zum Innenhof sind in der ersten Etage die Statuen von Margaretha von Österreich und Isabella von Portugal zu sehen. Am Eckürmchen rechts findet man Maria von

Ungarn, wie Margarethe von Österreich im 16. Jh. Landvögtin der habsburgischen Niederlande. Aber auch Figuren der Schutzpatrone Brüssels sowie von wirklichen und legendären Herrschern sind zu sehen.

Im Innern kann man eine Reihe von Festsälen mit kostbaren Holztäfelungen und Gobelins besichtigen (Führungen: 1.4.–30.9. Di, So, und feiertags 10 Uhr; 1.10.–31.3. Di 10 Uhr).

Gegenüber dem Rathaus wurde Ende des 19. Jh. das neugotische **Broodhuis/Maison du Roi** errichtet, dessen Stil an das einstige Zunftshaus der Bäcker erinnert, das zuvor an dieser Stelle stand. In ihm ist das **Stadtmuseum** untergebracht. Es widmet sich der Stadtgeschichte von Brüssel und enthält u. a. Gemälde von Pieter Bruegel und kostbare Wandteppiche sowie schließlich alle Kostüme, mit denen Manneken Pis beschenkt wurde (Mo–Do 10–12.30 und 13.30–17 Uhr, 1. 10.–31. 3. bis 16 Uhr; Sa, So und feiertags 10–13 Uhr).

Die Ostseite der Grand'Place wird vom **Maison des Ducs de Brabant** (Haus der Herzöge von Brabant) eingenommen. Dieses palaisähnliche Ensemble mit vergoldeten Pilastern und einem halbrunden Reliefbogen als Giebelabschluß besteht in Wirklichkeit aus sechs einzelnen Häusern, nämlich *La Bourse* (Die Börse), *La Colline* (Der Hügel), *Le Pot d'Etain* (Der Zinntopf), *Le Moulin à Vent* (Die Wind-

Gildehäuser auf dem Grote Markt

»Der König von Spanien« (Haus der Bäcker)

mühle), *La Fortune* (Das Glück) und *L'Eremitage* (Die Einsiedelei), einst die Zunfthäuser der Gerber, Müller, Zimmerleute, Dachdecker und Bildhauer. Den heutigen Namen hat das Gebäude wegen der Büsten der Brabanter Herzöge an der Fassade.

Auch die anderen Häuser der Grand'Place lohnen – jedes für sich – mit ihrem überreichen Fassadenschmuck eine nähere Betrachtung. An der Ecke zur Rue de la Colline/Heuvelstraat etwa steht **Le Cerf** (Der Hirsch), zu erkennen an dem über dem Eingang thronenden Hirsch und dem Glockengiebel. Vom **Haus der Schneider** (*La Taupe* et *La Chaloupe d'Or*) schaut der hl.

Bonifatius auf den Marktplatz herab. In der **Maison du Cygne** (Der Schwan) an der Südseite des Platzes fand Karl Marx, Philosoph und Redakteur der oppositionellen »Rheinischen Zeitung«, während seiner Brüsseler Emigrationsjahre Zuflucht. Hier schrieb er zusammen mit Friedrich Engels u. a. »Das Kommunistische Manifest«. Heute wird das Erdgeschoß von einem Edelrestaurant eingenommen. Über dem Eingang sitzt ein Schwan mit ausgebreiteten Schwingen. Links daneben hatten die Brauer ihr Zunfthaus. Es ist gekrönt von der vergoldeten Reiterstatue Karls von Lothringen und beherbergt nun das **Brauereimuseum** (tgl.

10–17 Uhr). Mit dem Haus **L'Etoile** (Der Stern) ist der Name des Schöffen Everard 't Serclaes verbunden. Nachdem er 1356 das Banner des Grafen von Flandern, der die freie Stadt seiner Herrschaft unterwerfen wollte, von diesem Haus entfernt hatte, wurde er von dessen Gefolgsleuten überfallen. Auf einer Schubkarre brachte man ihn ins Haus L'Etoile, wo er verstarb. Um den Zugang zum Markt zu erweitern, sollte dieses Haus im Jahre 1852 abgebrochen werden, was jedoch durch den damaligen Bürgermeister Charles Buls verhindert wurde. Mit einem Relief unter der Arkade an der Rue Charles Buls ist beiden Männern ein Denkmal gesetzt.

An der Westseite des Platzes stehen die Häuser La Louve, Le Sac, Le Brouette und Le Roi d'Espagne. Der Zugang zum ehemaligen Haus der Bogenschützengilde, **La Louve** (Die Wölfin), wird von den Figuren des Romulus und Remus, die von der Wölfin gesäugt werden, geschmückt. Säulenbalustraden, Pilaster und Reliefmedaillons mit den Portraits der römischen Kaiser Caesar, Augustus, Trajan und Tiberius sind die wesentlichen Gestaltungselemente des Hauses. Die Möbelschreiner und Böttcher ließen sich 1444 im Haus **Le Sac** (Der Sack) nieder. Eine Reliefplatte über dem Eingang zeigt zwei Männer, von denen einer in einen geöffneten Sack greift. Die Fetthändler hatten ihr Domizil im Haus **Le Brouette** (Die Schubkarre), zu erkennen an

der vergoldeten Schubkarre über dem Eingang. Den Kuppelturm des Hauses der Bäcker, **Le Roi d'Espagne** (Der König von Spanien) genannt, krönt ein posauneblasender Engel.

Vom Manneken Pis zum Botanischen Garten

Manneken Pis, der kleine pinkelnde Junge, Brüssels wohl berühmtestes Kunstwerk, wurde 1609 von Jérôme Duquesnoy d. Ä. geschaffen. Um diese Figur ranken sich zahlreiche Legenden, die jedoch weniger bekannt sind als die mehr als 300 Anzüge und Kostüme, mit denen sie von Königen, Fürsten und Staatsgästen beschenkt wurde. Zu finden ist Manneken Pis an der Rue de L'Etuve, einer Verlängerung der Rue Charles Buls, über die man die **Grand'Place** erreicht.

Geht man von dort durch die Rue au Beurre/Boterstraat, stößt man auf die **Place de la Bourse/Beursplein**, wo die in Neobarock erbaute **Börse** steht. Dieser mächtige Bau mit seinem korinthischen Säulenvorbau entstand 1871–73 nach Plänen von Léon Suys. Der Bildhauer Carrier-Belleuse, der den Auftrag zur Ausgestaltung der Börse erhalten hatte, ließ Auguste Rodin nach Brüssel kommen. Ihm werden Teile des Skulpturenschmucks im Inneren und an der Südfassade zugeschrieben.

Vom Manneken Pis zum Botanischen Garten: 1 Manneken Pis   2 Börse   3 Théâtre Royal de la Monnaie   4 Galeries Royales St-Hubert   5 Kathedrale St-Michel

Nur einen Sprung entfernt steht das **Théâtre Royal de la Monnaie/Muntschouwburg**, die Nationaloper Belgiens. Der Name erinnert an die bis ins frühe 16. Jh. hier bestehende Münze. Es ist ein neoklassizistischer Bau mit dreieckigem Giebel, der von acht ionischen Säulen getragen wird. Nach einem Brand im Jahre 1855 wurde der Bau im Inneren von dem Architekten Jozef Poelaert neu gestaltet.

Dieses Opernhaus hat in der belgischen Geschichte eine besondere Bedeutung: Die von Daniel François Aubert geschriebene Oper »Die Stumme von Portici« inspirierte die Zuschauer bei einer Aufführung am 25. 8. 1830 zu heftigen Unmutsäußerungen gegen die politische Bevormundung durch den protestantischen Norden des Vereinigten Königreichs der Niederlande. Es kam zu einem sich rasch über das ganze Land ausdehnenden Aufstand. Dies war der erste Schritt zur belgischen Unabhängigkeit.

Gehobenem Geschmack begegnet man in den **Galeries Royales St-Hubert**. Sie liegen nördlich der Grand'Place und verbinden die Rue des Bouchers und die Rue de l'Ecuyer miteinander. Sie bestehen aus der *Galerie du Roi*, der *Galerie de la Reine* und der *Galerie des Princes*. Jean Pierre Cluysenaer entwarf 1846 diese überdachten Passagen mit ihren Geschäften und Cafés, die sich über eine Länge von insgesamt 213 m erstrecken. In der Galerie des Princes, die auf die Rue des Dominiciens stößt, lebte Juliette Drouot, die Freundin des Schriftstellers Victor Hugo. Der Schöpfer des Romans »Les Misérables« war 1851, nach dem Staatsstreich Louis Napoleons und der Auflösung der Nationalversammlung, nach Brüssel geflohen und bezog seinerseits

Die Börse

eine Wohnung im Haus »Le Pigeon« an der Grand'Place.

Vor den Passagen liegt gleich der Grasmarkt/Marché-aux-Herbes mit Straßencafés und einer Brunnenanlage mit der Statue des Bürgermeisters Charles Buls (s. S. 73). Von dort geht man über Rue de la Montagne/Bergstraat, Keizerinlaan und Rue Ste-Gudule zur Place Ste-Gudule. In hellem Sandstein erstrahlt hier die Kathedrale **St-Michel** (ursprünglich auch der hl. Gudula geweiht, deren Gebeine sich hier befinden). Der gotische Bau (1226–1490), der an die Kathedralen von Reims und Paris erinnert, besitzt zwei stumpfe (weil unvollendete), 65 m hohe Türme. Zur vornehmlich barocken Innenausstattung trugen Jerôme Duquesnoy d. J. und Lucas Fayd'herbes die Apostelfiguren bei. Beachtenswert sind die aus dem frühen 16. Jh. stammenden Glasfenster der Querschiffe, auf denen u.a. Kaiser Karl V. und seine Gemahlin Isabella von Portugal dargestellt sind. Der Chor der Kathedrale ist wegen Restaurierungsarbeiten derzeit nicht zugänglich (1.11.–31.3. 8–18 Uhr, sonst bis 19 Uhr).

Über die Rue Royale/Koningsstraat gelangt man zur Place du Congrès mit der **Colonne du Congrès** (Kongreßsäule, 1850), der Statue des ersten belgischen Königs Leopold I., und dem Grabmal des Unbekannten Soldaten. Ebenso wie der Palais de Justice (s. S. 45f.) und das Théâtre de la Monnaie ist sie eine Arbeit von Jozef Poelaert und erinnert an den Nationalkongreß, der 1831 die belgische Verfassung verabschiedete.

Nördlich der Place du Congrès liegt eine innerstädtische Oase: der **Jardin Botanique** (Botanische Garten), der zwischen 1826 und 1829 nach Plänen von Pierre François Gineste als klassische französische Parkanlage mit geometrischen Beeten und Hecken entstanden ist. In den früheren Gewächshäusern ist heute das *Centre Culturel de la Communauté Française* (Kulturzentrum der französischsprachigen Gemeinschaft) untergebracht.

Rund um die Place van Meenen

Auf verspielte floreale Elemente und ornamentale Friesgestaltung, hufeisenförmige Fenster und geschwungene Portale stößt man beim Bummeln durch die Brüsseler Gemeinden Ixelles und St. Gilles, in der Gegend zwischen Etang d'Ixelles und Louizalaan ebenso wie rund um den van-Meenen-Plein. Hier haben sich die Architekten des Jugendstil *(Art Nouveau)* verewigt, sind die Abrißbirnen noch nicht am Werk gewesen.

Wer aus der Innenstadt mit der Straßenbahn 55 oder 90 über die Chaussée de Waterloo zur Haltestelle Barrière de St-Gilles fährt oder gar von der Metro-Station an der Porte de Hal zu Fuß geht, sollte

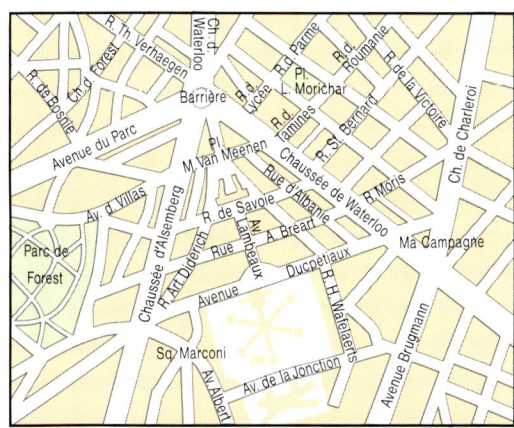

Um die Place
van Meenen:
Jugendstil

einen Blick in die Vanderschrickstraat und auf die von Ernest Blérot entworfenen Häuser werfen (s. S. 50).

Nicht weit davon entfernt, zwischen der Place van Meenen und dem im Tudorstil erbauten und einer Burg gleichenden Gefängnis von St. Gilles (Prison de St-Gilles), erstreckt sich ein Gebiet, in dem noch eine große Anzahl von Jugendstilbauten erhalten ist. Inmitten eines von der Chaussée de Waterloo und der Chaussée d'Alsemberg gebildeten Straßendreiecks liegt die **Place van Meenen** mit dem **Hôtel de Ville St-Gilles** (Rathaus). Es ist ein pompöser Bau (1910) mit großer Freitreppe und beeindruckenden Plastiken im Außenbereich wie der tanzenden Nackten mit langem Haar vor dem Haupteingang. Zwischen dem Rathaus, dessen Flügelbau sich zum Platz hin öffnet, und dem Gefängnis verläuft die **Avenue Jef Lambeaux.** Dort ist das 1898 von Georges Peerenboom entworfene Wohnhaus (Nr. 12) zu beachten. Die Gitter vor den Kellerfenstern dieses Hauses bündeln sich in einer Blüte, pflanzliche Ornamente zieren die helle Holztür, die in ein leichtgeschwungenes Steinportal eingepaßt ist. Auch das 1898 in weißem Stein erbaute Wohnhaus in Nr. 8 entwarf Peerenboom, wenn auch mit strengeren Linien. Zu beachten sind in der gleichen Straße die Wohnhäuser Nr. 11, Nr. 25 und Nr. 35.

Um die Ecke, in der **Rue Antoine Bréart 101,** steht ein 1906 nach einem Entwurf von Paul Vizzavona, einem Schüler von Victor Horta, entstandenes Haus. Vizzavona beschränkte sich in seiner dekorativen Gestaltung: Oberhalb der weißen, rechter Hand gelegenen Eingangstür ist eine Tiffany-Vergla-

»Poelaerts Traum« in der Metro-Station Louiza

Kunstgalerie
im Untergrund

Das Öffentliche zu gestalten, visuelle Anreize zu schaffen, Kontrapunkt in einer von Beton bestimmten Funktionalität zu sein, war und ist Anliegen von »Kunst in der Metro«, einem in den 70er Jahren begonnenen Projekt der Brüsseler Verkehrsbetriebe (MIVB). In fast allen Metro-Stationen zwischen Stokkel bzw. Hermann Debroux und Merode, Rogier und Porte de Hal, Heizel und Bizeit werden Fahrgäste zu Besuchern einer modernen Kunstgalerie im Untergrund, wenn sie, wie auf dem Bahnhof **Stokkel,** Tim und Struppi von Hergé gegenüberstehen oder auf der Rolltreppe der Station **Jacques Brel** an den Wolkenlandschaften »Coming Up For Air« von Maurice Wyckaert vorbeifahren. Wer über die breiten Treppen in die Metro-Station **Kruidtuin/Jar-**

din Botanique hinabsteigt, wird sich in »Les Voyageurs« (Die Reisenden) wiedererkennen: Einundzwanzig Reisende aus Holz täuschen
eilige U-Bahn-Benutzer vor. Geometrische, bunte Körper, verformt
und starr, im Ansatz von Bewegung, stehen uns im Weg. Auf den
Bahnsteigen schweben über Sitznischen kupferne »Flügel« und
»Schwingen«: »The Last Migration« von Jean-Pierre Ghysels scheint
sich fortzubewegen, aufzulösen, ist nur noch als Rudimentäres zu
erkennen. Diese Wandkomposition steht für die Atomisierung, die
Unruhe und Ziellosigkeit des Stadtmenschen.

Ein Betonsturz über den Bahngleisen der Station **Kunst-Wet/Arts-Loi**
ist mit einem Holzrelief verkleidet. Kreise und Quadrate in Schwarz
und Weiß verschränken sich ineinander. Durch die Farbkontraste und
Formen entstehen Segmente, Höhen und Tiefen. Für den Künstler Gil-
bert De Cock drücken sich darin das Männliche und Weibliche, der
Tag und die Nacht, Yin und Yang aus.

»Stationen des Lebens«, Geburt, Liebe, Erwachsensein und Sterben,
so nennt Octave Landuyt seine Keramikpaneele mit schwarz-grauem
Linienspiel, die in vier Torbögen mit Medaillons gesetzt sind und auf
der Station **Naamsepoort/Porte de Namur** zu sehen sind.

Auf der Station **Louiza/Louise** müssen wir innehalten, wollen wir
Edmond Dubrunfaut und sein Werk »La Terre en Fleur« verstehen. Den
Schritt der Menschen, die hier ein- und ausgehen, zu verlangsamen,
war die Leitidee des Künstlers bei der Gestaltung seines ›Wandteppichs aus Kacheln‹. Ob allerdings die Blicke der Passanten auf der
Taube, dem Schmetterling und den Blumen als Symbol für die Zer-
brechlichkeit der Erde ruhen bleiben, wenn es in den Untergrund geht,
ist fraglich. Das Überhöhte, das Ins-Unermeßliche-sich-Ausdehnende
des Justizpalastes greift Marcel Maeyer seinem Werk »Poelaerts Traum«
auf, das er für die gleiche Metro-Station schuf. 100 Großbuchstaben
werden zu einer überdimensionalen typographischen Struktur, die den
Namen Poelaerts, des Architekten des monumentalen Justizpalastes,
aufnimmt.

Seit seiner Kindheit beschäftigten Paul Delvaux Eisenbahnen und
Bahnhöfe. Naiv und romantisch fällt seine Gestaltung der Station
Beurs/Bourse mit »Unsere alten Brüsseler Straßenbahnen« aus. Auf
diesem Bahnhof sind jedoch nicht nur die Reisenden und die Züge in
Bewegung, sondern auch die »Moving Ceiling« von Pol Bury. 75 von
der Decke herabhängende gekrümmte Röhren bewegen sich wie die
Rolltreppen, die hastenden Fahrgäste, die sich drehenden Eingangs-
barrieren.

sung zu sehen. Das Balkongitter in der ersten Etage entfaltet sich wie die Flügel eines Insekts. In der gleichen Straße (Nr. 95) hat Franz Seeldrayers seinen Ideen freien Lauf gelassen. Das im Jahre 1901 entstandene Wohnhaus besitzt in der ersten Etage einen marineblauen, bauchigen Erker, der den sonst üblichen Balkon der Bel-Etage ersetzt. Den Abschluß der Fassade bildet ein Fries mit zwei Pfauen, deren geschlossene Schwanzfedern in Blumendekors übergehen. Besonders sehenswert ist der Emaillefries als Geschoßabschluß des Hauses Nr. 12 in der **Rue Arthur Diderich**. Vor den rauchenden Schloten einer Fabrik im Hintergrund wartet eine blonde, langhaarige Schönheit mit einer Sonnenblume in der Hand. Das Haus **Rue de Savoie 66** wurde 1910 errichtet. Auf dem grauen Sockelbereich ranken sich zarte Triebe um die Kellerfenster. Die oberste Etage hat hufeisenförmige Fenster, in deren Bögen eine Eule als Sinnbild der Nacht und ein Hahn als Sinnbild des Tages zu sehen sind.

In der **Avenue Adolphe Demeur** ist die Jugendstilarchitektur durch Modernisierungsmaßnahmen verändert worden. Geblieben sind Hufeisenfenster, farbige Schmuckbänder und dreieckige Erker wie in den Häuser Nr. 43 und Nr. 51.

Wer von dort über die Rue d'Albanie läuft, kommt zur **Rue Bréart,** wo die 1898 erbaute **Maison Aglave** (Nr. 7), ein Entwurf von Paul Hankar, steht. Über dem seitlich gelegenen Eingang ranken sich auf einem von Adolphe Crespin geschaffenen Fries Blumen um den Kopf einer blonden Frau. Oberhalb des breiten Balkonfensters hat Crespin den Gegensatz von Tag und Nacht dargestellt: Ein krähender Hahn begrüßt die aufgehende Sonne, Schwalben beginnen ihr Nest zu bauen. In der Nacht begeben sich Fledermäuse beim Schein des Halbmondes auf Insektenfang. Auch das Haus in der **Rue Ducpétiaux 47** geht auf einen Entwurf Hankars zurück.

Museen

Das **Musée d'Art Ancien/Museum voor Oude Kunst** (Museum für Alte Kunst; Regentschapsstraat 3, ✆ 5 08 32 11; Metro: Park, Centraal-Station) zeigt u.a. flämische Meisterwerke des 15. Jh. von Thierry Bouts, Rogier van der Weyden und Hans Memling, Werke des 17. Jh. von Rubens, Jordaens und van Dyck sowie des 19. und 20. Jh. von Fernand Knopff, Constantin Meunier und Ferdinand de Braekeleer (Di–So 10–12, 13–17 Uhr).

Fortgeführt wird die Sammlung im **Musée d'Art Moderne** (Museum für Moderne Kunst; Koningsplein 1–2, ✆ 5 08 32 11; Metro: Park, Centraal-Station), wo man Meister der belgischen Moderne wie James Ensor und Theo van Rysselberghe

Comic-Figuren, Metro-Station Stokkel

findet. Den Fauvismus repräsentieren Rik Wouters und Jean Brusselmans. Neben 26 der bekanntesten Arbeiten von René Magritte sind Werke von Paul Delvaux ausgestellt. Die Sammlung umfaßt auch die aktuelle Kunstbewegung Belgiens mit Arbeiten von Pierre Alechinsky, Pol Bury und Anne Bonnet (Di–So 10–13, 14–17 Uhr).

Das **Centre Belge de la Bande Dessinée/Belgisch Centrum van het Beeldverhaal** (Comic-Museum; Rue de Sables 20/Zandstraat, ☎ 2 19 19 80; Metro: Rogier, Centraal-Station) in dem von Victor Horta entworfenen Warenhaus Waucquez hält die Abenteuer von Tintin, Lucky Luke und Helden anderer belgischer Comiczeichner lebendig (Di–So 10–18 Uhr).

Im ehemaligen Wohnhaus und Atelier des Malers Wiertz zeigt das **Antoine-Wiertz-Museum** (Vautierstraat 62, ☎ 5 08 32 11; Bus: 20, 24, 38, 80) dessen Lebenswerk, darunter großformatige Werke wie »Hunger, Wahnsinn und Verbrechen« (Di–Sa 10–18 Uhr).

Das **Charlier-Museum** (Kunstlaan 16, ☎ 2 18 53 82; Metro: Madou) in einem von dem Jugendstilarchitekten Horta umgestalteten neoklassizistischen Herrenhaus beherbergt u.a. Gemälde von Auguste Oleffe und die Bildhauerarbeiten von Guillaume Charlier. Donnerstags und freitags finden hier Jazz-Matinees und Klassik-Soirees statt (Mo 10–17, Di–Do 13.30–17, Fr 13.30–16.30 Uhr).

Das **David und Alice van Buuren Museum** (Leo Erreralaan 41, ☎ 3 43 48 51; Tram 23, 90) zeigt in einem Wohnhaus aus den 1930er

Jahren eine Gemäldesammlung aus dem 16. bis 20. Jh., darunter eine zweite Ausführung von Pieter Brueghels »Der Sturz des Ikarus« und Constant Permekes »Nacht über dem Meer« von 1913 (1.2.–24.12. So 13—18, Mo 14–18 Uhr, Garten tgl. 14–18 Uhr).

Das **Erasmus-Huis** (Kapittelstraat 31, ☎ 5 21 13 83; Metro: Sint-Guido), ein Herrenhaus mit Renaissance-Ambiente, gibt Aufschluß über das Lebenswerk des Humanisten Desiderius Erasmus, genannt Erasmus von Rotterdam, der 1521 hier lebte (Mo, Mi, Do, Sa, So 10–12, 14–17 Uhr).

In unmittelbarer Nähe der **Beginenhof von Anderlecht** mit Volkskundemuseum (Kapelaanstraat 8, ☎ 5 21 13 83; Mo, Mi, Do, Sa, So 10–12, 14–17 Uhr). Ebenfalls in Anderlecht befindet sich das **Brussels Museum van de Gueuze** (Gheudenstraat 56, ☎ 5 21 49 28; Metro: Zuid Station). Es ist ein Museum in einer funktionierenden Brauerei. Besucher erleben zwischen Mitte Oktober und Ende März die Herstellung der Bierwürzen (Lambic), erfahren etwas über Faß- und Flaschengärung des Bieres und können Biere wie Kriek und Faro, Framboise und Gueuze Lambic verkosten (s. S. 57ff.; Mo–Fr 8.30–17, Sa 10–17 Uhr).

Das **Musée Juif de Belgique** (Stalingradlaan 74, ☎ 5 12 19 63; Metro: Anneessens) versucht, jüdisches Leben zu vermitteln, ohne dabei die erfahrene Verfolgung und den Völkermord auszusparen

(Mo–Do 12–17, So 10–13 Uhr). Nach dem geplanten Umzug des **Musikinstrumentenmuseums** ins »Old England« wird das Jüdische Museum Räumlichkeiten am Place du Petit Sablon 17, nahe der in der Rue de la Régence gelegenen Synagoge, beziehen.

Umgeben von antikem Trödel und Kostbarkeiten auf dem Markt Grand Sablon und in den umliegenden Geschäften und in der Nachbarschaft zur Kirche Notre Dame du Sablon befindet sich das **Museum für Post- und Fernmeldewesen** (Grote Zavel 40, ☎ 5 11 77 40; Tram 92, 93, 94; Di–Sa 10–16.30 Uhr).

Weitere Sehenswürdigkeiten

Das **Atomium** (Eeuwfeestlaan, ☎ 4 74 89 77; Metro: Heizel), zur Weltausstellung 1958 geschaffen, versinnbildlicht das 20. Jh. durch die Vergrößerung eines auf die Spitze gestellten Eisenkristallmoleküls. Es bietet Besuchern der ›Gipfelkugel‹ einen einzigartigen Rundblick über Brüssel (1.9.– 31.3. tgl. 10–18 Uhr, 1.4.–31.8. tgl. 9–20 Uhr).

Die **Porte de Hal** (Zuidlaan, Metro Hallepoort) ist das einzige, wenn auch im 19. Jh. durch Beyaert umgestaltete Stadttor aus der Festungsanlage des 14. Jh. Hier befindet sich das Volkskundemuseum

Von der Metro-Station Montgomery nach Tervuren

In der Metro-Station Montgomery wartet die Tram 44 auf all diejenigen, die nach St. Pieters-Woluwe mit seinen ausgedehnten Parkanlagen, zum Musée du Transport Urbain Bruxellois und nach Tervuren wollen. Während die Tram den unterirdischen Bahnsteig verläßt, verschwimmt vor den Augen der Fahrgäste die rhythmische Farbkomposition von Jo Delahaut an der Tunnelwand. Dann führt die Fahrt ans Tageslicht und über die Tervurenlaan, nach Plänen von König Leopold II. 1896 als Avenue angelegt. Hochherrschaftliche mehrgeschossige Wohnanlagen und Villen entlang dieser Avenue ziehen die Aufmerksamkeit auf sich, darunter das **Palais Stoclet**, gebaut für den Ingenieur und Bankdirektor der Société Générale de Belgique, Adolphe Stoclet. Diese palaisartige Villa, die zwischen 1905 und 1911 nach Entwürfen des Österreichers Josef Hoffmann entstand, ist mit ihren strengen kubischen Formen und vertikalen Betonungen eine Absage an den zu dieser Zeit weitverbreiteten, verspielten Jugendstil.

Ausgedehnte Parkanlagen wie der Parc de Woluwé, zwischen 1896 und 1899 als Landschaftspark mit Weihern und Teichen gestaltet, erstrecken sich links und rechts der breiten, nach Osten verlaufenden Tervurenlaan/Av. de Tervuren. An ihr liegt auch ein ehemaliges Straßenbahndepot, das nun **Museum für den Brüsseler Öffentlichen Nahverkehr** ist. Am Wochenende ist es ein beliebtes Ausflugsziel für Familien mit Kindern, die sich auf eine Fahrt mit einer historischen Straßenbahn freuen.

Die Geschichte der Straßenbahnen, O- und Omnibusse, die im Museum lebendig wird, reicht bis zum Jahr 1835 zurück, als zeitgleich mit der Eröffnung der Eisenbahnverbindung Brüssel–Mechelen die ersten Pferdeomnibusse als Eisenbahnzubringer eingesetzt wurden. Erst 1869 wurden die Pferdeomnibusse durch auf Schienen verkehrende Straßenbahnen ersetzt.

Von den jüngeren Museumsbesuchern stets umlagert ist die erste, von Pferden gezogene Tram der *Societé du Tramcar Nord-Midi*, in der sich die Passagiere auf Holzbänken gegenübersaßen. Einige besteigen auch die braune »Schokoladenstraßenbahn«, die von der Börse zur Kirche St. Josse-Ten-Noode fuhr. Beim Anblick der gelben Pferdestraßenbahn mit luftigem Oberdeck, zu dem eine Wendeltreppe führt, ahnen Museumsbesucher, daß man ohne einen Regenschirm bei einer

Fahrt in die Stadt schon mal naß werden konnte. Bunt sind die historischen Trams alle. Statt des heute überwiegenden bläßlichen Grün und Gelb wurde die Tram 415, die zwischen Gare du Nord und Gare du Midi zum Einsatz kam, ganz in Blau lackiert. (1. Sa im April–1. So im Oktober jeweils Sa, So, feiertags 13.30–19 Uhr).

Nach dem Museumsbesuch steigt man nicht etwa in die Tram 44, um nach Tervuren zu fahren, sondern in eine historische Straßenbahn mit Plüschbänken und kupfernen Türbeschlägen. An manchen Wochenenden sitzt und steht man auch dichtgedrängt in der dunkelgrünen Tram 1291.

Die Fahrt über die kastanienbestandene Tervurenlaan führt am **Forêt de Soignes/Zoniënwoud** vorbei, der sich von Auderghem/Oudergem im Osten bis nach Waterloo im Süden von Brüssel erstreckt. Dieses Naherholungsgebiet, in dem großstadtmüde Brüsseler für ein paar Stunden Entspannung suchen und sich so manche Pfadfindergruppe zum Geländespiel einfindet, ist ein nach Plänen des Landschaftsarchitekten Joachim Zinner 1736 angelegter Buchen- und Eichenwald. Am Rande dieses Waldgebietes stößt man auf Fischweiher und das **Rode Klooster**, einst ein mittelalterliches Kloster, heute das Informationszentrum des Zonienwaldes (Rood Kloosterstraat 4, ☏ 6 29 34 11, Mai–Okt. Di–So 14–18 Uhr, Nov.–April Di–So 14–17 Uhr) und als Ausflugsrestaurant genutzt.

Während der Herrschaft Wilhelm I. von Oranien wurde das 12 000 ha große Waldgebiet größtenteils abgeholzt, nachdem zwei Drittel an Privatleute verkauft worden waren. Nur dem Betreiben von König Leopold I. ist es zu verdanken, daß der übrige Forst als Domäne bewirtschaftet und erhalten wurde. Zum Zoniënwoud gehören auch das Arboretum von Tervuren (s. S. 98) und das von Groenendaal. Der heute mehr als 4000 ha große Forst wird von zahlreichen Rad-, Reit- und Wanderwegen durchzogen, die an Bächen und kleinen Tümpeln entlangführen.

mit Zeugnissen des täglichen Lebens (Di–So 10–17 Uhr).

Der **Justizpalast** (Justitiepaleis/Palais de Justice), nach Plänen von Jozef Poelaert 1866 begonnen und nach dessen Tod 1883 vollendet, ist ein von einem Kuppelturm gekröntes Gerichtsgebäude im Stil des Historismus mit Anleihen an griechische, römische und byzantinische Architektur. Die große Freitreppe mit kolossalen Statuen von Demostenes, Lykurg und Cicero trägt zusätzlich zur Wucht des Baukörpers zum Eindruck der Herrschaftsarchitektur bei (s. a. S. 45f.).

Im Forêt de Soignes

Nur wenige steigen allerdings unterwegs aus, um im Zoniënwoud zu wandern, die meisten fahren bis zur Endhaltestelle in Tervuren mit. Einige bleiben in Tervuren und machen ein Picknick in der Warande; andere besuchen die ethnologische Sammlung des Zentralafrikanischen Museums (s. S. 99), spazieren durch das Aboretum von Tervuren und fahren mit einer anderen Oldtimer-Tram zum Museum zurück.

Der **Petit Sablon,** eine Parkanlage im Stil der Neorenaissance, 1879 von Henri Beyaert geschaffen, fällt durch seine Bronzegruppe mit den Statuen der Grafen Egmond und Hoorn sowie den Statuetten, die die Handwerksgilden darstellen, besonders auf. Die »große Schwester« dieses Platzes ist der **Grand Sablon,** an dem sich nicht nur zahlreiche Antiquitätengeschäfte befinden und am Wochenende (Sa 9–18, So 9–14 Uhr) ein Antiquitäten-Flohmarkt stattfindet, sondern auch die spätgotische Kirche **Notre-Dame du Sablon.**

Information T.I.B., Stadhuis/Hôtel de Ville, Grand Place/Grote Markt, 1000 Brussel/Bruxelles, ✆ 02/5 13 89 40, Fax 5 14 45 38.

Hotels: Durchschnittspreis 4000 bis 6000 BEF: Hotel Ibis, 100 Grasmarkt/Rue du Marché-aux-Herbes, ✆ 5 14 40 40, zentrale Lage; New Siru, Place Rogier 1, ✆ 2 03 35 80, Art-Deco-Hotel am Jardin Botanique, individuell, mit Gegenwartskunst dekorierte Zimmer. Durchschnittspreis 2500–4500 BEF: Vendôme, Adolphe Maxlaan 98, ✆ 2 27 03 00, neoklassizistisches Ambiente; Welcome, Rue du Peuplier 5, ✆ 2 19 95 46, ruhig, kleines Familienhotel nahe Metro St-Catherine; Noga, Rue du Béguinage 38, ✆ 2 18 67 63, ruhig, unweit der Barockkirche St-Jean Baptiste. Durchschnittspreis bis 2500 BEF: Galia, Place du Jeu de Ball 15–16, ✆ 5 02 42 43, im Marollen-Viertel; Bluets, Rue Berckmans 124, ✆ 5 34 38 83. B&B Fernand Wechseler, Rue du Poincon 41, ✆ 5 14 03 07, sehr ruhig, aber nahe genug an der Grand Place; Luc Kreisman, Rue Marcq 13, ✆ 2 18 41 29, im historischen Zentrum, aber sehr ruhige Lage; Budget-Hotel: Sleep Well, Rue du Damier 23, ✆ 2 18 50 50, nahe der Métro Rogier, überwiegend jugendliche Gäste.

Jugendherbergen: Breugel, Heilige Geeststraat 2, ✆ 5 11 04 36; Jean Nihon, De Olifantstraat 4, ✆ 4 10 38 58; Centre Vincent van Gogh (CHAB), Rue Traversière 8, ✆ 2 17 01 58, Jugendhotel mit Einzel-/Mehrbettzimmern; Espace International, Waversesteenweg 203, ✆ 6 40 79 67, Camping, Fahrradverleih; Jacques Brel, Rue de la Sablonnière 30, ✆ 2 18 01 87.

Restaurants: Aux Arcades, Beenhouwerstraat 36, ✆ 5 14 08 19, im Jugendstil: Fisch und Krebse; Comme Chez Soi, Place Rouppe 23, ✆ 5 12

Restaurants in der Rue des Bouchers

29 21, Spezialität: Austern mit Chicorée und Schinken; De Ultieme Hallucinatie, Koningsstraat 316, ☏ 2 17 06 14, Art-Nouveau-Ambiente; La Quincaillerie, Rue du Page 45, ☏ 5 38 25 53, leckere Lachsfilets mit Spinat; Reverenz an den kleinen Mann: Manneken Pis, Onze Lieve Vrouw Broerstraat 33, ☏ 5 02 71 45, *Paling in 't groen* (Aal grün) und Kaninchen in Trappistenbier; Marmiton, Beenhouwerstraat 43, ☏ 5 11 79 10, Spezialität: *Bœf 'Fort des Halles;* Poechenellekelder, Rue du Chêne 5, ☏ 5 11 92 62, folkloristisches Ambiente; t'Spinnekopke, Place du Jardin-aux-Fleurs 1/Bloemenhofplein, ☏ 5 11 86 95, belgische Hausmannskost wie *Lapin à la Gueuze* (Kaninchen in Gueuze-Bier).

Kneipen: À la Bécasse, Taborastraat 11, leckeres *Lambic doux* im Steinkrug, auch im 15 Liter-Krug, ☏ 5 11 00 06; Cirio, Beursstraat 18, ☏ 5 12 13 95; Falstaff, Mausstraat 17, ☏ 5 11 87 89, Art-Nouveau-Einrichtung; Het Bloemeke van Goudpapier, Alexienstraat 55–53, ☏ 5 11 16 59, Ambiente zwischen Dada und Surrealismus; The Thunderbird Cafe, Quai du Commerce 48, ☏ 2 19 39 80, trendy, von der mexikanischen Tortilla bis zum Maispfannkuchen bei Country Rock. **Jazz-Clubs/Disco:** Fool Moon, Quai de Mariemont 26, ☏ 4 10 10 03; Pinte d'Argent, Place des Bienfaiteurs 11, ☏ 2 41 03 14; Sounds, Rue de la Tulipe 28, ☏ 5 12 92 50; Travers, Rue Traversière 11, ☏ 2 18 40 86. Salle Atom, Av. Madrid 130 b, ☏ 4 79 09 95, unweit vom Atomium, auf 1000 m² Freitagsabend-Techno-Fete in ehem. Eislaufhalle zw. Goa, Dub, Drum'N Bass und Gabber.

Post: Im Flughafen, im Nord-, Zentral- und Südbahnhof, im Muntcentrum nahe der Metrostation de Brouckère.

Banken: Zahlreiche Wechselstuben und Banken in der Nähe des Grote Markt, aber auch im Nord-, Zentral- und Südbahnhof.

Einkaufstips: Belgische Spezialitäten wie *Spéculoos* (Spekulatius), *Pain d'amandes* (Mandelplätzchen) und *Pain à la Grecque,* aber auch Belgische Spitze in der Boterstraat, Rue Charles Buls, Violetstraat; Pralinen: Planète Chocolat, Rue Lombard 24, Zartbitteres in interessanten futuristischen Formen; Antiquitäten: Grote Zavel sowie auf dem Flohmarkt Sa 9–18 und So 9–14 Uhr, aber auch auf dem Vossenplein (tgl. 7–14 Uhr).

Veranstaltungen: *Ommegang,* historisch-folkloristischer Umzug Anfang Juli; thematischer Blumenteppich aus Begonien auf dem Grote Markt alle 2 Jahre Mitte Aug. (2000 ...). **Musikalische Ereignisse:** Brussels Jazz Marathon, am letzten Maiwochenende; Audi Jazz Festival, Okt./Nov.

Zug: IC Amsterdam–Brüssel, IC Köln–Brüssel–Oostende mit Halt am Gare du Nord, Central, Midi. Thalys Köln–Aachen–Lüttich–Brüssel–Paris.

Flugzeug: Flughafen Brüssel-International in Zaventem, 14 km nördlich von Brüssel, mit 50 Fluggesellschaften; Flug-Auskunft: ☏ 7 23 23 45.

Bus/Tram: Touristen-Passport für 300 BEF (eine Tageskarte für Bus/Tram/Metro sowie ermäßigter Eintritt in über 40 Museen und anderen Sehenswürdigkeiten in Brüssel); Metro/Tram: Einzelfahrschein 50 BEF, 5 Fahrten 240 BEF, 10 Fahrten 330 BEF, 12-Std.-Ticket 130 BEF. Infos: MIVB/STIB(Brüssel), ☏ 5 15 20 00.

In der Umgebung von Brüssel

Halle

Die Ruinen der Burg Beersel

Waterloo

Bei Waterloo

Südlich von Brüssel, mit Bahn und Bus leicht zu erreichen, locken die Wallfahrtskirche von Halle, die Ruinen der mittelalterlichen Burg Beersel und der Schauplatz der Schlacht von Waterloo, die das europäische Schicksal nachhaltig bestimmte.

Halle

Halle/Hal (33 400 Einw.), südlich der belgischen Hauptstadt gelegen und flämischenssprachig, entwickelte sich im frühen Mittelalter bei einem Übergang an der Senne (Zenne) und war ein einsamer Vorposten des Hennegau im Herzogtum Brabant. Schon Mitte des 13. Jh. wurde Halle ein Wallfahrtsort, in dessen Mittelpunkt *Onze-Lieve-Vrouw van Halle* (»Unsere Liebe Frau von Halle«) stand. Auch heute noch ist diese Marienstatue Ziel vieler Pilger, die nach Halle kommen, um am Pfingstsonntag an der Marienprozession teilzunehmen.

Architektonisches Prunkstück ist die gotische **St.-Martinus-Basilika.** Seitenschiffe, Mittelschiff und Chor der Basilika sind zwischen 1341 und 1410 entstanden. Der »kleine Chor«, auch als **O.L.V.-Kapel** (Liebfrauenkapelle) bekannt, wurde bereits vor 1335 erbaut, der Kirchturm um 1300. Das Südportal, das auch als »Brautportal« bezeichnet wird, ist mit Skulpturen der Heiligen Drei Könige geschmückt, von denen nur einer das Jesuskind anbetet, während die beiden anderen ins Gespräch vertieft sind.

In der um 1470 erbauten **Trazegnies-Kapelle** ist der aus Alabaster und Sandstein gefertigte frühere Hochaltar (1553) besonders sehenswert. Er ist durch vergoldete Leisten, Putten und Blätter gegliedert. Im unteren Altarbereich trennen Pilaster die Alabaster-Medaillons mit der Darstellung der heiligen Sakramente Taufe, Firmung, Salbung und Beichte.

Der Chorumgang mit den neun Seitenkapellen weist eine starke vertikale Gliederung auf. Hier findet man in den Zwickeln zwischen den auseinanderlaufenden Bündelpfeilern kleine bemalte Skulpturen wie »Ochs und Esel« und die »Anbetung des Kindes«. In der Liebfrauenkapelle stößt man auf ein Kindergrab mit der Grabstatue von Joachim von Frankreich, Sohn von Ludwig XI. und Charlotte von Savoyen.

Oberhalb des Hochaltars befindet sich die **Schwarze Madonna** (1220) aus bemaltem Nußbaumholz. Ihr weites, mit Spitze verziertes Gewand verbirgt, daß es sich um eine stillende Madonna handelt. Der schwarze Teint der Ma-

Route 1: Südlich von Brüssel

donna war Anlaß für Legendenbildungen. So soll sie bei einer Belagerung der Stadt so nahe am Kriegsgeschehen gewesen sein, daß der Pulverdampf ihr Gesicht verfärbt habe. Wahrscheinlicher ist, daß das Gesicht früher versilbert war und dann angelaufen ist.

Unter den in der Krypta aufbewahrten Kirchenschätzen ist die vergoldete spätgotische Sonnenmonstranz, die Ludwig XIV. stiftete, das wertvollste Stück. Sie zeigt u. a. das Wappen des französischen Königs (Kirche: tgl. 9–18 Uhr, Krypta: Himmelfahrt, Pfingstwochenende und 1. Sonntag im September 14–17 Uhr).

ⓘ Information: Grote Markt 1, 1500 Halle, ✆ 02/3 56 42 59, Fax 3 61 33 50.

🛏 Hotels: Les Eleveurs, Basiliekstraat 136, ✆ 3 61 13 40, familiär; Alsput, Hollestraat 108, ✆ 3 56 76 47, regionale Küche im eigenen Restaurant.

🎭 Ereignisse: Karneval zur Mitfastenzeit, Marien-Prozession am Pfingstsonntag.

🚉 Verbindung ab Brüssel: Zug: IR Antwerpen – Brüssel – Halle – Geraardsbergen, IR Schaerbeek – Brüssel Central – Halle – Binche.

Die Ruinen der Burg Beersel

Unweit der Autobahn von Brüssel nach Tournai und Mons liegt im hügeligen Terrain zwischen Zenne und Zoniënwoud der Ort Beersel, eine begehrte Wohnadresse vor den Toren Brüssels. Unweit der **Sint-Lambertus-Kirche** mit ihrem spätgotischen Turm (15. Jh.) lebte der flämische Schriftsteller Hermann Teirlinck (1879–1967), der eine der treibenden Kräfte der Literaturzeitschrift »Van Nu en Straks« und »Vaandag« war. Von Beersel aus kann man Wanderungen entlang der von Schlehen bestandenen Kesterbeek und vorbei an dem aus dem 18. Jh. stammenden **Bauerngehöft Padenboerrehoeve** zum Plateau von Meigemheide unternehmen. Wer weiter nach **Dworp** wandert, folgt teilweise dem Lauf der Molenbeek, die sich tief in das Brabanter Massiv eingegraben hat. Dort blühen Robinien, Kerbel und Aronstab.

Besonders sehenswert ist die aus dem 13. Jh. stammende **Burg Beersel**. Sie wurde von den Brabanter Herzögen zur Verteidigung gegen häufige Überfälle aus den Grafschaften Hennegau und Flandern errichtet. Durch Erbfolge und Heirat wechselte die Burg mehrfach den Besitzer. Im 17. Jh. gehörte sie der Familie von Arenberg, später der Familie de Merode. Zeitweilig diente sie auch als Baumwollspinnerei und stand danach jahrelang leer, ehe Ende der 1920er Jahre die Rekonstruktion der Anlage nach Plänen aus dem 17. Jh. in Angriff genommen wurde. Der ursprüngliche Festungscharakter wurde dabei berücksichtigt. So blieben der Burggraben und der Innenhof, die Schießscharten und die drei vorspringenden Rundtürme erhalten (1.3.–15.11. Di–So 10–12, 14–18 Uhr; 16.11.–28.2. Sa, So 10–12, 14–18 Uhr).

Burgruine Beersel

Verbindung ab Brüssel: Tram 55 bis Uccle-Kalevoet, Bus UB Uccle – Beersel – Halle; **Zug** L26 Schumannplein – Beersel – Huizingen.

Waterloo

Südöstlich von Beersel liegen die Schlachtfelder von Waterloo, auf denen preußische, englische, holländische und österreichische Truppen der napoleonischen Armee 1815 die entscheidende Niederlage beibrachten und dadurch die politische Landschaft Europas nachhaltig veränderten. Der Ort ist mit den Namen Blücher, Wellington und Napoleon verbunden. Wer über die Chaussée de Bruxelles nach Waterloo fährt, orientiert sich an der Kuppel der Kirche **Saint-Joseph,** die aus der früheren *Chapelle Royale* hervorgegangen ist. Karl II. von Spanien hatte 1687 ihren Bau veranlaßt. Der heutige Bau mit seinem tempelähnlichen Portal entstand 1857. In der Kirche werden Grab- und Gedenkplatten wie die für den belgischen Generalmajor Baron de Merlen aufbewahrt. Sie erinnern ebenso an die Schlacht um Waterloo wie die hier aufgestellte Büste des Herzogs von Wellington. Gegenüber der Kirche befindet sich das **Wellington-Museum**, untergebracht in einer ehemaligen Postkutschenstation. Von hier aus befehligte Wellington seine Truppen und verfaßte das Siegeskommuniqué. Unter den zahlreichen Erinnerungsstücken des Museums ist auch sein Feldkommandanturtisch zu bewundern (1.4.–10.9. tgl. 9.30–18.30 Uhr, 1.10.–31.3. tgl. 10.30–17 Uhr).

Die Schlachtfelder liegen am Ortsrand von Waterloo und erstrecken sich bis Plancenoit. Auf dem Weg dorthin passiert man das Gehöft **Ferme Mont-St-Jean,** einst das englische Lazarett. Am Abzweig zum Löwenhügel steht links das Denkmal **Monument-aux-Belges** (1914). Unweit von dort, auf dem Weg nach Ohain, lagen die Nassauische, die Hannoversche und die Holländisch-Belgische

Saint-Joseph in Waterloo

Brigade. Auch die preußischen Befehlshaber Zieten, von Lützow und von Treskow hatten mit ihren Einheiten dort Stellung bezogen.

Vom 45 m hohen **Löwenhügel** überblickt man die weiten Ebenen, auf denen die Schlacht ausgetragen wurde. Den Hügel schütteten erst 1821 Arbeiterinnen aus Lütticher Kohlegruben auf. Er erhebt sich dort, wo der Prinz von Oranien, der spätere niederländische König Willem II., verwundet wurde. Seine Truppen lagen südlich des *Butte du Lion,* in Ruf- und Sichtweite der französischen Armeekorps unter Reille und Kellermann (1.4.–30.9. tgl. 9.30–18.30, 1.10.–31.10. 9.30–17, 1.11.–28.2. 10.30–16, 1.3.–31.3. 9.30–17 Uhr). Im **Wachsfigurenmuseum** unweit des Löwenhügels begegnet man Feldmarschall Blücher, Wellington und Napoleon (1.4.–31.10. tgl. 9.30–18.30, 1.11.–31.3. Sa/So, feiertags 10–17 Uhr). Das Szenario der Schlacht von Waterloo ist im **Panorama-Museum** ebenso festgehalten wie auf einem 110 m langen Panorama-Gemälde im **Besucherzentrum** am Fuße des Löwenhügels. Hier erlebt man zudem eine filmische Fiktion der Ereignisse vom 18. Juni 1815 (beide geöffnet wie Löwenhügel).

Wer über den **Chemin des Vertes Bornes** und über einen Feldweg in östlicher Richtung zur Chaussée de Charleroi wandert, sollte sich vorstellen, durch feindliche Linien zu laufen. Für die 25 000 gefallenen Franzosen ist an der Route de Waterloo das **Monument-aux-Français,** ein Adler mit gebrochenen Flügeln,

errichtet worden. Den 6700 preußischen Soldaten hat man in der Gemeinde Plancenoit ein Denkmal gesetzt, das Schinkel 1819 entwarf.

Eine Zeitreise auf den Spuren Napoleons und Wellingtons ermöglicht das als **Musée Provincial du Caillou** eingerichtete letzte Hauptquartier von Napoleon. Außer einer Waffensammlung ist das Feldbett Napoleons zu bewundern (Ch. de Bruxelles 66, 1472 Vieux-Genappe, ✆ 02/ 3 84 24 24, tgl. 1.4.–31.10. 10–18.30, 1.11.–31.3. 13–17 Uhr).

Ein lohnendes Ausflugsziel ist die über 650 Jahre alte ehemalige **Zisterzienserabtei** von Villers-la-Ville südöstlich von Waterloo. Bemerkenswert an der verfallenen Klosteranlage sind die gotische Brauerei und das fast 92 m hohe Kirchenschiff aus dem 12./13. Jh. (Abbaye Villers-la-Ville, ✆ 071/87 95 55, 1.4.–31.10. tgl. 10–18, 1.1.–31.3. 10–17 Uhr; im Sommer Konzerte und Theateraufführungen).

ⓘ **Information:** Syndicat d' Initiative du Tourisme, Chaussée de Bruxelles 149, 1410 Waterloo, ✆ 02/ 3 54 99 10, Fax 3 54 22 23, 1.4.–30.9. 9.30–18.30, 1.10.–31.3. 10.30–17 Uhr.

🛏 **Hotels:** Grand Hotel Waterloo, 198, Chaussée de Tervuren, ✆ 3 52 18 15, neoklass. Ambiente; Hotel Le 1815, Route du Lion 367–369, ✆ 3 87 00 60, beim Löwenhügel und den Schlachtfeldern; Hotel Le Joli Bois, Rue Sainte-Anne 59, ✆ 3 53 18 18, kleines, gemütliches Familienhotel.

 Verbindung ab Brüssel: Bus 365 A und W vom Ruppeplein.

Der Löwenhügel in Waterloo

Von Brabant nach Limburg

Tervuren

Leuven

Aarschot

Diest

Hasselt

Tongeren

Der Oude Markt in Leuven

Von den Parks in Tervuren, in deren Mitte mit dem Zentralafrikanischen Museum ein Stück belgischer Kolonialgeschichte bewahrt wird, geht die Fahrt zur altehrwürdigen Universitätsstadt Leuven und dann weiter über die brabantischen Städtchen Aarschot und Diest in das von Obstanbau geprägte Limburg. In Tongeren entdeckt man römische Spuren, in Hasselt die Tradition des Geneverbrennens.

Tervuren

Im Herzen von Brabant, östlich der Agglomeration Brüssel gelegen und von der Stadt aus bequem mit Metro und Tram zu erreichen, war Tervuren über Jahrhunderte königliche Residenz. Die Herzöge von Brabant bauten hier um 1200 ein Jagdschloß, das zu Beginn des 17. Jh. durch Erzherzog Albrecht umgestaltet wurde. 1782 ließ Joseph II. dieses Schloß jedoch abbrechen. Nur die Stallgebäude und die barocke St.-Hubertus-Kapelle blieben erhalten. Zur Geschichte dieser königlichen Residenzen gehört auch die Anlage von Parks wie dem von Teichen durchzogenen **Park von Tervuren** und dem reizvollen **Kapucijnenbos** (Kapuzinerwald), heute ein Landschaftspark mit über 400 verschiedenen Baumarten.

Die Umwandlung der Jagdgebiete *(Warande)* der Herzöge von Brabant in eine Parkanlage geht auf die Erzherzöge Albrecht und Isabella (1625–32) zurück. Das **Arbo-**retum von Tervuren wurde im Auftrag von Leopold II. im Kapucijnenbos zwischen 1902 und 1920 angelegt. Der Name des Waldgebietes verweist auf das Kapuzinerkloster, das hier zwischen 1627 und 1776 bestand. Nach intensiver Abholzung und landwirtschaftlicher Nutzung wurde das Gebiet Ende des 19. Jh. wieder aufgeforstet. Zunächst waren die Ländereien Eigentum des niederländischen, später des belgischen Königshauses. Erst 1903 wurde dieser Wald, neben anderen königlichen Gütern, von Leopold II. dem Staat geschenkt. Ziel war dabei die Erhaltung stadtnaher unbebauter Räume, deren Kulturlandschaft der Erholung dienen sollte.

Charles Bommer, ein Hochschullehrer aus Brüssel, erstellte zwischen 1897 und 1902 das Konzept für das Arboretum, das nicht systematisch nach Arten gegliedert werden sollen, sondern die natürlichen Vorkommen von Baum- und Strauchbeständen nachbilden sollte. Aus unterschiedlichen Vegetationszonen der Alten und der Neuen Welt wurden mehr als 450 Baumarten angepflanzt. Entlang eines Weges, des *Koninklijke Wandeling*, wachsen Balsampappeln und Sitkafichten aus Alaska, schuppenblätterige Nootka-Scheinzypressen und Westamerikanische Schierlingstannen mit hängenden Trieben. Douglasien, die auf Vancouver Island heimisch sind, stehen neben Lebensbäumen. Besonders auffällig sind die riesigen Kalifornischen Mammutbäume und die nadelblätterigen Araukarien aus den chilenischen Anden links des Weges. Im eigentlichen Kapuzinerwald säumen Lindenbäume den »Königlichen Weg«. An dem Kreuzpunkt Kapucijnen- und Isabellendreef befindet sich der Baumgarten des asiatischen Kontinents mit verschiedenen Koniferenarten.

Ein weiterer Anziehungspunkt in Tervuren ist das **Königliche Zentral-Afrikanische Museum** (Koninklijk Museum voor Midden Afrika). Der Bau geht auf König Leopold II. zurück, der den Architekten Charles Girault 1902 mit dem Entwurf für ein im Louis-XVI.-Stil gehaltenes Palais beauftragte, das 1910 als Museum von Belgisch-Kongo eröffnet wurde. Die Idee zum Museum wurde bereits mit der Weltausstellung 1897 geboren, deren Ziel es war, den Rohstoffreichtum und die wirtschaftlichen Perspektiven Afrikas aufzuzeigen. Damals ließ Leopold II. das U-förmige, neoklassizistische *Kolonienpaleis* erbauen, das 1897 als Kongo-Museum eingeweiht wurde, jedoch bereits nach wenigen Jahren nicht mehr genügend Platz für die umfangreiche ethnographische Sammlung bot. Auch die *Parkpoort* unweit des Marktplatzes von Tervuren, Zugang zu einem während der Weltausstellung errichteten kongolesischen Dorf, wurde zu dieser Zeit erbaut.

Das heutige Zentralafrikanische Museum, umgeben von einem französischen Garten, ist mit seinen zwei Flügeln zu beiden Seiten einer Rotunde streng symmetrisch gegliedert. Schon beim Betreten der Eingangsrotunde regen Plastiken von Herbert Ward, einem Mitarbeiter des englischen Afrikaforschers Sir Henry Stanley, zum Nachdenken über das Verhältnis von Erster und Dritter Welt an. In diesen Plastiken brachte Ward sein Verständnis von den Bewohnern Afrikas zum Ausdruck und stellte u. a. Belgien als Beschützerin und moralische Stütze der »Wilden« dar. In der ethnographischen Abteilung finden Besucher Musikinstrumente und Kinderspielzeug aus Zaire und Obervolta. Prunkstück der Sammlung ist das für 100 Mann gebaute Einbaum-Kanu der Lengola. Weitere Abteilungen befassen sich mit der Flora und Fauna sowie der Geographie Afrikas (Di–Fr 10–17, Sa/So 10–18 Uhr).

Die Malerei der »Schule von Tervuren«, einer Künstlerkolonie, die sich an der »Ecole de Barbizon« orientierte und durch den Brüsseler Salon von 1866 bekannt wurde, ist im **Museum Het Schaakbord** zu

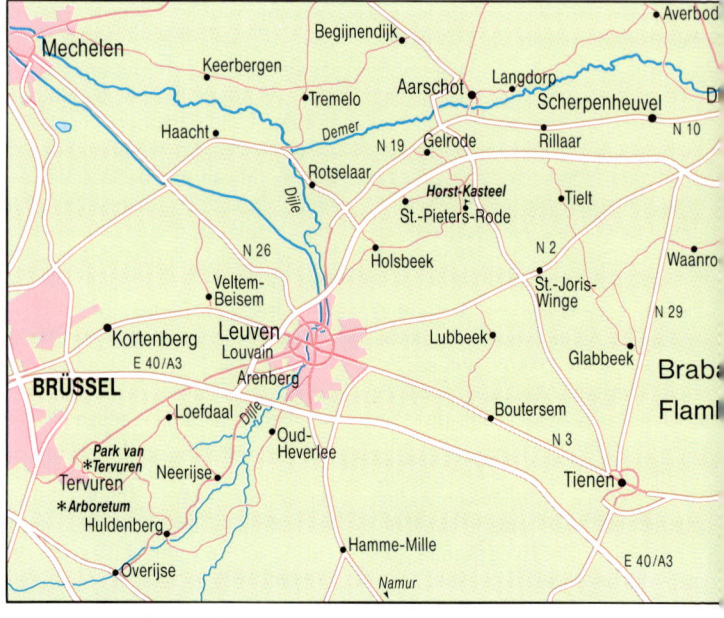

Route 2: Von Brabant nach Limburg

finden. Um den Landschaftsmaler Hippolyte Boulenger scharten sich Künstler wie Louis Crepin und Hendrik van der Hecht, die sich malerisch vor allem mit dem Dorfleben und dem Zonienwoud, befaßten. (☎ 7 67 91 53, 7 67 20 74, Sa/So 14–17 Uhr).

ℹ Information: VVV, Markt 7, 3080 Tervuren, ☎ 02/7 69 20 81, Fax 769 20 80.

🚌 Anfahrt: Metro: Brüssel Centraal Station – Station Montgomery; **Tram:** Tram 44 bis Endstation; **Bus:** Brüssel Noordstation – Leuven.

Leuven

An der Grenze zwischen dem sandigen Hageland und dem brabantischen Lehmplateau, am Ufer der Dijle, liegt die Universitäts- und Brauereistadt Leuven (87 200 Einw.). Über den Kanal Leuven–Rupel ist sie an das belgische Wasserstraßennetz angeschlossen. Neben der »Interbrew«, der fünftgrößten Brauerei der Welt, ist es vor allen Dingen die Katholische Universität, die in der Stadt für Arbeitsplätze sorgt.

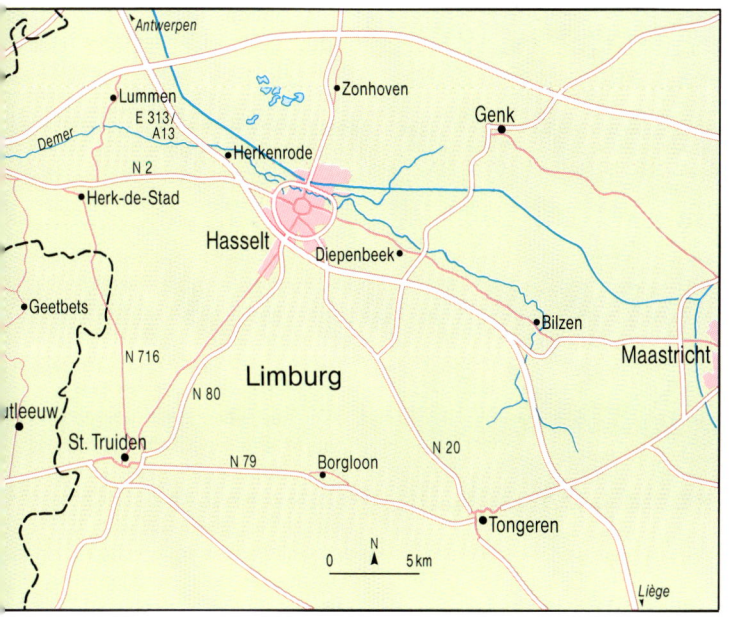

Die Anlage der Stadt geht auf eine karolingische Feste aus dem 9. Jh. zurück. Bereits Ende des 12. Jh. war der noch heute zu erkennende Stadtgrundriß mit seinen strahlenförmig verlaufenden Straßen und den ringförmigen Verbindungen entstanden. 1156 und 1161 wurden die ersten Stadtbefestigungen gebaut, deren Ruinen im Stadtpark noch zu sehen sind.

Die Tuchherstellung, das Pelz- und Lederhandwerk, die Herstellung von Stickereien und Leinen bestimmten die wirtschaftliche Entwicklung der Stadt zwischen dem 13. und dem 15. Jh. Durch die Einfuhr von billigem baltischen Getreide und den Niedergang der Tuchwebereien verlor die Stadt nach und nach an Bedeutung. Auch die Feldzüge Ludwig XIV. Mitte des 17. Jh. verschonten die Stadt nicht. Während der beiden Weltkriege schließlich gingen nicht nur die Universitätsbibliothek, sondern auch Oude Markt, Tafelrond und St.-Peters-Kirche in Flammen auf. Als Universitätsstadt jedoch hat Leuven seine Bedeutung als eines der geistigen Zentren des Landes bis heute behalten.

Am Rathaus von Leuven

Am **Grote Markt** stehen die in Brabanter Hochgotik errichtete St.-Pieters-Kirche, das Rathaus und die neogotische **Tafelrond,** im späten 15. Jh. ein Bürgerhaus für Honoratioren und Mitglieder der Rhetorikerkammern und Schützengilden. Die Ausdehnung des alten Marktplatzes um den Foch Plein und der Abbruch der Häuser um die Kirche haben allerdings den ursprünglich Charakter des städtischen Kerns verändert. Auf dem **Foch Plein** ist der studentische Geist der Stadt in die Gestalt der **Fons Sapientiae**, des »Brunnens der Weisheit« gegossen worden. Man darf sich vorstellen, daß nicht Wasser, sondern Gerstensaft auf das Haupt des lesenden Studenten plätschert.

Das **Stadhuis** (Rathaus, s. S. 43f.) wurde 1469 vollendet. Der hohe Bau mit seinen vier schlanken Ecktürmen, ein wahres Meisterwerk der Brabanter Hochgotik, ist einem kostbaren Reliquienschrein nachempfunden. In den Nischen des obersten Stockwerks stehen unter den von Fialen gekrönten Baldachinen steinerne Grafen, Könige und Herzöge; Apostel und Propheten in denen der Ecktürme (Führungen ganzj. Sa/So 15 Uhr, 1.1.–28.2./1.1.–31.12. Mo–Fr 15 Uhr, 1.3.–31.10. Mo–Fr 11, 15 Uhr,).

Die aus Sandstein errichtete gotische **St.-Pieters-Kirche** wurde auf dem Grundriß einer dreischiffigen romanischen Basilika mit Chor errichtet. Die Krypta aus dem 11. Jh. war Teil dieses Kirchenbaus. In Anlehnung an die St.-Rombouts-Kathedrale in Mechelen erfuhr der Bau gotische und barocke Veränderungen. Beachtenswert sind im Inneren der spätbarocke Predigerstuhl (1742), der aus der Norbertinerabtei von Ninove stammt, und der spätgotische Lettner. Im Chor der Kirche ist das **Museum für Religiöse Kunst** untergebracht. Hier werden u. a. Gemälde von Dieric Bouts (ca. 1414–75), »Die Folter des hl. Erasmus« und »Das letzte Abendmahl«, aufbewahrt (Di–Sa 10–12, 14–17, So/feiertags 14–17 Uhr; 15. 3.–15. 10. auch Mo 9–12, 14–17 Uhr; Führungen auf Anfrage beim Toerisme Leuven).

Die **Universitätsbibliothek**, die ursprünglich in der **Tuchhalle** (frühes 14. Jh.) hinter dem Oude

Markt untergebracht war, wurde zweimal Opfer der Flammen. 1914 gingen 300 000 wertvolle Bücher verloren und mußten im Rahmen der im Versailler Vertrag auferlegten Reparationszahlungen durch das Deutsche Reich ersetzt werden. Nachdem die Bibliothek 1921 am Mgr. Ladeuzeplein neu entstanden war, wurden ihre nunmehr 900 000 Bücher 1940 erneut vernichtet. Die Neorenaissance-Fassade der 1947 wiederaufgebauten Universitätsbibliothek öffnet sich durch eine Säulenarkade zum Platz hin. Eine Reliefplatte im Giebel erinnert an den Brand. Überragt wird das Gebäude von einem von einer barocken Laterne gekrönten Belfried. Die zahlreichen Universitäts-

Leuven 1 Rathaus 2 St.-Pieters-Kirche 3 Universitätsbibliothek 4 St.-Michiels-Kirche 5 Prämonstratenser-Kolleg 6 Van-Dale-Kolleg 7 Großer Beginenhof 8 Holländisches Kolleg

Die Katholische Universität
LEUVEN

Mit dem Stiftungsjahr 1425 ist die Katholische Universität Leuven nicht nur die älteste Universität des Landes, sondern auch der drei Benelux-Staaten. Auf Initiative des Rates der Stadt und unter der Schirmherrschaft von Herzog Jan IV. von Brabant entstand sie vor allem, um das Ansehen der Stadt nach dem Niedergang des Tuchhandels wiederherzustellen.

Die Stadt sorgte sowohl für die Unterrichtsräume als auch für die Anstellung der Professoren. Ursprünglich umfaßte die Universität vier Fakultäten: die theologische, die medizinische, die des bürgerlichen Rechts und die der Künste, in der Grammatik und Literatur ebenso gelehrt wurden wie Astronomie und Musik. Als Blütezeit der Universität gilt die erste Hälfte des 16. Jh., als aus allen Gegenden Europas Studenten in die Stadt an der Dijle kamen.

In dieser Zeit entstanden auch die Kollegien, in denen arme Studenten wohnten, und die Pädagogien, die der Vorbereitung auf das Studium dienten. Eines dieser Kollegien, das Pauskollege (Papstkolleg), wurde 1524 durch den Hochschullehrer Adriaan Florensz, den späteren Papst Adrianus VI., gestiftet. Einer der berühmten Lehrer dieser Zeit war der Humanist Erasmus von Rotterdam. Auch Andreas Vesalius, Chirurg und Anatom, und der Kartograph Gerhard Mercator lehrten in Leuven.

Aufgrund der zentralistischen Politik der im 18. Jh. herrschenden österreichischen Habsburgerkaiser Maria Theresia und Joseph II. geriet

kollegien der Stadt dienten bei ihrer Gründung der Unterstützung armer, aber förderungswürdiger Studenten, die hier Kost und Logis fanden. Auf dem Weg durch die Naamsestraat kommt man nicht nur an der barocken Jesuitenkirche **St. Michiels** vorbei, sondern auch am **Prämonstratenser-Kolleg**, das von den Abteien von Grimbergen und Ninove gestiftet und 1755 im Louis-XV-Stil errichtet wurde. Dorische Säulen schmücken den Eingang des im Renaissancestil erbauten **Van-Dale-Kollegs**. Hier fanden einst Studenten aus Antwerpen und Aalst eine Unterkunft. (Die meisten der Universitätsgebäude sind nicht zugänglich; nähere Auskünfte erhält man beim Informationsbüro

die Universität unter zunehmenden staatlichen Druck. Das Recht zur Ernennung von Professoren wurde ihr entzogen, die theologische Fakultät aufgelöst. Die Fakultäten der Künste, der Rechte und der Medizin verlegte man zwischen 1788 und 1790 nach Brüssel. Nach der Deklaration der Vereinigten Niederländischen Staaten im Januar 1790 wurde diese Maßnahme aufgehoben und die Universität als autonome Institution anerkannt. Doch nach der französischen Besetzung der südlichen Niederlande (1794) wurden die Universität und die Kollegien 1797 als Teil des »Ancien Régime« aufgelöst.

Einen Neuanfang bedeutete 1834 die durch die belgischen Bischöfe erfolgte Stiftung der Katholischen Universität in Mechelen und deren Verlegung nach Leuven ein Jahr später. Unterrichtssprache war ausschließlich Französisch, außer an der Theologischen Fakultät, an der Latein gesprochen wurde.

Der Sprachen- und Nationalitätenstreit zwischen Flamen und Wallonen ging auch an der Universität nicht spurlos vorüber. Nach heftigen Auseinandersetzungen wurde 1935 auch Niederländisch zur Unterrichtssprache erklärt. 1968 begann die räumliche Aufteilung in eine niederländischsprachige *Katholieke Universiteit Leuven* und eine französischsprachige *Université Catholique de Louvain* mit dem Campus in Louvain-la-Neuve. Diese Universitätsneugründung war 1980 abgeschlossen.

Stadt und Universität sind nach wie vor auf das engste miteinander verbunden. Der Campus für Humanwissenschaften liegt im Stadtzentrum unweit des Stadtparks, der Campus für Naturwissenschaften am Stadtrand, in der ehemaligen Domäne des Schlosses Arenberg (16./17. Jh.). Mehr als 30 000 Studenten studieren dort in über 160 Studiengängen oder forschen an dem 1986 gegründeten Interuniversity Micro-Electronics Centre.

der Katholischen Universität, Oude Markt 13, ☎ 0 16/32 40 10).

Der **Große Beginenhof**, zwischen Schapen- und Redingenstraat gelegen und wahrscheinlich 1232 entstanden, umfaßt 70 kleine Häuser und Konvente sowie die frühgotische St.-Jan-de-Doperkerk (hl. Johannes der Täufer; 1304). Er befindet sich zwischen zwei Armen der Dijle. Das älteste Haus stammt aus dem 16. Jh., die meisten übrigen Gebäude aus dem 17. und 18. Jh. Die Heiliggeisttafel und die Infirmerie (heute Faculty Club) dienten der Speisung der Armen und der Pflege kranker Beginen (Juni–Aug. Di 14–17 Uhr). Unweit von dort steht das **Konvent von Chièvres** (1561) mit einem Zeltdach und birnenförmiger Spitze, das einst 13 Beginen beherbergte. Seit 1962 leben im Beginenhof Studenten, Bedienstete und Gastprofessoren der Universität.

Auf dem Weg zurück zum Oude Markt passiert man den Pater Damiaanplein. Hier befindet sich das **Holländische Kolleg**, das einst holländische Priesterstudenten ausbildete, die den calvinistischen Norden der Niederlande missionieren sollten. Am Oude Markt wird der »Kotmadam«, der netten und rührigen Vermieterin einer Studentenbude, mit einer Plastik von Fred Bellefroid Reverenz erwiesen. Der Platz mußte nach einem Brand von 1914 (einer Vergeltungsaktion der deutschen Wehrmacht wegen Überfälle belgischer Widerstandskämpfer) vollständig neu in Neobarock und Neorenaissance gestaltet werden. Straßencafés sorgen Tag und Nacht für pulsierendes Leben.

Lohnenswertes Ausflugsziel ist die von einem Wassergraben umgebene Schloßburg **Horst** (Horst-Kasteel) auf dem Weg nach Aarschot, unweit Nieuwrode und St.-Pieters-Rode (✆ 0 16/62 33 45; So 10–18 Uhr, 1.4.–31.10. auch Sa 14–18 Uhr, Oster- und Sommerferien zus. Mi, Do, Fr 14–18 Uhr).

Information: Toerisme Leuven, Stadhuis, Grote Markt, 3000 Leuven, ✆ 0 16/21 15 39, Fax 21 15 49.

Unterkunft: ****Begijnhof Congres-Hotel, Tervuursevest 70, ✆ 29 10 10; ***Binnenhof, Maria-Theresiastraat 65, ✆ 20 55 92; ***Jack-son's, Brusselsestraat 100–112, ✆ 20 24 92, kleines gemütliches Familienhotel nahe Grote Markt; **Ibis Leuven Centrum, Brusselsestraat 52, ✆ 29 31 11; B&B Jeff's Guesthouse, Kortestraat 2, ✆ 23 87 80; Dewerf, Hoogeschoolplein 5, ✆ 23 73 14.

Restaurants: Belle Epoque, Bondgenotenlaan 94, ✆ 22 33 89, frz. Küche, u. a. Täubchen mit Trüffel, Hummer in Tomatensauce; De Wiering, Wieringstraat 2, ✆ 29 15 45, Café-Restaurant aus dem 17. Jh. mit Aussicht auf die Dijle, rustikales Ambiente, Bier- u. Grillgerichte; Lukemieke, Vlamingenstraat 55, ✆ 22 97 05, vegetarischer Küche.

Musikalische Ereignisse: Glokkenspielkonzerte Sa 15–16 Uhr St. Petrikirche; Intern. Folklorefest an Ostern; *Beleuvenissen:* Open-Air-Konzerte Klassik, Jazz und Tropical Music an vier Freitagen im Juli; Markt-Rock Mitte Aug. **Andere Ereignisse:** »Festzug der Jahreszahlen« Anfang Sept.

Verbindung: Zug: IC Oostende – Brüssel – Leuven – Liège, IC Genk – Leuven – Brüssel – Blankenberge, IR St. Niklaas – Mechelen – Leuven. **Bus:** Leuven – Diest, Leuven – Mechelen, Leuven – Brüssel, Leuven – Aarschot – Haacht.

Aarschot

Aarschot (27 300 Einw.) liegt im Zentrum des Hagelandes am Ufer der Demer. 1212 wurde die Stadt Mitglied der neugegründeten Hanse. Kaiser Karl V. machte sie 1518 zum Mittelpunkt des »Landes von

Aarschot«. 1748 ging die Stadt in den Besitz von Maria-Theresia von Österreich über. Aarschot ist heute Dienstleistungszentrum für die umliegenden ländlichen Gemeinden.

Das bedeutendste Bauwerk der Stadt ist die **Liebfrauenkirche** (Onze-Lieve-Vrouw-Kerk), die Ende des 13. Jh. in sogenannter »Demergotik« aus braunem, weil eisenhaltigem Sandstein und weißem Kalkstein erbaut wurde, der die dekorativen weißen »Specklagen« ergibt. Der Kirchturm wurde 1572 nach einem Blitzeinschlag erneuert. Er erhielt einen Kalksteinaufsatz und einen barocken Helm.

Chor und Langhaus werden durch einen Lettner (16. Jh.) voneinander getrennt. In den 17 Ni-

Aarschot: Schnitzfigur am Chorgestühl

schen oberhalb der drei Bögen ist die Leidensgeschichte Christi dargestellt. Die Beichtstühle (Ende 17. Jh.) tragen die Wappen der Spender, u. a. der Familie de Croy und des Herzogs von Arenberg, einst Herren von Aarschot.

Besonders hinzuweisen ist auf das Schnitzwerk des Chorgestühls (16. Jh.). Unter den hochklappbaren Sitzflächen finden sich u. a. eine nackte Frau, die auf einem Affen reitet, zwei um eine Säule tanzende Affen und die Verkörperungen flämischer Sprichwörter. Dem Sprichwort »Perlen vor die Säue werfen« entspricht *Daar trekt de zeug de tap uit de vat*, wörtlich: »Da zieht die Sau den Zapfen aus dem Faß«. Dieses Sprichwort wird durch eine Sau dargestellt, die auf einem Faß steht. »Es ist alles für die Katz« wird im Niederländischen zu *Tegen een oven gapen* (»Einen Ofen anstarren«). Für dieses Sprichwort ist ein Mann zu sehen, der in eine Ofentür gähnt. (Mo–Sa 9–12, So 9–12.30 Uhr, Besichtigung nur außerhalb der Messen.)

Nur wenige Schritte von der Kirche entfernt befindet sich das **Stadtmuseum** (Stedelijk Museum) im ehemaligen **Beginenhof**, der 1251 gegründet wurde. Die Geschichte der Stadt spiegelt sich in der Sammlung von Steingravuren, Wappenschildern, alten Fotos und Ansichtskarten wider. Erinnert wird an Handwerkstraditionen wie das Klöppeln von Schleiern und Hauben sowie das Fertigen von Holzschuhen, den *Klompen*. Im Museum werden auch alte flämische Spiele wie *Struifvogel*, eine Urform des Dartspiels, aufbewahrt (Di–Fr 9–12, 13.30–16.30, Sa 10–12, 14–16, So 10–12 Uhr).

Zu empfehlen ist an Pfingsten ein Ausflug zur barocken **Liebfrauenkirche von Scherpenheuvel** (tgl. 8–19 Uhr), wenn Scharen von Wallfahrer den Ort besuchen und rund um den zentralen Kuppelbau Zimt- und Zuckergebäck verkauft wird. Sehr sehenswert ist auch die nahe **Norbertinenabtei Averbode** mit einem gotischen Torhaus und klassizistischen Klostergebäuden. In der barocken Abteikirche von 1664–72 beeindruckt das prächtige Chorgestühl (Kirche tgl. 9–12.30, 13.30–17 Uhr).

 Information: Infodienst Toerisme, Demervallei 14, 3200 Aarschot, ☎ 0 16/56 97 05, Fax 56 97 22.

Unterkunft: ** Hotel De Welvalwekens, Nopstal 51, 3203 Rillar, ☎/Fax 50 22 19; B&B De Hooizolder, Rommelaar 98, ☎ 50 04 23.

Camping: Dennenlust, Hertbreemstraat 18, 3201 Aarschot-Landorp, ☎ 56 22 65.

Restaurant: Pegasus, Bogaardenstraat, ☎ 56 09 32, u. a. Scampispezialitäten.

Ereignisse: *Sint-Rochusverlichting* (Lichterfest zu Ehren des hl. Rochus) am 15. 8., *Sint-Corneliusbedevaart en processie* (St. Corneliuswallfahrt u. -prozession), 1. So nach dem 16. Sept.

 Verbindung: Zug: IR Antwerpen – Lier – Aarschot – Liège. **Bus:** Scherpenheuvel – Langdorp (Aarschot) – Averbode – Diest.

Diest

Das brabantische Städtchen Diest (21 600 Einw.) an der Grenze zur Provinz Limburg erlebte wie andere flandrische Städte vom 13.–15. Jh. die Blütezeit des Tuchhandels und dessen Niedergang. Durch Gebietstausch wurde sie im 15. Jh. Teil der Grafschaft Nassau. Graf Hendrik III. von Nassau ließ den Hof von Nassau errichten. Sein Sohn erbte das Fürstentum Oranien und nannte sich fortan Prinz von Oranien-Nassau, daher wird Diest auch die »Oranjestadt« genannt.

Herren über Diest waren nach den Oraniern der französische König Ludwig XIV. und der Habsburger Joseph II. (1798). Nach Jahren unter dem despotischen Kaiser, in der Hoffnung auf Freiheit, Gleichheit und Brüderlichkeit, empfing man mit offenen Armen die *Sansculotten,* Frankreichs Revolutionäre. Im Unabhängigkeitsjahr 1830 wurde Diest für wenige Tage durch ein holländisches Heer erobert, ehe die Oranjestadt Teil des unabhängigen Königreichs Belgien wurde. Die beiden Weltkriege hat die Stadt nahezu unbeschadet überstanden.

Bedeutendster Sakralbau von Diest ist die **Sulpitius-und-Dionysius-Kirche** am Grote Markt, die zwischen dem 14. und 16. Jh. aus rostbraunem Sandstein errichtet wurde. 1618 fand hier Philipp-Willhelm, Graf von Nassau, Prinz von Oranien, seine letzte Ruhestätte. Der Vierungsturm **De Mosterdpot** (»Der Senftopf«) besitzt ein Glockenspiel, das 1671 von Pieter Hemony gefertigt wurde. Neben dem monumentalen Hochaltar mit der Darstellung von Mariä Himmelfahrt ist der Sakramententurm aus der Spätrenaissance sehenswert. Die Lehnen und die Sitzbänke sind mit allerlei kunstvollem Schnitzwerk verziert: Dämonische Figuren und ein Äffchen an einem Tau sind zu sehen, aber auch die durch einen Narren verkörperte Eitelkeit (1.6.–30.8. tgl. 14–17 Uhr).

Das **Stedelijk Museum** im Rathaus umfaßt acht Ausstellungsräume, von denen zwei authentische Kellergewölbe aus dem 13. und 14. Jh. sind. Die Sammlung zeigt vor allem flämische Malereien und Silberschmiedekunst wie Zierketten der Gilden sowie Zinngeschirr (2.1.–31.10. tgl. 10–12, 13–17, 1.1.–31.12. So 10–12, 13–17 Uhr).

Den Marktplatz rahmt ein Ensemble schöner Back- und Sandsteinbauten, darunter **De Zoeten Inval** (»Der süße Einfall«) und **In het Haasken** (»Im Häschen«; 17./18. Jh.). Richtung Bahnhof stößt man auf zwei »Zufluchtshäuser« aus dem 16. Jh., **Het Spijker** (»Der Speicher«, Refugiestraat 26), das zur Abtei von Tongerloo gehörte und auch als Kornspeicher für den »Abteizehnten« diente, sowie

das **Refugiehuis** (Refugiestraat 8), in das sich die Norbertinermönche aus Averbode während der Religionskriege zurückzogen. Beide Häuser wurden im traditionellen Back-Sandstein-Stil errichtet und mit schönen Treppengiebeln versehen.

Hinter der Sulpitius-Kirche befindet sich die ehemalige **Lakenhal** (Tuchhalle), ein gotischer Bau von 1346 für die Tuchwebergilde. Unweit davon sind Fachwerkbauten in Holz- und Lehmbauweise erhalten geblieben, so auch das Haus **Het Dambord** (16. Jh.).

Der **Hof van Nassau** aus dem 16. Jh., einstige Residenz Hendriks III. von Nassau, steht am Graanmarkt 21. Allerdings ist nur der linke Flügel des ursprünglichen Bauwerks unverändert erhalten. Nur noch die Ruinen existieren von der **St.-Jans-Kirche**, die 1297 erbaut wurde und während der Glaubenskämpfe 1578 in Flammen aufging.

Der **Beginenhof** westlich des Zentrums besteht aus 80 Häuschen und der dreischiffigen St.-Katharina-Kirche aus dem 13./14. Jh. Zu betreten ist er durch die Hofpoort, ein im Stile italienischen Barocks gestaltetes Portal. Im Engelenkonvent, einst Unterkunft der Novizinnen und weniger begüterten Beginen, hat man eine der Schlafkammern restauriert (Konvent: Sa/So, feiertags 14.30–17 Uhr; Kirche: Ostern–1.11. So 14–17 Uhr).

Auf dem Weg in die Provinz Limburg sollte man unbedingt einen Abstecher nach **Zoutleeuw** einplanen. Die dortige gotische St.-

Leonardus-Kerk, die zwischen dem 13. und 16. Jh. entstanden ist, hat die Zeit der Bilderstürmer und der Französischen Revolution unbeschadet überstanden. Zu ihren prächtigen Kunstschätzen zählen der spätgotische St.-Leonardus-Retabel mit Szenen aus dem Leben des Heiligen und der monumentale Sakramententurm aus weißem Sandstein, auf dem der Sündenfall, Moses mit den zehn Geboten und die vier Evangelisten zu sehen sind (Ostern–30.9. Di–So 14–17 Uhr, 1.–31.10. Sa/So 14–17 Uhr).

ⓘ Information: Stedelijke Dienst voor Toerisme, Grote Markt 1, 3290 Diest, ✆ 0 13/35 32 71, Fax 32 23 06.

🛏 Unterkunft: ***Hotel de Fransche Croon, Leuvensestraat 26/28, ✆ 31 45 40, kleines Hotel, Familienbetrieb; ***Hotel Modern, Leuvensesteenweg 93, ✆ 31 10 66, komfortables Haus nahe des Stadtzentrums.

🏠 Jugendherberge: Den Drossaard, St. Jansstraat 2, ✆ 13 37 21.

✗ Restaurants: De Witte Hoef, Diestersteenweg, ✆ 33 58 61, Muschelspezialitäten; De Nieuwe Haan, Grote Markt 19, ✆ 33 51 06, Kaninchen in Gildebier und Chicoréegratin.

Hasselt

Nach den Kreuzzügen im 12. und 13. Jh. entstanden in der damaligen Grafschaft Loon entlang der großen Handelsstraße Köln – Brügge eine Reihe von städtischen Siedlungen, darunter Hasselt. Seit der Verleihung der Stadtrechte (1232) entwickelte sich auch das kirchliche Leben in und um Hasselt. So ließen sich z. B. Augustiner nieder, die bis zur Französischen Revolution eine Lateinschule unterhielten. Eine der ältesten und noch heute bestehenden katholischen Bruderschaften, die »Bruderschaft von Unserer Lieben Frau«, wurde 1314 gestiftet. Auf sie geht die Existenz der »Clerckenkapel« zurück, die später zur Virga-Jesse-Basilika ausgebaut wurde. Diese Kapelle wurde dank der Wunder, die der dort aufbewahrten Madonna »Virga Jesse« zugeschrieben wurden, das Zentrum alljährlicher Wallfahrten. Seit 1675 finden ihr zu Ehren alle sieben Jahre (das nächste Mal August 2003) Prozessionen und dreiwöchige Feierlichkeiten statt.

Im 14. Jh. blühte die Stadt durch die Tuchherstellung auf, doch endete die Prosperität wie auch in den anderen flämischen Städten bereits ein Jahrhundert später. Erst im 18. Jh. kam Hasselt durch die Geneverbrennerei und die Rindermästereien zu neuem Ansehen. Der Wiener Kongreß (s. S. 31) schlug die Stadt der niederländischen Provinz Limburg zu, seit 1839 gehört sie zu Belgien, nachdem die Teilung in eine niederländische und eine belgische Provinz Limburg erfolgt war.

Eines der großen Industrieunternehmen in Hasselt (68 000 Einw.)

Mit dem Geschmack von Wacholder

In einer Jeneverstokkerij

Die heute zum Nationalen Genevermuseum umgebaute Geneverbrennerei in Hasselt wurde von Adam Nicolaas Leon Stellingwerff (1798–1876), der die Brennerei 1843 geerbt hatte, im neoklassizistischen Stil ausgebaut. Seine Nachfolger erbauten zwischen 1888 und 1890 unweit der Brennerei, in der Witte Nonnenstraat, acht Arbeiterwohnhäuser, die noch heute zu sehen sind. In der Folgezeit wurde zudem eine Likörfabrik in einem der umgebauten Ochsenställe eingerichtet und der Betrieb bis 1963 mit dem Verschneiden von Genever und Likör fortgeführt.

Die Brennerei wurde als geschlossene Hofanlage mit trapezförmigem Grundriß erbaut. Im Norden befinden sich das Eingangstor, die Scheune und das Wohnhaus. Im Osten schließt sich die eigentliche Brennerei an, in der sich eine Dampfbrennanlage mit vertikalen Destillierkolben aus dem letzten Viertel des 19. Jh. sowie Dampfmaschinen zum Betrieb der Mühlsteine und des Rührwerks für die Maische befinden. Im sogenannten Malzturm mit pyramidenförmigem Dach ist die Darre untergebracht, in der die gekeimte Gerste getrocknet wurde. Die Südseite des Hofes wird von den Ochsenställen eingenommen. Dort wurden Mastochsen gehalten, an die die Abfälle des Destillationsvorganges verfüttert wurden. Heute stellt man hier allerlei landwirtschaftliche Geräte aus.

Die Tradition des Geneverbrennens reicht bis ins 16. Jh. zurück, als aus Gerste und Roggen sogenannter Korn- oder Malzwein gewonnen wurde. Mit dem Mälzen beginnt das Brennen des Genever (oder Jenever). Dabei wird zunächst die Gerste eingeweicht und anschließend für zwei bis drei Tage auf einem Kachelfußboden zur Keimung ausgebreitet. Danach bringt man sie zum Trocknen in den Malzturm *(Mouttoren)*. Hier befindet sich der sogenannte Darreboden, ein perforierter Metallboden, auf dem die Gerste wiederum ausgelegt wird. Unter dem Darreboden wird in einem Kamin mit Schornstein ein offenes Feuer entfacht. Durch die aufsteigende Hitze, die jedoch keinesfalls mehr als 50 °C erreichen darf, wird die gekeimte Gerste getrocknet. Bei höheren Temperaturen würde das in der gekeimten Gerste enthaltene Enzym Amylase zerstört, die Aufspaltung der Stärke in Zucker während des Maischens nicht mehr möglich sein und der in der gekeimten Gerste enthaltene Zucker karamelisieren. Die getrocknete Gerste, das sogenannte Gerstenmalz, wird dann zusammen mit Roggen gemahlen, anschließend mit Wasser versetzt und in einem sogenannten Maischbottich bei Temperaturen von 62–63 °C verrührt. Dabei wird Stärke in Zucker umgewandelt. Die so entstandene Maische wird auf 25 °C abgekühlt und mit Hefe versetzt, um den Zucker zu vergären. Nach 24 Stunden ist die Würze fertig. Sie wird nun destilliert und dadurch hochprozentiger Alkohol gewonnen, der mit Wacholderbeeren und verschiedenen Kräutern versetzt wird. So erhält man auch den hochprozentigen Hausgenever, der im Genevermuseum Hasselt ausgeschenkt wird. Natürlich hat jede Stokkerij ihr eigenes, streng geheimgehaltenes Rezept, nach dem sie ihre spezielle Hausmarke herstellt.

ist heute Philips Industrial Activities mit 1500 Beschäftigten, die in der Compact-Disk-Fertigung arbeiten, aber auch Geneverbrennereien wie die von Smeets gibt es nach wie vor.

Hasselt tussen Korrel und Borrel, ein Rundgang durch Hasselt »zwischen Korn und Schnaps« beginnt in der St. Jozefstraat westlich des Marktplatzes am Brunnen **Het Borrelmanneke** (das »Schnapsmännchen«). An der Ecke zur Maastrichterstraat befindet sich **De Oliphant**, ein klassizistischer Bau, in dem bis um 1900 die Likörfabrik Costiens van den Eynde ansässig war. Am Vismarkt steht die **St.-Quintinus-Kathedrale**, deren ältester Teil, der romanische Unterbau des Turmes, noch aus dem 11. Jh. stammt. Die Kirchenschiffe wurden im 15./16. Jh. im gotischen Stil erbaut. Im Turm ist neben dem Glockenspiel auch das **Glockenspielmuseum** zu besichtigen (Stedelijk Beiaardmuseum, Juni–Sept. Sa, So, feiertags 10–17 Uhr).

Bereits im 15. Jh.als Gasthof erwähnt wurde das **Het Sweert**, ein Renaissance-Fachwerkhaus am nahen Grote Markt. Der Name dieses Hauses geht auf das schmiedeeiserne Giebelzeichen, einen ausgestreckten Arm mit Schwert, zurück. Nur wenige Schritte von hier erhebt sich die **Virga-Jesse-Basilika**, ein spätbarocker Kirchenbau, in dem die bemalte Holzstatue der »Virga Jesse« zu finden ist. Nach der Schließung der Abtei von Herkenrode zur Zeit der Französischen Revolution wurden bedeutende Kunstwerke wie der Marmoraltar (1680) in diese Kirche gebracht.

Das **Stedelijk Museum Stellingwerff-Waerdenhof** residiert in einem klassizistischen Herrenhaus der Familie Stellingwerff, die ihren Wohlstand dem Geneverbrennen und der Rindermast verdankte. Das Museum beherbergt nicht nur die Kirchenschätze der Kathedrale, sondern widmet sich auch der Regional- und Lokalgeschichte. So finden sich hier Exponate einer bis 1954 in Hasselt ansässigen Keramikfabrik, die für die Geneverbrennereien tätig war, aber auch Art-Nouveau-Porzellan und Schmuckfriese herstellte (April–Okt. Di–So 10–17, Nov.–März Di–Fr 10–17, Sa/So 13–17 Uhr, Jan. geschl.).

Interessantestes Museum der Stadt ist das **Genevermuseum** in einer Genever-Brennerei des 19. Jh. Man lernt hier den Prozeß des traditionellen Schnapsbrennens kennen und kann in einer Geneverkneipe Hausgenever oder den süßen »Wissels« kosten (April–Okt. Di–So 10–17, Nov.–März Di–Fr 10–17, Sa/So 13–17, Jan. geschl.).

Information: Dienst voor Toerisme, Lombaardstraat 3, 3500 Hasselt, ☎ 0 11/23 95 40, Fax 22 50 23.

Unterkunft: ****Hassotel, St. Jozefstraat 10, ☎ 23 06 55, nahe des Geschäftszentrums; ***Ibis-Hotel, Thonissenlaan 52, ☎ 23 11 11, bietet Budget-Wochenendpreise; *De Nieuwe Schoofs, Stationsplein 7, ☎ 22 31 88, u. a. Reiseangebot für Senioren; B&B Jeroen Stockmans, Overdemerstraat 93, ☎ 25 04 02, kinderfreundlich.

Einkaufstips: Spekulaas im Museum Stellingwerff-Waerdenhof, Genever im Genevermuseum.

Ereignisse: Geneverwochenende Mitte Okt.; Virga-Jesse-Fest alle sieben Jahre im August (s. S. 110).

Verbindung: IC Brügge – Brüssel – Leuven – Hasselt –Genk, IR

Antwerpen – Lier– Aarschot – Hasselt – Liège.

Tongeren

Tongeren (29 800 Einw.), die älteste Stadt Belgiens und wie Hasselt erst seit 1839 Teil des Königreiches, liegt im fruchtbaren Haspengau und geht auf die römische Siedlungsanlage *Atuatuca Tungrorum* zurück. Sie war bis zum 4. Jh. Bischofsstadt, ehe Maastricht und dann Liège diese Funktion erhielten. Tongeren aber blieb geistliches Zentrum, was z. B. durch die Stiftung des Kapitels der Liebfrauenbasilika (8. Jh.), die St.-Jans-Kirche (16.–19. Jh.), die Katharinenkirche, die Kapelle der Infirmerie des Beginenhofs sowie verschiedene Klöster zum Ausdruck kommt. Schweren Schaden nahm die mittelalterliche Stadt, die im 13. Jh. bereits ihre dritte Stadtmauer erhielt, durch den Brand von 1677.

Bedeutendster Sakralbau ist die gotische **Liebfrauenkirche** (Onze-Lieve-Vrouwe-Basiliek) am Grote Markt, 1240–1541 erbaut. Von ihren Kunstschätzen sind der Antwerpener Schnitzaltar (16. Jh.), das kupferne Adlerpult (14. Jh.) und eine romanische Christusfigur am Kreuz im Südportal (wahrscheinlich 11. Jh.) besonders zu erwähnen. Die mit 4000 Pfeifen zweitgrößte Orgel Belgiens (1753, soll erneut restauriert werden) schuf der Lütticher Orgelbauer J. B. Le Picard. Der sich an den Chor anschließende romanische bis frühgotische Kreuzgang (frühes 13. Jh.) erinnert an das einstmals an dieser Stelle existierende Kloster.

Sehenswert ist der Kirchenschatz im **Basilika-Museum**, dem ehemaligen Kapitelsaal. Das älteste Ausstellungsstück der Sammlung ist eine goldene Spange aus der Merowingerzeit (6. Jh.); zu sehen sind weiterhin eine sitzende Muttergottes (12. Jh.), ein geschnitzter Christuskopf (11. Jh.), Reliquienschreine in Form von Armen und Beinen und die Heilige Sakramentsmonstranz (1631). (1.4.–30.9. tgl. 10–12, 13.30–17 Uhr, sonst auf Anfrage, ✆ 0 12/39 02 55).

Zwischen der Liebfrauenkirche und dem Rathaus befinden sich die zugänglichen **Reste eines römischen Turms**, der ein Teil der hier durchschnittlich 3,30 m dicken römischen Stadtmauer des 4. Jh. war. Der Besucher des unweit davon gelegenen **Gallo-Römischen Museums** wird selbst zum Altertumsforscher. Geheimnisvolles wie das Dodekaeder – Spielzeug, Meßinstrument oder Kosmosvorstellung – gilt es ebenso zu entdecken wie das prähistorische Limburg mit seinen bronzezeitlichen Funden, die Allee einer römischen Nekropole sowie die Grabmäler aus merowingischer Zeit. In der Studiensammlung des Museums taucht man in die Prähistorie ein, wenn man von den Funden der Neandertalergruppe von Kesselt erfährt oder die Bearbeitung von Feuersteinen im Alt-

Tongeren, Liebfrauenkirche am Markt

Mesolithikum kennenlernt. Mit dem »Goldschatz von Beringen«, der aus Halsringen und 25 Münzen besteht, erschließt sich ein Teil der keltischen Kultur Limburgs (Mo 12–17, Di–Fr 9–17, Sa/So, feiertags 10–18 Uhr).

Der **Beginenhof**, im 13. Jh. als Straßenbeginenhof innerhalb der Stadtmauern entstanden, geht in heutiger Gestaltung auf das 17. und 18. Jh. zurück. Ältester Teil ist der Platz »Onder de Linde«. Die Wohnhäuser der Beginen wurden in der Renaissance aus Ziegeln, Sand- und Kalkstein errichtet. Wie in anderen Beginenhöfen auch findet man neben Beginenhäusern ein Spital und eine Kirche, die Catha-

rinakerk. Sie wurde im romanisch-gotischen Übergangsstil im letzten Viertel des 13. Jh. erbaut.

An die mittelalterliche Stadt erinnern noch Reste der **Stadtmauern** am Elfde Novemberwal, die teilweise im 15. Jh. geschleift wurden, und das **Moerenpoort** (14. Jh.), das einzige noch existierende Stadttor.

Die Überreste der 2 m dicken **römischen Stadtmauern** (2. Jh.), von denen meist nur das Füllmaterial erhalten geblieben ist, erstrecken sich von Bilzersteenweg über die Legionenlaan bis zur Sabiniuslaan. Der Beukenberg unweit der Legionenlaan war ein am Ende des 1. Jh. angelegtes Aquädukt.

Information: VVV, Stadhuisplein 9, 3700 Tongeren, ℂ 0 12/39 02 55, Fax 39 11 43.

Unterkunft: ****Ambiotel, mit Restaurant, Veemarkt 2, ℂ 26 29 50, in Bahnhofsnähe. **Hotel-Restaurant Lido, Grote Markt 19, ℂ 23 19 48, schöner Blick zur Liebfrauenkirche.

Jugendherberge: Begeinhof, Sint-Ursulastraat 1, ℂ 39 13 70.

Banken: Grote Markt, Maastrichterstraat, Graanmarkt, Vlasmarkt.

Ereignisse: Zwischen Mai und Juli *Basilicakoncerten* , Auskunft: ℂ 23 57 19; *St Evermarusvierung* (Prozession und Mysterienspiel) am 1. 5.; Antik-/Flohmarkt So vormittags.

Verbindung: IR Antwerpen – Lier – Diest – Tongeren – Liège.

Route 3

Von Mechelen nach Antwerpen

Mechelen

Lier

Antwerpen

Mechelen, Refugium der Abtei Villers-la-Ville

Der liebliche Klang des Glockenspiels, der herbe Geschmack eines dunklen Carolus-Biers, die Vielzahl adliger Residenzen aus burgundischer und habsburgischer Zeit, aber auch der gewaltige Romboutsturm machen den Charme von Mechelen aus. Etwas verträumt liegt das kleine Städtchen Lier mit dem idyllischen Beginenhof an der Kleinen und Großen Nete. Pulsierend und weltoffen ist die an der Schelde gelegene Hafenstadt Antwerpen, europäische Kulturhauptstadt 1993 und neben London das europäische Zentrum des Diamantenhandels.

Mechelen

Mechelen (75 700 Einw.), am Ufer der Dijle gelegen, war bereits im 9. Jh. eine Siedlung der Merowinger und Karolinger und bildete im 10. Jh. eine Enklave des Fürstbistums Liège innerhalb des Herzogtums von Brabant. 1333 fiel die Stadt durch Verkauf an den Grafen von Flandern. Die Gründung des Großen Beginenhofs (1259) und die Errichtung der Stadtumwallung (1300), von der nur noch das Brüsseler Tor erhalten ist, sind wichtige Daten der Stadtgeschichte.

Im Mittelalter war die Stadt Warenumschlagplatz für Salz, Fisch, Wolle und Hafer, aber auch bekannt für ihre Tuchwebereien. Ihre Blütezeit fiel zusammen mit der Regentschaft der Landvögtin Margaretha von Österreich (1506–30), die Mechelen zu ihrer Residenzstadt machte. Damals erlebten die ortsansässigen Wandteppichmanufakturen mit bis zu 50 000 Webern einen ungeahnten Aufschwung.

Eine zweite Phase des Wohlstands erlebte Mechelen erst in der nachnapoleonischen Zeit dank der ortsansässigen Brauereien und der Möbelindustrie. Heute fungiert Mechelen als Dienstleistungszentrum, sieht man vom Verbleiben traditioneller Industrien wie der **Manufaktur für Wandteppiche Gaspard de Wit** ab, die eine beachtliche Sammlung flämischer Gobelins aus fünf Jahrhunderten besitzt. Diese Manufaktur zur Restaurierung und Herstellung von Wandteppichen ist in dem ehemaligen Fluchthaus (*Refugie*, 1483–1797) der Norbertinerabtei von Tongerlo untergebracht (Sa 10.30 Uhr, außer Juli u. zw. Weihnachten u. Neujahr, ✆ 0 15/20 29 05 05 und 52 29 05).

An die heimische Brautradition knüpft **Gouden Carolus** an. Bereits

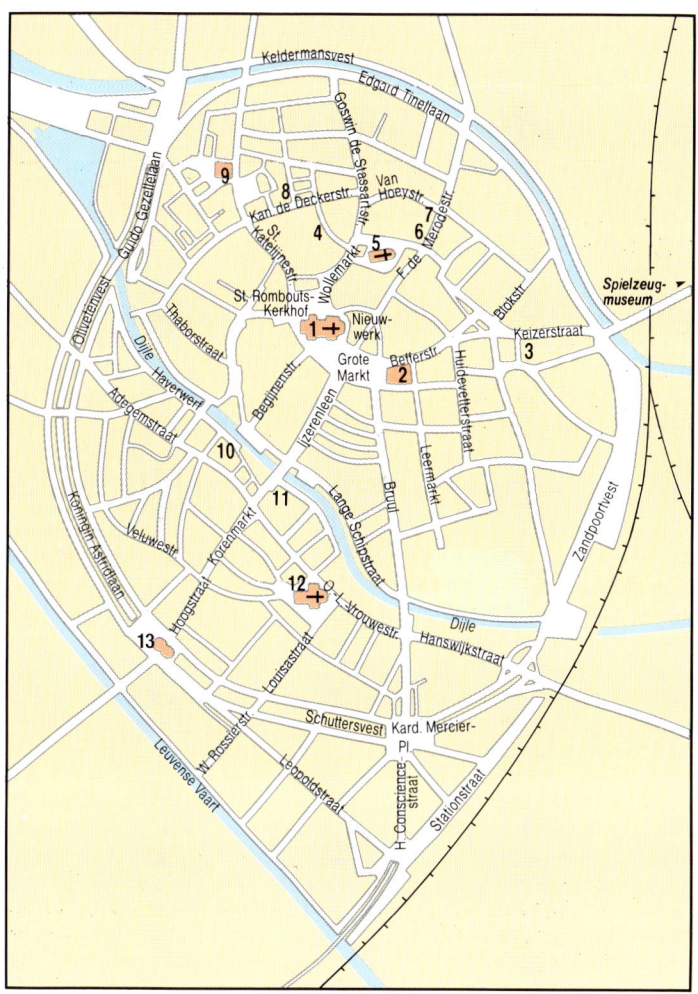

Mechelen 1 St.-Rombouts-Kathedrale   2 Rathaus mit Tuchhalle   3 Palast der Margarethe von Österreich   4 Refugium der Benediktinerabtei St. Truiden   5 St.-Jans-Kirche   6 Königliche Glockenspielerschule   7 Hof van Busleyden (Stadtmuseum)   8 Kleiner Beginenhof   9 Großer Beginenhof   10 St. Jozef, De Duiveltjes, Het Paradijs   11 Waag en Steur, De Zalm   12 Onze-Lieve-Vrouw over de Dijle   13 Brusselpoort

im 14. Jh. begann Jan in den Anker das von Kaiser Karl V. geschätzte »Cervoise« zu brauen. Heute versteht man sich auf Mechelschen Bruynen, Gouden Carolus und Triple Toison d'Or (Het Anker, Krankenstraat 2, ☎ 20 18 80). Wer abends auf den Spuren der alten Brauereien durch die Fußgängerzone rund um den Grote Markt von Mechelen flanieren und ein heimisches Bier kosten möchte, erhält beim Dienst voor Toerisme für 225 BEF die deutschsprachige Broschüre »Op stap met Carolus« mit drei Gutscheinen z. B. für ein Gouden Carolus im Café »De Witten Bijbel« und ein Toison d'Or im »De Stille Genieter«.

Monumental erhebt sich am Grote Markt die gotische **St.-Rombouts-Kathedrale** (13.–16. Jh.). In ihrem unvollendet gebliebenen Turm (1452–1520), der statt der geplanten 167 m nur 97 m hoch ist, befinden sich zwei Glockenspiele mit insgesamt 98 Glocken. Über 514 Stufen gelangt man, an den Glockenspielen vorbei, zum Wehrgang mit polygonaler Balustrade. Von dort aus hat man einen schönen Blick über Mechelen und bei gutem Wetter sogar bis nach Brüssel (Turmbesteigung nur mit Führer Ostern–Sept. Sa/So, feiertags 14.15 Uhr, Juli/Aug. tgl. 14.15 Uhr, 1.6.–15.9. auch Mo 19 Uhr, ab Dienst voor Toerisme).

Innen weist die Kathedrale als typisch gotische Stilelemente Rippengewölbe und ein offenes Triforium auf. Lucas Faydherbe (1617–

97) schuf den barocken Hochaltar aus Marmor (1666). Unter den Gemälden ist die im Mittelschiff befindliche »Kreuzigung Christi« (1630) von Anthonis van Dyck (1599–1641) sehenswert (Mo–Sa 9–16, So 14–16 Uhr, auch Aushang am Portal beachten!).

Auf dem Grote Markt steht das Standbild der Margaretha von Österreich, die unter Kaiser Karl V. Landvögtin der Niederlande war. Sie besaß ein besonderes Interesse für Kunst, Literatur und Naturwissenschaften. Ihr Hof wurde zum Treffpunkt von Künstlern und Wissenschaftlern wie Albrecht Dürer und Erasmus von Rotterdam. Die Ostseite des Marktplatzes wird durch das aus mehreren Flügeln bestehende **Stadhuis** (Rathaus) abgeschlossen. Das Ensemble besteht aus mehreren Bauteilen, nämlich (von rechts nach links) der Lakenhal (Tuchhalle), dem Belfried und dem neugotischen Paleis van de Groote Raad (Palast des Großen Rates). Der älteste Teil, die **Tuchhalle,** geht auf das Jahr 1311 zurück. Der Bau des **Belfrieds** mit zwei achteckigen Türmchen an den Seiten (16. Jh.) blieb wegen des Niedergangs des Tuchhandels ebenso unvollendet wie die Tuchhalle (14. Jh.), die nach einem Brand im 17. Jh. mit einem barocken Giebel versehen wurde. Der im 16. Jh. begonnene **Palast des Großen Rates** wurde erst 1900 bis 1911 in neogotischem Stil vollendet. Der **Palast der Margarethe von Österreich** in der Keizerstraat

Süßer die Glocken nie klingen

Auf einem Spaziergang durch Mechelen vernimmt man zu jeder Viertelstunde, wenn auch ein wenig vom Winde verweht und vom Straßenlärm übertönt, die Glockenspiele der Stadt. Es wäre wohl Zufall, würde man gerade das Stück »Tre Giorni« von Giovanni Battista Pergolesi oder die »Englische Suite III« von Johann Sebastian Bach hören. Zu genießen ist diese Musik des Barock und Rokoko jedoch auf einer Einspielung des Carilloneurs Eddy Marien und des Gitarristen Wim Brioen. Die Aufnahmen zur CD »Carillon and Guitar« fanden im Turm des **Hof van Busleyden** in Mechelen statt. Dort befindet sich eines der vier Glockenspiele (frz. *Carillon*, niederl. *Beiaard*).

Das Glockenspiel von Busleyden besteht aus 49 Glocken und umfaßt vier Oktaven. Durch die kurze Ausklangszeit harmonieren Gitarre und Glockenspiel – wie im Zusammenspiel zwischen Marien und Brioen – sehr gut miteinander.

Busleyden wird als »Übungsstudio« für die Schüler der »Königlichen Glockenspielschule Jef Denyn« genutzt, so daß man in Mechelen häufiger als in anderen Städten in den Genuß eines Glockenspielständchens kommt. Als Väter der Beiaardkunst von Mechelen gelten Vater und Sohn Denyn. Jef Denyn (1862–1941) kam durch Zufall zum Glockenspiel, wollte er doch eigentlich Ingenieur werden. Er begleitete seinen Vater, der *Stadsbeiaardier* von Mechelen war, häufig auf den Turm der St.-Rombouts-Kathedrale, wo seit 1647 ein Glockenspiel mit 49 Glocken hängt (1981 wurde ein zweites Glockenspiel, ebenfalls mit 49 Glocken installiert). Dadurch lernte er das Spiel auf diesem außergewöhnlichen Instrument kennen.

Um die schweren Klöppel über Züge zu bewegen und die Glocken zum Klingen zu bringen, muß man die Tasten des Geräts, horizontale Stäbe, mit der geschlossenen Faust anschlagen. Als Jef Denyn zu spielen begann, war die Technik des Glockenspiels schon weit fortgeschritten. Begonnen hatte alles mit dem Läuten der Kirch- und Stadtglocken. Da im geschäftigen Treiben der aufblühenden flämischen Handelsstädte das Stundenläuten sehr häufig überhört wurde, fügte man ein zweites Glöckchen hinzu, das die Aufmerksamkeit auf das Stundenläuten lenken sollte. Die sich daraus entwickelnde Kunst des Glockenspiels ist auch der Hochzeit der flandrischen Städte vom 13. bis 16. Jh. zu verdanken. Mit der Stiftung einer Glockenspielschule im Jahre 1922 durch Jef Denyn wurde Mechelen das Ausbildungszentrum für Glockenspieler. Damit wurde eine Tradition wieder gepflegt, die im 19. Jh. ein wenig in Vergessenheit zu geraten drohte. Das Studium dauert zwischen sechs und neun Jahren. Es umfaßt die Geschichte des Glockenspiels, Kompositionslehre und Spieltechnik sowie die Interpretation von Werken. Jeweils montags finden die berühmten abendlichen Mechelener Glockenspielkonzerte statt, die 1892 vom damaligen *Stadsbeiaardier* Je Denyn ins Leben gerufen wurden. In den Konzerten von Jo Haazen, dem jetzigen Leiter der Königlichen Glockenspielschule und Stadsbeiaardier, sind auch Beatles -Songs und Eigenkompositionen zu hören.

wurde 1507–30 im Stil der Renaissance erbaut.

Über den Wollemarkt und die Goswin-de-Stassartstraat kommt man zum **Refugium der Benediktinerabtei St. Truiden** (Refugie van de Benedictijnerabdij van St. Truiden), einem an einer Gracht gelegenen Back-Sandsteinbau (16. Jh.). Es ist eine der vielen Zufluchtsstätten der außerhalb der Stadt gelegenen Klöster, deren Bewohner sich während der Religionskriege (Mitte des 16. Jh.) dorthin zurückzogen. Nur wenige Schritte entfernt steht die **St.-Jans-Kirche** (15. Jh.). In ihr befindet sich das »Triptychon von Mechelen« (1617/19) von Peter Paul Rubens. Es stellt die Anbetung der Heiligen Drei Könige dar, die Seitenflügel zeigen die Enthauptung von Johannes dem Täufer und das Martyrium des Evangelisten Johannes (Messe Sa 16 Uhr).

Unweit des St.-Jans-Kerk-Plein befindet sich im Haus »Het Schip« (1772) die **Königliche Glockenspielerschule.** Dahinter ragt der Turm des **Hof van Busleyden** (1506–08) empor. Das Gebäude, das dem Humanisten, Diplomaten und Mitglied des »Großen Rats der Niederlande« Hieronymus van Busleyden als Wohnsitz diente, ist ein Beispiel für den Übergang von Gotik zu Renaissance und beherbergt heute das **Stedelijk Museum**. Wegen einer grundlegenden, vermutlich bis zur Jahrtausendwende andauernden Umgestaltung wird die Sammlung des Museums, zu der auch Alabasterschnitzereien des Mechelener Bildhauers Lucas Fayd'herbe gehören, an mehreren

Ausstellungsorten zu sehen sein, so im restaurierten **Brusselpoort** (Info beim Dienst voor Toerisme).

Der Kleine und der Große Beginenhof sind Straßenbeginenhöfe, deren Geschichte bis zum Jahr 1259 zurückreicht. Die heute zu Wohnungen umgewandelten Häuser des **Kleinen Beginenhofs**, dessen Eingangsportale und Umfassungsmauern schon 1798 beseitigt wurden, stammen aus dem 17. Jh. Im **Großen Beginenhof** steht die Beginenhofkirche, eine gotische Kirche (14.–17. Jh.) mit barocken Veränderungen.

Am südlichen Ufer der Dijle, in der Straße Haverwerf, beeindruckt ein stilvoll restauriertes Häuserensemble: Das in Backstein und Stucco erbaute barocke Haus **St. Jozef** (1669) ziert der Namensgeber: Josef mit Jesus auf dem Arm. Das mit hölzerner Fassade erbaute **De Duiveltjes** (»Das Teufelchen«, 1550) knüpft an die traditionelle Stadtarchitektur aus der Zeit vor dem Großen Brand (1342) an. Besonders sehenswert ist die holzgeschnitzte Parabel vom verlorenen Sohn. Den Abschluß des Ensembles bildet **Het Paradijs** (»Das Paradies«, um 1530).

Über den dreieckigen Korenmarkt gelangt man wiederum zur Dijle und kommt gen Osten auf der Uferstraße entlang zu zwei Häusern mit Holzfassade, **Waag en Steur** (»Waage und Stör«) und **De Zalm** (»Der Lachs«), als Gildehaus der Fischhändler Mitte des 16. Jh. erbaut. Südlich davon befindet sich

die gotische Kirche **Onze-Lieve-Vrouw over de Dijle** (geöffnet nur nur den Messen). Bedeutsamstes Kunstwerk ist das im rechten Querschiff hängende Gemälde »Der wunderbare Fischfang«. Rubens hat es 1618/19 im Auftrag der Gilde der Fischhändler gemalt.

Etwas außerhalb der Innenstadt liegt das **Spielzeugmuseum** (Speelgoedmuseum). Wer seine Kindheitserinnerungen an Metallbaukästen, Kreisel, Marionetten, Plüschteddies, Metallspielzeug und Brettspiele auffrischen oder wer wissen möchte, wie man *Vogelpik* und *Toppenbillard* spielt, sollte es besuchen (Di–So 10–17 Uhr).

Information: Dienst voor Toerisme, Grote Markt, 2800 Mechelen, ☎ 015/29 76 55, Fax 29 76 53. Sehr interessant sind von hier die histo-

Mechelen, Haus »De Zalm«

Route 3: Mechelen – Antwerpen

rischen Führungen durch das Herz der Glockenspielstadt (Ostern–Sept.) und durch Mechelen bei Nacht (Jan./Feb. sowie Okt./Nov.).

Unterkunft: ****Hotel Alfa Alba, Korenmarkt 22/24, ☎ 42 03 03, zentral; ****Hotel Gulden Anker, Rid-

der Dessainlaan 2, ☎ 42 25 35, ruhige Lage; *** Hotel Hobbit, Battelsesteenweg 455f, ☎ 27 20 27, direkt an der Autobahnausfahrt Mechelen-Nord (1), preisgünstig; Op-Sinjoor (Marc und Veerle Swinnen-Gijbels, Leegheid 21, ☎ 20 30 37, im historischen Kern Mechelens; Reintje Smits, Hanswijkvaart 52, ☎ 42 34 51/43 03 83, ruhiges Landhaus mit umgebenen Park; B&B Refugie Lindenhof, Marterstraat 1, Battel, ✆ 27 14 77; schmucker Renaissancebau, 3 km entfernt, an der Radfernroute »Vlaanderen fietsroute«.

 Restaurants: Folliez, Korenmarkt 19, ✆ 42 03 02, Nouvelle cuisine à la belge; De Witten Bijbel, Nieuwwerk 7/1, ✆ 20 66 38, Spare Ribs; Mytilius, Grote Markt 23, ✆ 20 19 52, Krebs- und Muschelmenüs.

 Kneipen: De Borrel Babbel, St. Romboutshof; 't Klapgat, Wollemarkt; Nostradam, Blauwhondstraat 25; De Stille Genieter, Nauwstraat 9.

 Post: Neben St. Rombouts. **Banken:** BBL: Bruul 57, Korenmarkt 18, Citibank: Ijzerenleen 44.

 Musikalische Ereignisse: Glokkenspielkonzerte vom Kirchturm St. Rombouts Juni–Mitte Sept. Mo 11.30, 20.30–21.30, Sa 11.30, So 15 Uhr; Maanrock, Rockspektakel auf dem Grote Markt Ende Aug. **Andere Ereignisse:** *Hanswijkprocessie* (Prozession) So vor Himmelfahrt; *Bloemen- en Groentencorso* (Blumen- und Gemüsekorso mit folkloristischem »Glockenwerfen«) am 2. So im Sept.

 Verbindung: IC Brüssel – Mechelen – Antwerpen – Amsterdam.

Lier

Am Rande des Kempenlandes liegt Lier (31 700 Einw.), auch das »Venedig des Kempenlandes« genannt. Die Große und die Kleine Nete fließen in dieser Stadt zusammen, deren Stadtrechte aus dem Jahr 1212 datieren. Straßennamen wie Gasthuisvest und Kapucijnenvest sind Hinweis auf die einstige Stadtbefestigung. Die **Gevangenenpoort,** ein Stadttor am Übergang vom Zimmerplein zur Kapucijnenvest, ist Teil dieser Befestigung. Die Zeit der großen Viehmärkte, des Wollhandels und der Schafzucht sind längst Vergangenheit. Größter Arbeitgeber ist heute das Unternehmen van Hool, das Busse für den öffentlichen Personennahverkehr herstellt.

Als sogenanntes »Kleeblatt von Lier« ist eine Künstlergruppe um den Maler und Schriftsteller Felix Timmermans (s. a. S. 52) bekannt geworden. Dazu gehörten der Schriftsteller Anton Bergmann, der Maler Baron Isidoor Opsomer sowie der Kunstschmied Lodewijk van Boeckel und der Erbauer astronomischer Uhren, Louis Zimmer.

Auf dem Marktplatz ragt der schlanke, gotische **Belfried** (1369) mit einem mechanischen Glockenspiel von 23 Glocken empor. Hier befindet sich auch das **Stadhuis,** das Rokoko-Rathaus von 1740–1745. Gesäumt wird der Marktplatz von alten Zunfthäusern wie dem barocken **D'Eycken Boom (Der Eichenbaum),** einst Versammlungsort der Rhetoriker und dem gotischen **Vleeshuis** (Fleischhalle, 1451).

Der wohl bedeutendste Sakralbau der Stadt ist die **St.-Gummarus-Kirche** (1378–1540). Diese Kirche in Brabanter Hochgotik be-

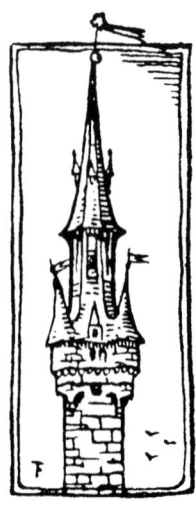 

Lier, Belfried und Turm
von St. Gummarus,
Zeichnungen von Felix
Timmermans

sitzt ein Glockenspiel mit 47 Glocken (19. Jh.). Sehenswert sind die ältesten Glasfenster Flanderns mit herrlichen Glasmalereien (15. Jh.), der spätgotische Lettner mit kunstvollen Skulpturen und die barocke Kanzel. Kostbarer Kirchenschatz ist der silberne Reliquienschrein des St. Gummarus (1682; tgl. 9–12, 14–16 Uhr). Nahebei befindet sich die spätromanische **Pieters-Kapelle** (um 1225), das älteste Baudenkmal von Lier.

An der Kleinen Nete steht der **Hof van Geetruyen,** jetzt **Timmermans-Opsomerhuis,** das sich dem Leben und den Werken des »Kleeblatts von Lier« widmet. Neben Portraits und Kohlezeichnungen holländischer Landschaften sind weitere Arbeiten Opsomers wie etwa die »Prozession im Beginenhof zu Lier« (1909) ausgestellt. Im Timmermans-Saal sind Ausgaben seines Romans »Pallieter« (1912) und Illustrationen für Autoren wie Ernest Claes zu sehen (tgl. außer Mo u. Fr 10–12 u. 13.30–17.30 Uhr, im übrigen Jahr nur So 10–12 u. 13.30–16.30 Uhr).

In der Nähe dieses Museums stößt man auf den Zimmerplein mit **Zimmerturm** und **Zimmerpavillon** (Zimmertoren). Louis Zimmer (1888–1970) war der Schöpfer außergewöhnlicher Uhren, die im Zimmerpavillon ausgestellt sind, darunter eine astronomische Weltuhr und die sogenannten »V-Uhren«. Mit diesen »Victory-Uhren« beschenkte er die Staatsmänner der Siegermächte des Zweiten Weltkriegs. Auch die Jubiläumsuhr des Zimmerturms stammt von ihm. An ihr lassen sich u. a. die Greenwich-Zeit, die Tierkreiszeichen und die Wochentage ablesen. Die symbolischen Figuren der Jahreszeiten gehen auf Zeichnungen von Timmermans zurück (Sommer: 10–12, 13–19 Uhr, Winter: 10–12, 14–16 Uhr).

In der Begijnhofstraat befindet sich die Hofanlage der Stiftung **St. Joachim und Anna** (18. Jh.), einst Armenwohnungen, und der **Beginenhof** (13. Jh.) mit kleinen Gäßchen und niedrigen, weißgekalkten Häusern. Am Eingang steht in Stein gehauen die hl. Begga, die Patronin der Beginen. Am Oude Kerkhof steht die in Flämischem Barock 1664 erbaute Beginenhofkirche. Sie besitzt einen beeindruckenden Hochaltar (1711) sowie eine Barockorgel von J. B. Forceville.

Wasserspeier am Turm von St. Gummarus

In einer schmalen Straße in der Nähe der Kirche, *Hemdsmouwken* (Hemdsärmelchen) genannt, war die Jungfrau Symforosa aus Timmermans gleichnamiger Erzählung zu Hause. Martinus, der Gärtner, in den sie sich unglücklich verliebte, lebte im nahegelegenen Hellestraatje 6. In dieser Straße steht

auch das **Ruusbroeckhuisje,** wo 1925 Ernest van der Hallen, Felix Timmermans und andere die *Pelgrimsbeweging,* eine Vereinigung von 12 flämischen, katholischen Künstlern gründeten. Gegenüber vom Ruusbroeckhuisje befindet sich **St. Michiel,** ein Werkstudio für Lierer Spitze (Di und Do 13.30–16.30 Uhr).

ℹ️ Information: Dienst voor Toerisme, Grote Markt, 2500 Lier, ✆ 03/4 88 38 88, Fax 4 88 12 76.

🛏️ Unterkunft: Handelshof, Leopoldplein 41, ✆ 4 80 03 10, am Bahnhof; Hof van Aragon, Mosdijk 4, ✆ 4 91 08 00; B&B Van den Bogaert/Van Gool, Antwerpsesteenweg 262, ✆ 4 80 85 43, ein Art-Nouveau-Haus mit zwei Zimmern.

🍴 Restaurants: De Fortuin, Felix Timmermansplein 7, ✆ 4 80 29 51; Spezialität: *Konijn in Lierse Caves* (Kaninchen in Caves-Bier), *Lierse stoverij met pruimen* (Schmorbraten mit Pflaumen).

🍃 Einkaufstip: Banketbakkerij Hendrickx, Antwerpsestraat 130: *Lierse vlaaikens* (Lierer Gewürztörtchen).

🎭 Musikalische Ereignisse: Glokkenspielkonzerte jeden So im Juli und Aug. 19.30 Uhr im Garten Bril 1. **Andere Ereignisse:** Beginenhofprozession und *Lierse Kermis* am 2. Wochenende nach Pfingsten.

🚂 Verbindung: IR Liège – Tongeren – Hasselt – Diest – Aarschot – Lier – Antwerpen.

Antwerpen

Rubensstadt, Diamantenstadt, Hafenstadt, Kulturhauptstadt Europas 1993 – das sind die Beinamen von Antwerpen (459 100 Einw.). In die Schlagzeilen geraten ist die Stadt durch die gewaltigen Stimmenzuwächse für den nationalistisch-rassistischen *Vlaamse Blok* bei den letzten Wahlen des Stadtrates und der Abgeordnetenkammer. Die Weltoffentheit der Stadt scheint in Frage gestellt zu sein, auch wenn es hier als Ausdruck kultureller Vielfalt etwa 100 katholische Kirchen, 22 jüdische Gebetshäuser und Synagogen sowie drei buddhistische Tempel und 16 Moscheen gibt.

Die zweitgrößte Stadt Belgiens wurde von Saliern (4.–9.

Brabo-Brunnen

Jh.) und anschließend den Normannen bewohnt. Im 11. Jh. wurde eine mächtige Burg am Ufer der Schelde errichtet, wo sich heute *Het De Steen* erhebt. Unter den Herzögen von Brabant erlangte Antwerpen 1221 die Stadtrechte. Lagerplatz für englische Wolle sowie die Pfingst- und Herbstmessen machten Antwerpen im 14. Jh. zu einem wichtigen Handelszentrum in Westeuropa. Unter der Regentschaft Kaiser Karl V. erlebte die Stadt an der Schelde im 16. Jh., auch wegen ihres direkten Zugangs zur Nordsee, ihre wirtschaftliche Blüte. In dieser Zeit wuchs die Bevölkerung auf 100 000 Einwohner, entwickelten sich Seifensiedereien, Brauereien, Seidenwebereien und Textilmanufakturen, die englische Wolle verarbeiteten. Gleichzeitig wurde Antwerpen eine der bedeutendsten Kunststädte Europas, in der Christophe Plantin das Zentrum der Buchdruckkunst etablierte und die Antwerper Malerschule in der barocken Malerei eines Peter Paul Rubens ihren Höhepunkt erreichte.

Antwerpen   1 Rathaus   2 Brabo-Brunnen   3 Het Steen   4 Liebfrauenkathedrale   5 Plantin-Moretus-Museum   6 Rubenshaus   7 St. Jacobskirche   8 St. Carolus Borromäus   9 Rockox-Haus   10 St.-Paulus-Kirche   11 Kgl. Museum der Schönen Künste   12 MUHKA u. Provinzmuseum für Fotografie   13 Park Middelheim

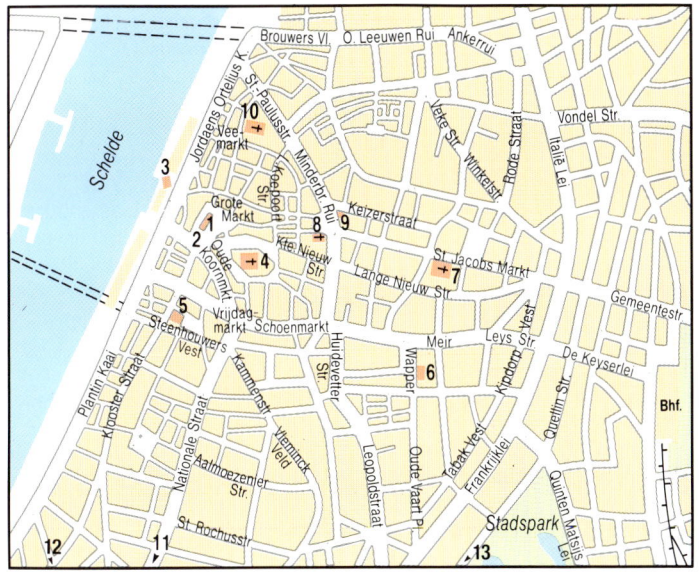

In Folge der Erhebung der protestantischen Handwerker, Gelehrten und Kaufleute gegen die Herrschaft Philipps II. (1577–85) sowie der erfolgreichen Belagerung der Stadt durch spanische Truppen im Jahr 1585 verlor die Stadt ihre wirtschaftliche Bedeutung. Fast die Hälfte der Bevölkerung floh in den protestantischen Norden der Niederlande. Die Abriegelung der Schelde durch die Generalstaaten der Niederlande tat ein übriges zum Niedergang Antwerpens. Erst 1792 vereinbarte Frankreich mit den Generalstaaten die gemeinsame Nutzung der Schelde. Aus strategischen Gründen wurde unter der Regentschaft Napoleons der Hafen von Antwerpen ausgebaut: Antwerpen sollte zur »Pistole werden, die sich auf Englands Herz richtet«. Ohne diesen Hafenausbau, der 1860, nach der belgischen Unabhängigkeit, fortgesetzt wurde, wäre der gegenwärtige Wohlstand der Stadt nicht denkbar.

Der Containerumschlag im Hafen – nach Rotterdam der zweitwichtigste in Europa – beläuft sich auf jährlich etwa 1,5 Mio. Container. Zu den im Hafen angesiedelten Unternehmen gehört als größte belgische Raffinerie die Fina-Raffinerie am Marshallbecken (1951). Petrochemische Betriebe wie Esso, BP Chemicals und Petrochim produzieren hier ebenso wie die Bayer NV, ein Unternehmen zur Herstellung von Kunstfasern, Pflanzenschutzmitteln und Farbstoffen. Ca. 200 000 Arbeitsplätze sind direkt

oder indirekt vom Hafen abhängig, in dem jährlich etwa 100 Mio. t Seefracht umgeschlagen wird.

Nach der belgischen Unabhängigkeitserklärung wurde der Hafen als wichtigstes wirtschaftliches Standbein der Stadt ausgebaut. Der Bau der Cauwelaert-Schleuse (1928), die Eröffnung des Albertkanals (1935), der Boudewijn- und der Zandvlietschleuse in den 50er und 60er Jahren waren für den Wirtschaftsaufschwung von großer Bedeutung. Einen guten Überblick über die Aktivitäten des Hafens verschaffen eine Schelde- und Hafenrundfahrt mit der »Flandria« (✆ 03/2 31 31 00) oder die ausgeschilderte Autorundfahrt *Havenroute* (deutsches Faltblatt und Plan beim Dienst voor Toerisme).

80 % der Diamanten des südafrikanischen Konzerns De Beers nehmen ihren Weg über Antwerpen. Hier leben 10 000 Menschen, einschließlich der 3700 Diamantenschleifer, allein vom Edelsteingeschäft. Antwerpen besitzt vier der achtzehn Diamantenbörsen der Welt, und »Antwerp cut« steht als Fachbegriff für die Güte der Diamantenverarbeitung. Das **Provinziale Diamantenmuseum** (Lange Herentalsestraat 31/3; Di–So 10–17 Uhr) widmet sich der Verarbeitung von Diamanten sowie der Industrie- und Sozialgeschichte.

Ausgangspunkt eines Stadtspaziergangs ist der **Grote Markt**, der von größtenteils rekonstruierten Gildehäusern umgeben ist. Hier befindet sich auch das **Rathaus**

(1561–65), herausragendes Beispiel der Flämischen Renaissance (s. S. 44). 1921 zogen zum ersten Mal in Belgiens junger Geschichte Frauen als Ratsmitglieder ein (Führungen Mo–Mi, Fr 11, 14, 15 Uhr). Original erhaltene Gildehäuser auf dem Marktplatz sind **De Oude Waag** (Nr. 38), das »Haus der Tuchmacher« (1644) mit dem Stadtwappen, und das »Haus der Gerber«, **Rodenborg** (Nr. 40), mit einer roten Burg über dem Eingang.

In die Brunnenanlage des Platzes ist die Plastik des **Silvius Brabo** (1887) integriert. Eine Legende besagt, er habe den Riesen Druon Antigoon, der von den vorbeikommenden Schiffern Zoll erhob, besiegt, ihm die Hand abgeschlagen und sie in die Schelde geworfen. Aus diesem *hand-werpen* leiten manche den Namen der Stadt ab; daß er von *Aan de werpen* stammt, also von der Ortslage auf einer Wurt, einem Wohnhügel oberhalb des Flusses, scheint naheliegender.

An der Schelde steht **Het Steen,** eine alte Burg (Mitte 9. Jh.). Der untere Teil des heutigen Gebäudes stammt von 1225, der deutlich abgesetzte obere Teil entstand 1520 unter Kaiser Karl V. Heute beherbergt der Bau das **Nationale Schifffahrtsmuseum** (Di–So 10–17 Uhr).

Das sicherlich markanteste Monument der Stadt ist die **Liebfrauenkathedrale** (Onze-Lieve-Vrouw-Kathedraal). Der Bau aus Brabanter Sandstein mit dem 123 m hohen Turm ist die größte gotische Kirche Belgiens. Baumeister wie Domien

de Waghemakere und der in Mechelen tätige Rombout Keldermans waren zwischen 1352 und 1535 am Bau der siebenschiffigen Kirche beteiligt. Zu den wichtigsten Kunstschätzen in ihrem Inneren gehören drei Gemälde von Peter Paul Rubens (1577–1640). Am Hochaltar hängt das Gemälde »Die Himmelfahrt Mariens« (1626), im nördlichen Querschiff das Triptychon »Die Kreuzaufrichtung« (1610), im südlichen Querschiff »Die Kreuzabnahme« (1612/14). (Mo–Fr 10–17, Sa 10–15, So 13–16 Uhr.)

Nur wenige Schritte sind es jetzt zum Groenplaats. Wie an vielen anderen Fassaden und Hausecken findet man am Haus Nr. 29 eine Madonna über einer Laterne. Sie wird von drei Engeln begleitet, von denen einer ein Diadem über ihren Kopf hält. Auf dem von Cafés umgebenen Platz steht das Standbild von Peter Paul Rubens, dargestellt als höfischer Ritter und Maler.

Möchte man Antwerpen auf den Spuren Rubens entdecken, so lenke man seine Schritte zum **Vrijdagmarkt.** Wie schon 1549 wird hier heute noch freitag- und mittwochvormittags mit Kleidern und Möbeln gehandelt. Die Patronin der Trödler, die hl. Katharina, beobachtet von einem Sockel die Feilschenden. Auch die Möbel von Christophe Plantin, der im 16. Jh. die *Officina Plantiniana*, eine weitberühmte Druckerei, betrieb, wurde 1562 hier versteigert. Der »Meister des gedruckten Buches« hatte sich in jenem Jahr einer Verurteilung we-

Antwerpen,
Liebfrauen-
kathedrale

gen Ketzerei durch die Flucht nach Paris entzogen. Nach seiner Rückkehr erlebte die Druckerei, das heutige **Plantin-Moretus-Museum,** 1573–76 eine Aufschwungsphase. 16 Druckerpressen stellten vor allem Gebets- und Psalmenbücher im Auftrage des spanischen Königs her. Am Vrijdagmarkt arbeitete und lebte Plantin bis zu seinem Tode. 1589 übernahm sein Enkel Balthasar I. Moretus das Unternehmen. Er war mit P. P. Rubens befreundet, der ihm gelegentlich Buchillustrationen lieferte. Ein Rundgang führt in die Korrekturstube, Druckerei und Bibliothek. Kostbare Mechelner Goldledertapeten schmücken einige Wohnräume. Besonders sehenswert sind die zweibändige Wenzelsbibel (1401/02), Stundenbücher aus Pergament (15. Jh.) und Bibelübersetzungen wie die *Biblia Polyglotta* in fünf Sprachen (Di–So 10–17 Uhr).

Durch die Straßen Lombardenvest und Meir setzt man den Rundgang Richtung Wapper zum **Rubenshaus** fort. Dieser italienische Palazzo im Übergangsstil von der Renaissance zum Barock diente dem Maler nach seiner Heirat mit

Isabella Brant als repräsentative Residenz. Die mit Goldledertapeten ausgekleideten Räume sind mit Möbeln des 17. Jh. sowie einer Reihe von Werken Antwerpener Maler der gleichen Epoche ausgestattet, darunter »Adam und Eva« (1600) von Rubens selbst (tgl. außer Mo/feiertags 10–16.45 Uhr).

Vom Rubenshaus geht es über den Meir zur gotischen **St. Jacobskirche** (1491–1656). In der »Rubenskapelle«, in der der Maler beigesetzt wurde, befindet sich sein Spätwerk (etwa 1636/38) »Maria mit dem Kind, von Heiligen verehrt« (1.4.–31.10. Mo–Sa 14–17 Uhr, 1.11.–31.3. Mo–Sa 9–12 Uhr). Eine weitere Spur des Malers finden wir am Hendrik Conscienceplein. Dort erhebt sich die prächtige Barockkirche **St. Carolus Borromäus.** Sie wurde im Auftrag des Jesuitenordens 1616–21 erbaut. Chor und Mittelschiff sind mit Carrara-Marmor geschmückt. Rubens entwarf eine Reihe von Elementen der Außenfassade (Öffnungszeiten s. Aushang am Kirchentor).

Wer von dort zur Keizerstraat geht, kommt zu einem prächtigen Patrizierhaus, dem **Rockox-Huis.** Es gehörte einst dem reichen Bürgermeister und Getreidehändler Nicolaas Rockox, der mit Rubens befreundet war. Unter den reichen Kunstschätzen des heutigen Museums befinden sich »Zwei Studien eines Mädchenkopfes« von Anthonis van Dyck, »Maria und die Anbetung des schlafenden Jesuskindes« von Peter Paul Rubens und »Fischmarkt zu Antwerpen« von Frans Snijders (Di–So 10–17 Uhr). Arbeiten von Rubens finden sich auch in der 1533–84 erbauten

Belle Epoque in Berchem

Rund um die Cogels-Osylei, die sich in der Nähe des Bahnhofs Berchem befindet, liegt das Viertel Zurenborg. Griechenland mit säulenbestandenen Tempeln, Italien mit toskanischen Villen und venetianischen Palazzi, Frankreich mit weißen, von Erkern und Türmchen bekrönten Schlössern haben Pate für diese architektonische Traumwelt gestanden. Die Anfänge von Zurenborg gehen auf die Zeit zwischen 1888 und 1894 zurück. Damals erlebte Antwerpen aufgrund des expandierenden Hafens einen wirtschaftlichen Aufschwung, der durch zwei Weltausstellungen noch befördert wurde. Wohlhabende Bürger suchten nach Wegen, ihren Reichtum ungeniert und ohne moralische Skrupel zur Schau zu stellen. Das geeignete Mittel dafür schienen pompöse Herrensitze und Stadthäuser zu sein, und so entstand ein ganzes Viertel, das dem bürgerlichen Luxus frönte. Die Wahl der

Straßen- und Hausnamen entsprach der konservativen Gesinnung der Bewohner: Transvaalstraat, Pretoriastraat und Krugerstraat erinnern an den Unabhängigkeitskampf der Buren in Südafrika. General van Merlen, der sich im Krieg gegen die Österreicher hervorgetan hatte, wurde ebenso bei der Straßenbenennung bedacht wie General Capiaumont, der gegen das Vereinigte Königreich der Niederlande für die belgische Unabhängigkeit stritt. Die verklärte Beziehung zur Natur drückte sich in Hausnamen wie *De Aarde* (»Die Erde«) und *De Zonnebloem* (»Die Sonnenblume«) aus.

Anleihen in der römischen Mythologie nimmt der Besitz **Cogels-Osylei 13–15:** Dort wacht Minerva, die römische Kriegsgöttin, auf dem Dach. Zwei, drei oder fünf Bürgerhäuser verschwinden wie **Cogels-Osylei 25–29** hinter einer Fassade aus Backstein mit weißen »Specklagen« in flämischer Neo-Renaissance. Einem venezianischen Palazzo gleichen die Häuser **Cogels-Osylei 67–71.** Hier harmonieren bauchige Säulenbalustraden und Arkaden mit Kleeblattornamenten aus hellem Stein mit der übrigen Backsteinfassade. Dort, wo die Cogels-Osylei auf die General-van-Merlenstraat stößt und sich als Platz erweitert, scheint das weiße Loire-Schloß Chambord neu interpretiert worden zu sein. Auffällig sind die halbrunden Türmchen mit Kuppeln, »Äpfeln« und spitzen Dachhelmen. Am Haus **Generaal Capiaumontstraat 2,** einem griechischen Tempel gleich, spielt auf einer Säule Eupteria, die Muse der Musik, auf der Flöte. **De Vier Seizoenen** (»Die vier Jahreszeiten«), vier identische Eckhäuser mit Mosaiken der vier Jahreszeiten und dreieckigen Erkern, umstehen die Kreuzung Generaal-van-Merlenstraat und Waterloostraat. Florale Friese mit zartblauem Hintergrund sind Etagenabschlüsse in der **Waterloostraat 49.** Einem aufklappbaren Altar gleicht die gelbrötliche Fassade der **Waterloostraat Nr. 57–61.**

hochgotischen **St.-Paulus-Kirche.** Im Auftrag der »Bruderschaft des süßen Namens Jesu« schuf Rubens das Gemälde »Die Disputation über das Heilige Sakrament« (1609). Neben dem Gemälde »Die Geißelung Christi« ist ein Werk von Jacob Jordaens zu sehen, »Die Kreuzigung« (1.5.–30.9. außerhalb der Messen 14–17 Uhr).

Auch das **Königliche Museum der Schönen Künste** am Leopold de Waelplein beherbergt Gemälde der Barockmaler wie Rubens, van Dyck und Frans Snijders. Zu den 21 Gemälden von Rubens gehören »Die Taufe Jesu Christi im Jordan« (1604/05) und »Der Lanzenstich«, ein Gemälde, das im Auftrage von Nicolaas Rockox entstand.

Wer aktuelle Kunstströmungen von »minimal art« bis »conceptual art« schätzt und sich für belgische Gegenwartskunst interessiert, wird vom **Museum für zeitgenössische Kunst** (MUHKA, Leuvenstraat 16–30) begeistert sein – und Freunde der Fotografie vom nahegelegene **Provinzmuseum für Fotografie** (Waalsekaai 47), das im »Vlaanderen«, einem Speicher von 1911 untergebracht ist. (Alle drei Museen: Di–So 10–17 Uhr.)

Wohl einmalig in Europa ist das **Park Middelheim Freiluftmuseum für Plastiken** an der Middelheimlaan. Arbeiten von Moore sind ebenso zu sehen wie Rodins wuchtiger »Balzac« (1892–97) und Hepworth's »Cantate Domino« von 1958, zudem auch Werke belgischer Künstler wie Vic Gentils und Rik Wouters. 1993 wurde diese Sammlung u. a. um Arbeiten von Panamarenko, Per Kirkeby und Juan Munoz erweitert (1.10.–31.3. Di–So 10–17 Uhr; tgl. April u. Sept. 10–19, Mai u. Aug. 10–20, Juni/Juli 10–21 Uhr).

 Information: Dienst voor Toerisme, Grote Markt 15, 2000 Antwerpen, ✆ 03/2 32 01 03, Fax 2 31 19 37.

 Unterkunft: ****Plaza Hotel, Charlottalei 43, ✆ 2 18 92 40, in der Nähe des Stadtparks; *** Eden Hotel, Lange Herentalsestraat 25-27, ✆ 2 33 06 08, ruhige Lage am Diamantenmuseum; *Hotel Rubenshof, Amerikalei 115-117, ✆ 2 37 07 89, Familienhotel mit Jugendstil-Ambiente; * New

International Youth Hotel, Provinciestraat 256, ✆ 2 30 05 22, Schlafsäle, aber auch EZ/DZ mit Bad/WC für den kleinen Geldbeutel; Scoutel Youth Hotel, Stoomstraat 3, 2018 Antwerpen, ✆ 2 26 46 06, für Jugendliche, in Bahnhofsnähe; B&B Annick Van Herp, Borzestraat 36, ✆ 2 34 26 60, ein Bett in der neogotischen Handelsbörse mit Blick auf die Kathedrale.

 Jugendherberge: Op Sinjoorke, Eric Sasselaan 2, ✆ 2 38 02 73.

 Restaurants: 1200 ASA, Waalse Kaai 44, ✆ 2 48 59 02, beim Museum für Fotografie, wechselnde Tageskarte; De Pottekijker, Kaasrui 5, ✆ 2 25 21 97, Fischpfanne, Gambas, Garnelen in Rahmsauce; De Barbarie, van Breestraat 4, ✆ 2 32 81 98, Fisch, Ente mariniert in Reiswein; Sensunik, Molenstraat 69, ✆ 2 16 00 66, Muscheln, Pasta, Vegetarisches; Jan Zonder Vrees, Palingbrug 8–10, ✆ 2 32 90 80, Haus aus dem 17. Jh., u.a. Kaninchen auf flämische Art; De Zoeten Inval, Drukkerijstraat 14, ✆ 2 27 14 18; geschmackvoll mit Gobelins nach Delvaux-Malereien, Spezialität: Känguruh- und Straußenfleisch; Hoffy's Take Away, Kievitsstraat 52, ✆ 2 34 35 35, koschere Küche, u. a. *Gefillte Fish, Kartoffell Kigel*.

 Einkaufstips: Diamanten: Bahnhofviertel und Boulevard Meir.

 Musikalische Ereignisse: Glokkenkonzerte Mai–Sept. So 15–16, Juli–Aug. Mo 20–21 Uhr vom Turm der O.L.V.-Kathedrale, bester Hörplatz ist im Vlaaikensgang. **Andere Ereignisse:** 15.8. Rubensmarkt auf Grote Markt.

 Verbindung: IC Brüssel – Antwerpen – Amsterdam.

Von Sint-Niklaas nach Oostende

Sint-Niklaas

Lokeren

Dendermonde

Aalst

Gent

Brügge

Oostende

Brügge, Blick vom Belfried auf den Marktplatz

Dem mäandernden Lauf der Schelde folgend und durch die Spargelfelder von Klein-Brabant fahrend, erreicht man das ostflandrische Städtchen St. Niklaas mit dem größten Marktplatz Belgiens und reizvoller Art-Deco-Architektur. Spuren der alten Größe finden sich in Gent und in der alten Hansestadt Brügge, zudem flämische Meisterwerke wie der Genter Altar und der Schrein der hl. Ursula. Das Flair eines mondänen Seebades mit Kasino, Pferderennbahn, Promenade, Wandelgängen und Strandhotels der Belle-Epoque ist in Oostende zu spüren.

Sint-Niklaas

St. Niklaas (68 000 Einw.), urkundlich erstmals 1217 erwähnt und an einer alten römischen Heeresstraße, dem heutigen *Waasmunstersesteenweg* und *Hoge Heirweg* gelegen, war im 17. Jh. Umschlagplatz für Wolle, Leinen und Baumwolle, im 18. und 19. Jh. Zentrum der Textilfertigung. Erst durch Napoleon Bonaparte erhielt der Ort 1803 Stadtrechte. Maschinenbau, Textil- und Bauindustrie waren bis in die 1960er Jahre vorherrschende Industrien. Heute nimmt St. Niklaas Dienstleistungsfunktionen im Bereich von Unterricht und Ausbildung sowie der Gesundheitsversorgung wahr. In den Industriezonen rund um die Stadt haben sich vorwiegend Textil- und Nahrungsmittelbetriebe niedergelassen.

Auf dem **Grote Markt,** mit einer Fläche von mehr als 3 ha der größte Belgiens, findet seit 1513 jeden Donnerstag der Markt statt. Hier steht die im flämischen Renaissancestil erbaute **Cipierage** (1661/62), einst das Gefängnis, heute das Fremdenverkehrsamt, sowie das barocke **Parochiehuis,** das Pfarrhaus, in dem ursprünglich das Gericht und später auch der Rat der Stadt tagte. In Neogotik wurde das **Rathaus** mit **Belfried** (1878) errichtet. Überwiegend gotisch mit einigen barocken Ergänzungen ist die Hauptkirche, die **St.-Niklaas-Kirche.** Sie ist dem Schutzheiligen der Stadt, dem hl. Nikolaus von Myra geweiht und wurde im Laufe der Jahrhunderte immer weiter ausgebaut. Der aus Mechelen stammende Bildhauer Lucas Fayd'herbe hat die Statuen der Hll. Peter und Paul in den Nischen neben dem weißmarmornen Hochaltar geschaffen. Zu den im **Kirchenmuseum** aufbewahrten Schätzen gehören eine frühbarocke vergoldete Monstranz aus Silber (1635), der Reliquienschrein des hl. Nikolaus (1657) in

Sarkophagform sowie ein Kruzifix aus Elfenbein und Schildpatt.

Wer durch die Einkaufsstraßen im Stadtzentrum bummelt, wird eine Reihe moderner Skulpturen entdecken: »Bacchante« und »Gracie« von Ernest Wijnants in der Stationsstraat, in der Hofstraat unweit der Musik- und Tanzakademie eine »Ballerina« von Mariette Teugels.

Neben dem **Kulturhistorischen Museum** (Zwijgershoek) mit seinem Internationalen Ex Libris-Zentrum und dem Baudelo-Saal, einer Rekonstruktion des Lebens in der Abtei Baudelo, ist das **Mercator-Museum** (Zamanstraat 49) besuchenswert. Zur Sammlung gehören 40 historische Atlanten und ein Globus, der 1541 für Kanlzer Granvelle gefertigt wurde. Im **Salon der Schönen Künste** (Stationsstraat 85) sind Werke flämischer und holländischer Meister des 17.–19. Jh. zu sehen. (Kulturhist. Museum 1.4.–30.9. Di–Sa 14–17, So 10–17 Uhr; alle anderen Museen ganzj. Di–Sa 14–17, So 10–17 Uhr.)

In St. Niklaas sind besonders die Wohnviertel in der Nähe des Bahnhofs sehenswert, die im Art-Deco-Stil (1927–32) erbaut wurden, z. B. in der Koningin Elisabethlaan, aber auch im Mgr. Stillemanswijk mit der Mgr. Stillemanslaan, der Hoveniersstraat und der Nieuwstraat. Beim Bau der meist dreigeschossigen Häuser sind verschiedenfarbige Backsteine und Zementreliefs mit Blumen- und Fruchtmotiven verwendet worden. Asymmetrische Giebel, Sprossenfenster und die Verwendung von Bleiglas sind weitere Merkmale dieses Stils.

 Information: Infokantoor voor Toerisme, Grote Markt 45, 9100 Sint-Niklaas, ✆ 03/7 77 26 81 und 7 77 27 04, Fax 7 76 27 48.

Unterkunft: ****Hotel Serwir, Koningin Astridlaan 57, ✆ 7 78 05 11. Hotel De Spiegel, Stationsstraat 3, ✆ 7 76 34 37, Familienhotel mitten im Zentrum; B&B Bolsens-Pauwels, De Cauwerstraat 65, ✆ 7 77 41 18, nahe des Freizeit- u. Erholungsparks »De Ster« in ruhiger Umgebung.

 Restaurants: Gasthof Malpertus Beeldstraat 10, ✆ 7 76 73 44, Fischgerichte; De Graanmaat, Grote Markt 22, ✆ 7 77 17 70, regionale flämische Küche.

 Post: Grote Markt 44 und Driekoningenstraat 6.

Banken: Houtbriel, Grote Markt, O.-L.Vrouwplein.

 Ereignisse: Blumenmarkt vorwiegend in der 2. Maihälfte, Walburgkonzerte Juli und August.

Verbindung: IR Antwerpen – St.Niklaas – Gent – Kortrijk – Mouscron – Tourcoing – Lille.

Lokeren

Lokeren (35 600 Einw.), am Ufer der Durme gelegen, war Mitte des 16. Jh. die größte Stadt des »Land van Waas«. Die Tradition der mit-

Route 4: Von Sint-Niklaas nach Oostende

telalterlichen Tuchwirkereien setzte sich in den Textilindustrien und Hutmachereien des 19. Jh. fort. Noch heute ist eine Jutespinnerei in Lokeren ansässig, das vor allem Dienstleistungszentrum für den südlichen Teil des »Land van Waas« ist.

Am Markt fällt das 1761 im Rokokostil errichtete **Rathaus** auf. Das größte Barockbauwerk zwischen Gent und Antwerpen, die **St.-Laurentius-Kirche** (1670–86, heutige Gestalt 1720–25), ist eine dreischiffige Kreuzkirche, die nahe des Marktes steht. Besonders zu beachten ist die vom Mechelner Holzschnitzer Theodoor Verhaegen geschaffene Kanzel (1732). Unter dem Kanzelkorb ist der 12jährige Jesus im Disput mit den Schriftgelehrten im Tempel zu sehen. Das **Städtische Museum** beschäftigt sich mit prähistorischer Archäologie, aber auch mit der Industriegeschichte der Stadt. Neben einer historischen Metzgerei wurde eine

traditionelle Bäckerei rekonstruiert, um das alte ortsansässiges Handwerk zu vermitteln (1.3.–30.11. So 10–12, 14–17 Uhr, Führung nach Anmeldung, ✆ 09/3 40 94 75).

Am Rande der Stadt liegt das sehenswerte **Naturschutzgebiet Molsbroek** (80 ha), durch das ein asphaltierter, 4,5 km langer Wanderweg führt: Man kommt vorbei an Sumpfflächen, Naturwiesen und Pappelhainen, Flußdünen und von Weiden gesäumten, offenen Gewässern, die den Lebensbereich für Haubentaucher, Eisvögel, Graureiher, Bleßhühner und weitere 200 Vogelarten bilden.

ℹ Information: Toeristische Dienst Lokeren, Markt 2, 9160 Lokeren, ✆ 09/3 40 94 74 oder 75.

🛏 Unterkunft: * La Barakka Hotel, Kerkplein 1, ✆ 3 48 14 33, im Zentrum, Zimmer mit Blick auf die St.-Laurentius-Kirche; Parkhotel, Antwerpsesteenweg 3, ✆ 3 48 20 46, kleines Hotel mit gutsähnlicher Anlage mitten im Grünen.

Restaurants: Palinghuis, Pont-weg 3, ☏ 3 48 29 43, Aal satt; Oud Scheepken, Rechtstraat 444, ☏ 3 55 73 53, auch hier köstliche Aalgerichte.

 Verbindung: IC Oostende – Brugge – Gent – Lokeren – St.Niklaas – Antwerpen.

Dendermonde

Wahrzeichen der Stadt Dendermonde (42 700 Einw.), die im 11. Jh. am Zusammenfluß von Schelde und Dender entstand, ist das Roß Bayard, dessen Statue auf dem Justizpalast steht.

An die Zeit der wirtschaftlichen Blüte im 13. und 14. Jh. konnte die Stadt nie wieder anknüpfen. Besonders die beiden Weltkriege haben verheerende Schäden angerichtet und dazu geführt, daß viele der historischen Gebäude wiederaufgebaut werden mußten.

Am Marktplatz, in unmittelbarer Nähe eines toten Arms der Dender, erhebt sich die alte **Lakenhal,** die im flämischen Renaissancestil erbaute Tuchhalle (1336–40). Sie dient heute als Rathaus und ist zudem im Besitz einer umfangreichen Gemäldesammlung der »Dendermonder Schule«, darunter die graublauen Landschaften von Baron Frans Courtens (Mo–Fr

Dendermonde

Das Roß Bayard und die Haimoniskinder

Ein Umzug, in dem ein riesiges, fast 5 m hohes Pferd aus Flechtwerk von 12 Männern durch die Straßen der Stadt getragen wird, erinnert seit 1461 an die Sage vom Riesenpferd Bayard und den vier Haimoniskindern. Ursprünglich im 13. Jh. in Frankreich zum ersten Mal aufgeschrieben, verbreitete sich die Sage auch in Dendermonde, wo sie als Geschichte der vier Söhne des Aymon, Herrn von Dendermonde, und dessen Frau Vorsie, Schwester Karls des Großen, erzählt wird. Einer der Söhne, Reinout, der kräftigste der vier Brüder, bändigte nach langem Kampf das Roß Bayard, ein riesiges, schnaubendes Pferd. Als die vier Söhne, auch Haimoniskinder genannt, eines schönen Tages am Hofe Karls des Großen zu einem Fest eingeladen waren, erschlug Reinout seinen Vetter Ludwig. Im nachfolgenden Kampf mit den Mannen des Kaisers unterlegen, flohen die vier Haimoniskinder auf Bayard zum Sitz ihrer Eltern. Der Vater war unterdessen von Karl dem Großen gefangengenommen worden und sollte nur freigelassen werden, wenn das Wunderpferd Bayard getötet würde. An der Mündung von Dender und Schelde stürzte man es mit einem Mühlstein um den Hals ins Wasser, doch das Pferd befreite sich von seiner Last und schwamm ans Ufer. Als man es erneut in die Schelde trieb und Reinout sich von ihm abwandte, ertrank es aus Kummer über die verlorene Zuneigung seines Herrn.

Zum letzten Mal erklang das alte Lied »Das Roß Bayard macht seine Runde in der Stadt von Dendermonde. Die von Aalst sind so empört, weil uns dieses Roß gehört...« im Jahre 1990, das nächste Mal wohl erst wieder zur Jahrtausendwende. Die schwer zu erfüllende Voraussetzung für den Umzug ist, daß die vier Haimoniskinder nur von vier Brüdern aus einer Familie dargestellt werden, und diese »Bruderkette« von keinem Mädchen »gestört« wird.

8.30–12, 13–16.30, So, feiertags 10–12, 14–16.30, Ostern–30. 9. auch Sa 10–12, 14–16.30 Uhr). Vom **Belfried** (1377) erklingt wie in anderen flandrischen Städten ein Glockenspiel. Das ebenfalls am Grote Markt gelegene **Vleeshuis,** die Fleischhalle, beherbergt heute das **Historische und Archäologische Museum** (Oudheidkundig

Museum). In der historischen Abteilung werden Gildezeichen und religiöse Kunst ausgestellt. Prunkstück der vorgeschichtlichen Abteilung ist ein vollständiges Mammutskelett, das 1972 bei der Anlage des neuen Denderlaufs gefunden wurde (1. 4.–31. 10. Di–So 9.30–12.30, 13.30–18 Uhr).

Kunsthistorisch bedeutendstes Bauwerk der Stadt ist die gotische **Liebfrauenkirche** (13./14. Jh.). Besonderes Augenmerk verdient das romanische Taufbecken (13. Jh.) aus »Blaustein«, einem blaugrauen Kalkstein aus der Umgebung von Tournai und Soignies, mit der Darstellung des letzten Abendmahls. Es befindet sich wie das Gemälde »Christus am Kreuz« von Anthonis van Dyck im südlichen Seitenschiff (Ostern–30.9. Sa/So 14–16.30 Uhr, Juli/Aug. Mo–Fr 14–16.30 Uhr).

Eine wahre Oase ist der **St.-Alexius-Beginenhof** mit seinen rund um einen Hof gruppierten 61 Wohnhäusern aus dem 17. Jh., von denen Nr. 24/5 in ein **Volkskundemuseum** umgewandelt worden ist. Wer wissen will, wie eine Begine lebte, betritt das **Beginenhofmuseum** in Nr. 11. (Beide 1. 4.–31.10 Di–So 9.30–12.30, 13.30–18 Uhr.)

 Information: Dienst Cultuur en Toerisme Stadhuis, Grote Markt, 9200 Dendermonde, ☎ 0 52/21 39 56, Fax 22 19 40.

 Unterkunft: **Hotel Beiaard, Oude Vest 119, ☎ 21 13 31; B&B Hollaert-Verlinden, Donckstraat 16, ☎ 21 65 61, zentral, radlerfreundlich.

 Restaurants: 't Truffeltje, Bogaerdstraat 20, ☎ 22 45 90; Tijl, Grote Markt 34, ☎ 21 78 91

Musikalische Ereignisse: Glokkenspielkonzerte So/Mo 11–12 Uhr. **Andere Ereignisse:** *Reuzenommegang,* Umzug der Riesenfiguren Idiaan, Mars und Goliath am Do nach dem 4. Augustsonntag; *Begijnhoffeesten* Ende August mit Zirkus, Pop, Jazz, Speis und Trank.

Verbindung: IR St.Niklaas – Dendermonde – Brüssel – Gent.

Aalst

Aalst (76 300 Einw.) profitierte im Mittelalter von seiner günstigen Lage am Ufer der Dender, die ein wichtiger Handelsweg zwischen Brügge und Köln war. Heute ist die Stadt Zentrum des größten Blumen-Anbaugebietes Belgiens, das die Hälfte aller Schnittblumen des Landes liefert.

Aalst ist der Geburtsort von Dirk Martens (1446–1534), der als Begründer der Buchdruckkunst in den Südlichen Niederlanden gilt. Er besorgte die Erstausgabe von Thomas Morus' »Utopia«, schuf ein hebräisches Wörterbuch und machte sich um die Herausgabe von Werken des Humanisten Erasmus von Rotterdam verdient. Diesem Sohn der Stadt zu Ehren gestaltete Jan Geefs 1856 ein bronzenes Standbild auf dem Grote Markt. Im Volksmund wird es »Der schwarze Mann« *(de zwarte man)* genannt. Ein weiterer bekannter Sohn der Stadt ist Adolf Daens, »Arbeiterpriester« und Jesuit, der die Christliche Volkspartei als politisches Instrument für Arbeiterinteressen einzusetzen versuchte. Inmitten des alten Industrieviertels von Aalst, auf dem Werf, steht sein Standbild. Nicht vergessen sollte man den Aalster Schriftsteller und Journalisten, Louis Paul Boon (1912–79), der durch sozialkritische Romane bekannt wurde.

Die bedeutendsten Bauwerke der Stadt konzentrieren sich um den **Grote Markt.** Hier steht das in Sandstein erbaute **Oud-Schepenhuis** (um 1225), das älteste noch erhaltene Schöffenhaus (Rathaus) Belgiens. In den mit gotischen Kreuzrippengewölben ausgestatteten Räumen unter dem **Belfried** (1460) war einstmals die Folterkammer (die ändernden Öffnungszeiten beim Dienst voor Toerisme erfragen!). Nebenan in der **Börse von Amsterdam** (1630–34) mit einer durch Volutengiebel und Säulenarkaden gestalteten Fassade befindet sich heute ein Restaurant.

Unweit vom Marktplatz errichtete man vom 15.–18 Jh. die gotische **St.-Martinus-Kirche.** Statt den Bau stilgerecht zu vollenden, gab man 1730 die Idee eines 135 m hohen Westturms auf. Sehenswert ist der Marmoraltar vom Heiligen Kreuz (1649) im Querschiff. Wohl das beachtenswerteste Kunstwerk der Kirche ist jedoch der St. Rochusaltar mit einem Gemälde von Peter Paul Rubens. Es wurde 1624 im Auftrag der Hopfen- und Kornhändler von Aalst angefertigt. Ein Kleinod ist auch der aus Marmor, Alabaster und Blaustein (s. S. 144) gefertigte Sakramententurm (1604) von Jerôme Duquesnoy dem Älteren.

Hinter der Kirche steht das **Oud-Hospital** (13.–16. Jh.), ein Klosterbau mit Kreuzgang und Kapelle. Es diente bis zum Ende des 19. Jh. der Armen- und Krankenpflege. Nun ist das **Stedelijk Museum** hier untergebracht und dokumentiert Stadt- und Regional-, aber auch Vor- und Frühgeschichte. Ein interessantes Ausstellungsstück, das mit der Geschichte des Klosters zusammenhängt, ist ein Doppellöffel; die Klosterschwestern besaßen nämlich das Privileg, jedem Kornsack, der in Aalst umgeschlagen wurde, einen Löffel Getreide zu entnehmen (Di, Do, Fr 10–12, 14–17, Mi 10–12, 14–19, Sa, So 14–17 Uhr).

Wichtigstes folkloristisches Ereignis ist der Karneval zu Aalst. Am Samstag vor Rosenmontag übernehmen die Narren die Stadt. Ein großer Umzug mit den Riesen Iwein, Graf von Aalst, und Lauretta, Tochter des flandrischen Grafen Diederich von Elsaß, findet am Sonntag statt, ein weiterer mit dem sogenannten Zwiebelwurf und dem Besentanz am Rosenmontag. Dabei werden in Anlehnung an den »Katzenwurf« von Ieper (s. S. 178) »Zuckerzwiebeln« vom Belfried geworfen. Während des Karnevals sind auch die »Gilles« von Aalst zu sehen, die wie in Binche

Holzklompen und Straußenfeder-
hüte tragen und auf dem Besen
durch die Straßen tanzen.

ⓘ **Information:** Dienst voor Toerisme, Grote Markt 3, 9300 Aalst, ✆
053/73 22 70, Fax 73 22 52.

🛏 **Unterkunft:** ****Hotel Station, A.
Liénartstraat 14, ✆ 77 58 20;
****Keizerhof, Korte Nieuwstraat, ✆
77 44 11.

🛍 **Einkaufstips:** Genever bei Stoke-
rij De Moor, Gentsesteenweg
398, ✆ 21 45 82.

🎭 **Ereignisse:** Aalster Blumenaukti-
on, Mo–Fr 6–8 Uhr, Information:
✆ 73 22 62.

🚆 **Verbindung:** IC Dinant – Brüssel
– Aalst – Gent.

Gent

Gent, die zweitgrößte belgische
Hafenstadt (230 000 Einw.), zudem
Universitätsstadt und wichtiges
Handelszentrum, liegt an Leie und
Schelde. Gent entstand im 7. Jh.
aus Siedlungskernen in der Nähe
der St.-Bavo-Abtei. Bereits im 10.
Jh. wurde in der Nähe der Burg der
Grafen von Flandern, Gravensteen,
ein Hafen angelegt. Den Wohlstand der Stadt im 13./14. Jh. be-
gründete das flandrische Leinen.
Mit dem Sieg der flämischen Städte
gegen die französischen Ritterhee-
re im Jahre 1302 (Goldene Sporenschlacht bei Kortrijk, siehe S. 29)

begann eine Phase politischer Unruhen. Unter Jacob und Philipp
von Artevelde kämpften die Weber,
Walker und andere Handwerker im
Bündnis mit der englischen Krone
gegen die flandrischen Grafen.
Selbst nach Niederlagen wie bei
der Schlacht zu Roosebeke (1382)
erlosch der Widerstand nicht. Den
burgundischen Herzögen verwei-
gerten die Genter 1453 die Salz-
und Getreidesteuer. Doch schließlich zwang ein übermächtiges
Heer die Genter in der Schlacht
von Gavere (1453) in die Knie.

In der Stadt an Schelde und Leie
proklamierte Maria von Burgund
1477 die erste allgemeine Verfassung der Niederlande, die den
Städten eine gewisse Eigenständigkeit zusicherte. Auch ihre Vermählung mit Erzherzog Maximilian von
Österreich im gleichen Jahr und
die Geburt ihres Enkels, des späteren Kaisers Karl V., im Jahre 1500
waren wichtige Ereignisse in Gents
Geschichte. Unter der Regentschaft Karls V. (durch seine Mutter,
Johanna von Aragon und Kastilien,
auch span. König Karl I.), dem der
Ausspruch *Mon Gandt, Paris dan-
serait dedans* – »In meinem Gent
(oder Handschuh) könnte Paris tanzen« – zugeschrieben wird, erlebte
die Stadt eine erneute, wenn auch
nicht ungetrübte, Blütezeit. Aus
diesen Jahren stammen das Ensemble der Kraanlei mit gotischen
Treppengiebel und das Gildehaus
der freien Schiffer an der Graslei.

Vergeblich wehrten sich die
Genter gegen eine hohe Kriegs-

Von Hafenarbeitern und Baumwollspinnern

Die Genter Arbeiterbewegung

Seit der Mitte des 19. Jh. war Gent Zentrum der Textilindustrie, was durch billige Rohstoffimporte aus Amerika und den Bau des Gent-Terneuzen-Kanals noch begünstigt wurde. Damit wuchs auch das Heer der Baumwollspinner und -weber. Ihre schlechten Arbeits- und Lebensbedingungen veranlaßten sie in den 70er Jahren des 19. Jh., zunächst Bäckereikooperativen ins Leben zu rufen, die billiges Brot produzierten. Schließlich wurden hier auch die Flämische Sozialistische Partei (1873) und die Genossenschaft *Vooruit* (»Vorwärts«, 1881) gegründet. Erfolgreiche Streiks, der Kampf um das allgemeine Wahlrecht und der Einzug der Sozialistischen Arbeiterpartei in das Genter Stadtparlament waren für die Stärkung der Genter Arbeiterbewegung zwischen 1885 und 1893 von entscheidender Bedeutung.

Die organisierte Genter Arbeiterschaft begann 1883 mit dem Aufbau einer genossenschaftlichen Bäckerei am heutigen **Edward-Anseeleplein**. Nach dem Kauf des Gebäudes 1886 wurde hier auch eine Druckerei eingerichtet, in der bis 1930 die Tageszeitung »Vooruit« mit einer Auflage von 30 000 Exemplaren produziert wurde. Heute ist dieses Gebäude Sitz der Genter Föderation der Sozialistischen Partei. Am **Vrijdagmarkt** wurde 1902 *Ons Huis*, das Versammlungshaus der Gewerkschaften, eingeweiht (1988 umfangreich restauriert). Details an der Fassade wie ein Stiefel und ein Mörser erinnern daran, daß hier einst Schuhmacher und Apotheker im Dienst der Genter Arbeiter zu Hause waren.

Die Zahl der Unternehmungen wuchs bis in die 1920er Jahre fortwährend. Fatal war jedoch die Gründung einer eigenen Bank, deren Untergang im Börsenkrach 1929 die Genossenschaftsbewegung finanziell ruinierte. Noch heute lasten auf *Vooruit* die Schulden des damaligen Zusammenbruchs.

Auch auf kulturellem Gebiet blieben *Vooruit* und die Sozialistische Partei nicht untätig. Mit dem Sozialistischen Gymnastikverein wurde 1886 ein eigener Sportverein ins Leben gerufen, Schalmeienspieler versammelten sich im »Vooruit Harmonie«, eine Theatergesellschaft spielte regelmäßig sozialkritische Stücke von Gerhard Hauptmann und anderen Dramatikern.

1896 kaufte die Genossenschaft das Festhaus der Société Royale des Choeurs in der Bagattenstraat, um es für kulturelle Zwecke zu nutzen, ehe 1910–14 das neue Kulturhaus in der Sint-Pietersnieuwstraat entstand. In umittelbarer Nachbarschaft hat sich das **Archief en Museum van de Socialistische Arbeiderbewegung** der Geschichte der Genter Arbeiterbewegung verschrieben. In seinen wechselnden Themenausstellungen werden die »Spuren des roten Gent« auf sehr anschauliche Weise zugänglich (Bagattenstraat 174, Mo–Fr. 9–12, 13–17 Uhr).

Edward Anseele (1856–1938), Mitbegründer der Genossenschaft, erster sozialistischer Bürgermeister von Gent und später Minister für Öffentliche Arbeiten, hat nicht nur die allgemeine Schulspeisung und den Arbeitslosenfond angeregt. Ihm ist auch der Bau des **Feestlokaal van Vooruit,** auch »Rote Kathedrale« genannt, zu verdanken, das 1913/14 von einer Bauarbeitergenossenschaft errichtet wurde. Es sollte den Genter Arbeitern als Rahmen für Feiern, Festlichkeiten und Zusammenkünfte dienen, aber auch ein Ort kultureller Erbauung sein – selbstbewußtes Gegenstück zu den prächtigen Ballsälen des Bürgertums, aber auch zur nahegelegenen St.-Bavo-Kathedrale.

steuerlast. Die Beschlagnahmung des Zunftvermögens und die Auferlegung einer Geldbuße sowie die Hinrichtung von 26 Bürgern war die Antwort des habsburgischen Regenten. Während der Religionskriege wechselten die Herren der Stadt: Zunächst kamen die Calvinisten unter Franz van Ryhove, dann die katholischen Spanier unter Herzog Alexander Farnese.

Erst im 19. Jh., im Verlauf der industriellen Revolution, erlangte Gent, das flandrische Manchester, erneut eine wesentliche wirtschaftliche und politische Bedeutung. Mit dem Bau des Kanals Gent-Terneuze erhielt die Stadt 1827 einen

Als Architekt konnte Ferdinand Dierkens (1856–1936) gewonnen werden, dessen Entwurf mit seiner Formenverspieltheit eine dreigliedrige Fassade mit vorspringenden Ecktürmen, geschwungenen Balustraden vor der ersten Etage und eine Erkerkanzel mit Kuppel auf der Mittelachse vorsah. Im Innern tragen muskulöse Männer- und Frauengestalten das Zwischengeschoß, das einst als Familiencafé diente. Zwei mit Stuckwerk verzierte Theatersäle liegen versetzt übereinander.

Nach der deutschen Besetzung Gents im Ersten Weltkrieg und der Beschlagnahme von »Vooruit« wurden von 1918 an wieder vielfältige kulturelle und politische Veranstaltungen durchgeführt, wie etwa der Lesezirkel, die Brasseriekonzerte oder Versammlungen z. B. der Flachsarbeiter. Der aufkommende Faschismus und die Machtübernahme der Nationalsozialisten erforderten Mitte der 30er Jahre u. a. die Einrichtung eines Schießstandes der Arbeitermiliz im Keller des Gebäudes und Solidaritätsveranstaltungen für das im Bürgerkrieg liegende Spanien. Doch nach der Besetzung Belgiens durch die Deutsche Wehrmacht wurde aus der »Roten Kathedrale« ein Soldatenheim, in dem Nazi-Propagandafilme wie »Jud Süß« gezeigt wurden.

Nach dem Zweiten Weltkrieg schien der »Arbeiterpalast« in Vergessenheit zu geraten. Erst seit dem Beginn der 80er Jahre finden hier wieder Veranstaltungen statt. Ein Restaurant und Café im Erdgeschoß, Probebühnen für Theatergruppen, Lunchkonzerte mit klassischer Musik, Kinoveranstaltungen mit experimentellen Filmen, Neue Musik und Avantgardetheater machen das *Feestlokaal* zu einem über Gent hinaus bekannten kulturellen Treffpunkt (Infos über ✆ 2 67 28 40, Restaurant tgl. 12–14, 18–22 Uhr, Café So–Do 11.30–2, Fr/Sa bis 3 Uhr).

Gegenüber vom Kulturzentrum »Vooruit« ist das Kulturhaus und Theatercafé **Backstage** zu Hause. Dieser backsteinerne Bau im Stil des Art Deco gehörte 1930–86 dem Unternehmen »Het Licht«, das hier für die sozialistische Tageszeitung »Vooruit« ein Druckhaus betrieb.

direkten Zugang zum Meer; wichtig bis heute, da der Genter Hafen mit dem Stückgutverkehr 27 000 Arbeitsplätze bietet.

Die Erfindung der Spinnmaschinen für Baumwolle in England war ein wichtiger Impuls für neue Tuchmanufakturen. Lieven Bauwens (1769–1822), dessen Standbild auf dem Lieven Bauwensplein zu sehen ist, schmuggelt eine der ersten Spinnmaschinen, *Mule Jenny* genannt, über Hamburg nach Frankreich: Dort gründete er 1798 seine erste Fabrik, zwei Jahre später in der Norbertinerabtei Drongen bei Gent eine weitere. Schließlich beherrschte er die Baumwollindustrie

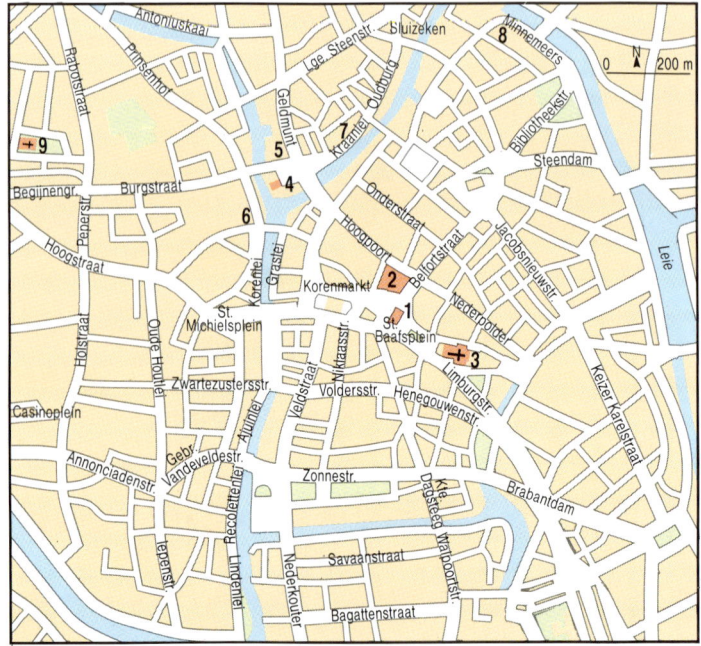

Gent 1 Tuchhalle mit Belfried   2 Rathaus   3 St.-Bavo-Kathedrale   4 Ehemalige Fleischhalle   5 Wasserschloß Gravensteen   6 Kunstgewerbemuseum   7 Museum für Volkskunde   8 Museum für Industriearchäologie   9 Alter Beginenhof St. Elisabeth

von Gent, war er doch einziger Lieferant dieser mechanischen Spinnmaschinen. Die Zahl der Weber wuchs von einigen 100 auf mehr als 10 000. Mit der industriellen Revolution entwickelte sich auch die Genter Arbeiterbewegung, deren Spuren bis heute in der Stadt sichtbar sind (s. a. Charleroi).

Ausdruck des freien Bürgergeistes der Zünfte und Gilden ist der 1300–80 als Gemeindeturm er-baute **Belfried**. In ihm hängt ein Glockenspiel (17. Jh.) des berühmten Löwener Glockengießers Peter Hemony. Im Osten schließt sich die gotische **Tuchhalle** an, im Norden die **Mammelokker**, die Wohnung des Aufsehers des ehemaligen Stadtgefängnisses. Nur wenige Schritte entfernt steht das **Rathaus**, dessen ältester Teil 1482 im Stil der Spätgotik gestaltet ist (Führungen in Deutsch 1.5.–31.10. Do 15 Uhr).

Gents bedeutendster Sakralbau ist die **St.-Bavo-Kathedrale.** Der Bau weist Elemente der Romanik (Krypta), der Hochgotik (Chor) und der Spätgotik (Mittelschiff und Turm) auf. Herausragendes Kunstwerk im Innern ist der **Genter Altar** von Hubert und Jan van Eyck. Er besteht aus zwölf Tafeln und stellt die Anbetung des Lamm Gottes durch die Christenheit dar. Die zentrale Szene ist auf der mittleren Tafel der unteren Hälfte zu sehen, die zusammen mit den vier Tafeln auf den Altarflügeln eine weitläufige, detailliert gemalte Landschaft zeigt, durch die Propheten und Heilige, Eremiten und christliche Ritter zu dem von Engeln umgebenen Altar strömen. Die Tafeln darüber zeigen Gottvater, die Jungfrau Maria und Johannes den Täufer, flankiert von musizierenden Engeln sowie Adam und Eva. Mit seiner detaillierten Wiedergabe der Figuren, der grandiosen Farbigkeit und der vollendeten Beherrschung der Perspektive gilt dieses Ensemble als bedeutendstes Werk altniederländischer Malerei (Kathedrale: außer So morgens u. zu Messen tgl. 8.30–18 Uhr; Genter Altar: 1.4.–31.10. Mo–Sa 9.30–12, 14–18, So 13–18 Uhr, 1.11.–31.3. Mo–Sa 10.30–12, 14.30–16, So 14–17 Uhr).

Geht man von der Kathedrale zum Ufer der Leie, kommt man zu den Ensembles des 15., 16. und 17. Jh. am **Graslei** und **Korenlei.** Hierzu zählen u. a. das **Gildehaus der freien Schiffer** in Brabanter Gotik, das **Zollhäuschen** und das **Gildehaus der Maurerzunft**. Von der **Grasbrug** aus hat man einen guten Blick auf das **Groot Vleeshuis** (1406–1410), die ehemalige Fleischhalle. An ihrer Südwand sieht man noch die *Penshuizekens*, die Kaldaunenhäuschen, wo einst die Eingeweide der Schlachttiere an die Armen verkauft wurden.

Im Hôtel de Coninck (1755) ist das **Museum voor Sierkunst** (Kunstgewerbemuseum) untergebracht. Besonders sehenswert ist die Art-Nouveau-Sammlung. Henry van de Velde ist mit der Ausstattung der Wohnung »Hohe Pappeln«, aber auch mit einer von ihm entworfenen Spardose vertreten. Man findet Designs von Josef Hoffmann und von Victor Horta. Die Innenarchitektur der 60er bis 80er Jahre wird durch belgische Designer wie Pieter De Bruyne repräsentiert (Di–So 9.30–17 Uhr).

Auf dem Weg zum Oude Vismarkt kommt man zur Burgstraat mit dem **Haus der gekrönten Häupter** (Huis de Gekroonde Hoofden, 1559). Seine Renaissancefassade schmücken Köpfe der flandrischen Grafen wie Lodewijk van Male (L. M.) und Maximilian von Österreich (M. C.). Unweit von dort steht die Wasserburg **Gravensteen**. Die Anlage wurde im 12. Jh. unter Philipp von Elsaß errichtet und ist seit 1910 ein Museum mit einer Sammlung von Folterwerkzeugen (1.4.–30.9. tgl. 9–18, 1.10.–31.3. 9–17 Uhr).

Blick auf Gent von der Grafenburg aus ▷

Im Patershol, einem denkmalgeschützten Viertel zwischen Kraanlei und Langesteenstraat, hat das **Museum für Volkskunde** im Kinder Alijns Hospiz (1363–66) sein Domizil. Hier taucht der Besucher ins flämische Volksleben ein und lernt allerlei Volksspiele – wie »Vogel Pik« und »Tapbillard« – kennen. In der Kapelle der hl. Katharina sind u. a. die beiden Genter Riesen Albrecht und Isabella zu sehen (tgl. 10–12.30, 13.30–17 Uhr).

Am Ufer der Leie und abseits der historischen Altstadt wurde das **Museum für Industriearchäologie** (Museum voor Industriele Archeologie en Textiel, MIAT) in der ehemaligen Textilfabrik Desmet-Guequier untergebracht. Dienstags und donnerstags sowie während der *Gentse Feesten* erwacht hier die Tradition der Genter Baumwollweberei, wenn im Jacquardverfahren gewebt wird. Lohnenswert ist der Besuch der Maschinenhalle des Museums auch an anderen Tagen: Bekommt man doch auf engstem Raum einen ausgezeichneten Überblick über die Entwicklung der Baumwollindustrie, vom einfachen Handwebstuhl wie dem Jersey-Wollspinnrad des 18. Jh. bis zum Webstuhl mit automatischem Spulenwechsel von 1920/30 (Minnemeers 9, Di–So 9.30–17 Uhr).

Welch große Bedeutung die Beginenbewegung einstmals in Gent hatte, belegt die Tatsache, daß nicht weniger als drei Beginenhöfe erhalten sind. Der **Alte Beginenhof St. Elisabeth** wurde im 13. Jh. gestiftet und nach dem Bildersturm der Reformationszeit im 16. und 17. Jh. wiederaufgebaut. Aus dem 17. und 18. Jh. stammen die meisten Wohnhäuser des **Kleinen Beginenhofes**. Erst 1872 begann auf Betreiben des Herzogs Engelbert von Arenberg die Errichtung des **Großen Beginenhofes** in Gent-St. Amandsberg. In Anlehnung an den Stil des Alten Beginenhofs entstanden 80 Wohnhäuser, 14 Konvente, eine Kirche und Kapelle sowie das Spital im neugotischen Stil.

Lohnenswert ist ein Ausflug zum **Schloß von Laarne**. Es wurde 1660 unter Geraard van Vilsteren, dem ersten Baron von Laarne, erbaut. Besonders sehenswert ist die Kollektion europäischer Silberschmiedekunst des 17./18. Jh. (Juli/Aug. tgl. außer Mo u. Fr 14–17.30 Uhr, Ostern–30.10 So 14–17.30 Uhr).

Information: Dienst voor Toerisme, Belfried (Raadskelder), Boterstraat 17a, 9000 Gent, ☎ 2 66 52 32.

Unterkunft: ***Hotel Gravensteen, Jan Breydelstraat 35, ☎ 2 25 11 50, klassizistisches Ambiente gegenüber dem »Haus der gekrönten Häupter«; *Erasmus-Hotel, Poel 25, ☎ 2 24 21 95, 2 25 75 91, hist. Ambiente des 16. Jh., unweit Korenlei und Graslei; *St. Jorishof, Botermarkt 2, ☎ 2 24 24 24, das älteste europ. Hotel von 1238; B&B Lydie Bruynings-Vermeulen, Grote Begijnhof 91, ☎ 2 29 29 17; eine Nacht im ehemaligen Beginen-Konvent; B&B Tania Coppens, Nieuwbrugkaai 91/3, ☎ 2 23 37 59, an der Leie unweit vom MIAT, dezente Postmoderne in altem Backsteinbau.

Jugendherberge: De Draecke, St. Widostraat 11, ✆ 2 33 70 50.

 Camping: ****Blaarmeersen, Zuiderlaan 12, ✆ 2 21 53 99.

 Restaurants: Restaurant Koningshuis, St-Michielsstraat 31, ✆ 2 25 86 33, mitten in Nippes und 50er Jahre-Kult: Pasta, Fisch, Vegetarisches; Magazijn, Penitentenstraat 24, ✆ 2 34 07 08, Tagesgerichte für kleine Geldbeutel, abends bis zum Morgengrauen Filme, Jazz, Rock, Punk; 't Galgenhuisje, Groentenmarkt 5, ✆ 2 33 42 51, Chiconsuppe, Lachs in Birnen-, Aal in Rahmsauce; The Ghost, Korenlei 24, ✆ 2 25 89 02, in einem Gewölbe (12–17. Jh.), *Genter Waterzooi*, Kabeljaufilets in Senfsauce, Scampis in Koblauchsauce.

  Keipen/Cafés: Damberg, Korenmarkt 19, ✆ 2 25 84 33, funky Jazz vom Feinsten; Vijf voor Twaalf, Korenmarkt 18, ✆ 2 33 69 22, am Wochenende HipHop, Rap, House, DJ-Funk; De Dulle Griet, Vrijdagmarkt 50, ✆ 2 24 24 55, Dorado für Gambrinus-Freunde; Trefpunt, Bij St. Jacob 18, ✆ 2 25 36 76, Kleinkunst von flämischen Balladen bis Brecht; De Onvrije Schipper, Korenlei 7a, ✆ 2 33 60 45, Do/Fr Live-Musik von R&B bis Piano-Jazz; InternetK@ffee, Kortrijksepoortstraat 180, ✆ 2 33 79 28, Surfen beim Espresso; Gele Zaal, Nonnemeerstraat 26, ✆ 2 35 37 00, *der* Platz für Weltmusik und klassische Gegenwartsmusik.

  **Post:** Korenmarkt. **Banken:** am Kouter.

 **Einkaufstips:** Wandteppiche nach historischen Vorlagen: 't Vlaams Wandtapijt, Mageleinstraat 5; Süßigkeiten/Pralinen: Daskalides, Henegouwenstraat 1, Tip für Diabetiker; Temmerman, Kraanlei 79, vom Genter Zimtgebäck bis Bonbons im Glas; Bier/Genever: t'Craenkinderhuys, Kraanlei 2.

 Musikereignisse: Internationales Jazzmeeting mit Dixie u. New Orleans Ende Mai; Orgelfestival mit Werken von Franck, Bach, Buxtehude u.a., Juli/Aug. jeweils Do; Klassik-Kioskkonzerte auf dem Kouter, Mai–Okt. jeweils So. **Andere Ereignisse:** *Gentse Feesten* Ende Juli, Rock, Pop, Techno, Straßentheater in der Innenstadt; Flanders Intern. Film Festival mit Wettbewerb um die »Goldene Spore« im Okt.

 Verbindung: IC Oostende – Brüssel – Köln.

Brügge

Niederländisch *Brugge*, französisch *Bruges*, einstige Hanse- und 2002 Kulturstadt Europas (ca. 117 000 Einw.), wegen ihrer vielen Kanäle auch »Venedig des Nordens« genannt, ist, abgesehen von den Badeorten an der Küste, *das* touristische Zentrum Westflanderns und versteht es, mit über 2 Mio. Besuchern im Jahr zu leben.

Während der Herrschaft Karls des Kahlen (823–877) über das Westfränkische Reich wurden Teile des Reiches als Lehen vergeben. An Boudewijn I., den ersten Grafen von Flandern, auch Balduin mit dem Eisernen Arm genannt, fiel das Küstengebiet bei Brügge. 862 errichtete er eine Burg als Bollwerk gegen den Einfall von Seeräubern.

Brügge 1 Pulverturm   2 Minnewater   3 Beginenhof   4 St.-Jans-Hospital/Memling-Museum   5 Liebfrauenkirche   6 Museum Gruuthuse   7 Arentshuis/Kant- und Brangwyn-Museum   8 Groeninge-Museum   9 Kantcentrum   10 Museum für Volks-kunde   11 Heilig-Blut-Basilika   12 Rathaus   13 Stadthalle mit Belfried   14 Haus der Genuesen   15 Haus ter Beurze   16 Poortersloge   17 Gentpoort   18 Smedepoort

Nach und nach ließen sich dort auch Siedler nieder, wurden Märkte und seit 985 Messen abgehalten. Seit dem 11. Jh. war Brügge Residenz der Grafen von Flandern und entwickelte sich zu einer Drehscheibe des Handels. Durch die Mitgliedschaft in der Hanse erlebte Brügge im 13. und 14. Jh. eine Blütezeit. Wolle, Kupfer, Blei und Zinn kamen aus England, Gold- und Silberbarren aus Ungarn, Leder, Heringe und Speck aus Dänemark, Gewürze aus Armenien, Zobel und Hermelin aus Bulgarien. Kaufleute aus Frankreich und Deutschland ließen sich in Brügge nieder. Im 15. Jh. tätigten hier italienische Bankiers wie die Medici ihre Geldgeschäfte. Der Niedergang der Hanse und die Versandung des Zwin, später des Vorhafens Damme, führten nach dem 16. Jh. zum Bedeutungsverlust des »Venedigs im Norden«. Erst 1907 gelang es durch die Anlage des Hafens von Zeebrügge und eines Verbindungskanals, die Wirtschaft Brügges erneut zu beleben.

Nähert man sich vom Bahnhof aus der Stadt, fällt einem zuerst der **Pulverturm** (1398) ins Auge. Er steht am Rande des einst geschäftigen Hafenbeckens **Minnewater**, heute mit seinen Trauerweiden eine vielbesuchte Idylle. Nur ein paar Schritte weiter befindet sich der im Jahre 1264 gestiftete **Beginenhof »Ten Wijngaarde«**, der nun Domizil der Benediktinerinnen ist. Eines der Beginenhäuser ist als **Museum** eingerichtet (Dez.–Feb. Mo, Di, Fr 11–12, Mi, Do 14–16, März–

Nov. tgl. 10–12, 13.45–17, April–Sept. auch Sa/So bis 17.30 Uhr).

Das **Memling-Museum** im mittelalterlichen **St.-Jans-Hospital** präsentiert Meisterwerke des Malers Hans Memling (1430–94), u.a. den Schrein der hl. Ursula, die »Anbetung der Weisen« (1479) und »Die mystische Vermählung der hl. Katharina« (1475/76). (1.4.–30.9. tgl. 9.30–17 Uhr, 1.10.–31.3. Do–Mo 9.30–12.30, 14–17 Uhr.)

Die O.L.V.-Kerk, die **Liebfrauenkirche** (13.–15. Jh.), ist neben der Heilig-Blut-Basilika der eindrucksvollste Sakralbau von Brügge. Mit 122 m Höhe besitzt diese Kirche den höchsten Backsteinturm Belgiens. Beachtenswert sind die Kanzel (1742) und ein Triumphkreuz (1594) sowie im Chor Grablege des Burgunderherzogs Karl des Kühnen, der 1477 bei der Schlacht von Nancy umkam, und seiner Tochter Maria von Burgund (†1482). (Mausoleum: 1.4.–30.9. Mo–Fr 10–11.30, 14.30–17, Sa 10–11.30, 14.30–16 Uhr; 1.10.–31.3. Mo–Fr 10–11.30, 14.30–16.30, Sa 14.30–16, So bis 16.30 Uhr.)

Eine zierliche Tribüne im Umgang verbindet die Kirche mit dem Herrenhaus (15. Jh.) der Brügger Patrizierfamilie van Gruuthuse, heute **Museum Gruuthuse**. Es beherbergt eine wertvolle archäologische Sammlung, aber auch Goldschmiedekunst, Waffen und Wandteppiche (1.4.–30.9. tgl. 9.30–17, 1.10.–31.3. Mi–Mo 9.30–12.30, 14–17 Uhr. Im nahen klassizistischen **Arentshuis** befinden sich das

Blick auf Brügge und den Belfried

Kantmuseum mit einer großartigen Spitzensammlung, darunter eine Kommuniondecke mit Szenen aus dem Leben des hl. Ignatius von Loyola (1652), sowie das **Brang-** **wyn-Museum** mit Werken des in Brügge geborenen Graphikers und Designers Frank Brangwyn (1867–1958), und nur einige Schritte weiter sind im **Groeninge-Museum** u. a. Werke von Jan van Eyck, van der Weyden und van der Goes so-

wie Magritte und Delvaux zu se-
hen. Wer mag, mache noch einen
Abstecher zum **Kantcentrum,** wo
fleißig geklöppelt wird, und zum
Museum für Volkskunde im ehem.
Haus der Schuhmachergilde (alle
Museen geöffnet wie Gruuthuse).

Die **Heilig-Blut-Basilika** (Heilig
Bloed-Basiliek) besteht aus einer
romanischen Unterkirche und einer spätgotischen Oberkirche. Diese Oberkirche ist die eigentliche
Heiligblut-Kapelle, in deren rech-
tem Seitenschiff eine Phiole ausge-

Fromme Frauen und ihre Höfe

Die Beginen

Gent 1932: Eine der beiden letzten Beginen

Die Beginenbewegung, ein Zusammenschluß frommer Frauen, entstand Ende des 12. Jh. Ihre Besonderheit lag wohl darin, daß hier vornehme und wohlhabende, aber auch weniger begüterte Frauen, zunächst ohne päpstlichen Segen, eine religiöse Gemeinschaft bildeten. Anfänglich lebten die frommen Frauen in ihren eigenen Häusern, nur für den Gottesdienst und das Gebet kamen sie zusammen. Erst im 13. Jh. entstanden die gemeinsamen Wohnhöfe, geschlossene Anlagen, wie sie vor allem in Flandern noch erhalten sind.

Die Beginen legten ein Gehorsamsgelübde ab und verpflichteten sich zur Keuschheit. Diese Gelübde konnten jedoch jederzeit widerrufen werden. Sie waren auch nicht dazu verpflichtet, ständig im Beginenhof zu leben. Beginen verfügten frei über ihr Hab und Gut, auch über etwaige Ländereien. Ein Armutsgelübde war ihnen fremd, und sie sorgten selbst für ihren Lebensunterhalt: Sie webten Leinen, klöppelten und häkelten Spitze, wuschen und bleichten Wäsche, kümmerten sich um den Unterricht der ihnen anvertrauten Mädchen, der sogenannten »Wohnkinder«. Auch Armenfürsorge und Krankenpflege gehörten zu ihren Aufgaben. Die Türen ihrer Häuser und die Höfe standen von Sonnenaufgang bis -untergang offen.

Jeder Beginenhof war souverän und besaß eine aus der Mitte der Beginen gewählte *Grande Dame* oder *Groote Juffrouw*. Größere Höfe wie der Große Beginenhof in Leuven hatten sogar vier Grandes Dames. Die jeweiligen Höfe bestanden aus den Wohnhäusern der Beginen, dem Konvent für die neueintretenden Beginen, dem Haus der Grande Dame, dem Spital für die Krankenpflege und der »Tafel zum Heiligen Geist«, die sich der Versorgung armer Beginen annahm.

Charakteristisch ist die Wohnform als Hofanlage, wie man sie z. B. im Kleinen Beginenhof in Gent sieht. Um einen Innenhof gruppieren sich die jeweils von einem Mäuerchen umschlossenen Häuschen mit Vorgärten. Als Straßenbeginenhöfe, also abgeschlossene Viertel mit Gassen und Plätzen, sind die in Lier und Tongeren konzipiert. In Kortrijk und Oudenaarde findet man Mischformen, die auch der Erweiterung der Höfe im 17. Jh. zuzuschreiben sind.

Woher der Name der Beginen kommt, ist nicht gesichert. Einige führen ihn auf die hl. Begga zurück, die im Jahre 961 in Andenne ein Kloster stiftete. Ihr steinernes Abbild findet sich an den Toren der Höfe in Lier und Kortrijk. Doch auch mit der einst beigen Kleidung der Beginen wird der Name in Zusammenhang gebracht. Vielfach wird er aber auch als Spott- oder Schimpfname verstanden, mit dem man Ketzerinnen belegte.

Die Beginenbewegung wurde von der offiziellen Kirche nicht gerne gesehen, zum Teil sogar unter dem Verdacht der Ketzerei verfolgt. Der wiederholte Vorwurf führte im Jahr 1311 dazu, daß die Beginenbewegung auf Druck deutscher Bischöfe von Papst Clemens V. verboten wurde. In einigen Städten wurden die Frauen verfolgt, ihr Besitz beschlagnahmt. 1318 widerrief Papst Johannes XXII. die Anordnung seines Vorgängers.

Mit der Gegenreformation, zur Zeit der spanischen Habsburger im 16. und 17. Jh., blühten die Beginenhöfe erneut auf. Nach der Französischen Revolution wurden sie einer »Gotteshaus- und Wohlfahrtskommission« übertragen. Die im Hof lebenden Beginen durften allerdings in ihren Häusern bleiben. Heute ist die Beginenbewegung ohne Nachwuchs. Die Höfe der frommen Frauen wurden in Alten- oder Studentenwohnanlagen umgewandelt.

stellt ist, die einen Tropfen vom Blut Christi enthalten soll. Diederich von Elsaß, Graf von Flandern, soll sie für seine Verdienste im Zweiten Kreuzzug (1128–68) vom Patriarchen von Jerusalem erhalten haben. Er ließ daraufhin die Heiligblut-Kapelle errichten, und schon bald wurde die Reliquie Mittelpunkt von alljährlichen Wallfahrten an Christi Himmelfahrt (Kirche/Schatzkammer: Mo–Sa 14.30–16, So 14.30–17 Uhr; 1.10.–31.3. Mo–Fr 10–11.30, 14.30–16.30, Sa 14.30–16, So 10–11.30 Uhr).

Das gotische **Stadhuis** (1376–1420) am Burgplein ist eines der ältesten noch erhaltenen gotischen Rathäuser Belgiens. Ähnlich wie das Rathaus von Leuven gleicht es mit seiner großfenstrigen, mit Skulpturen besetzten Fassade und den drei zierlichen Türmchen, die das hohe Dach überragen, einem kostbaren Schrein. Der gotische Schöffensaal im Inneren besitzt ein kunstvoll geschnitztes Kreuzrippengewölbe und wurde im 19. Jh. mit Szenen aus der Geschichte Brügges ausgemalt (tgl. außer Mi Nachmittag 1.4.–30.9. 9–17 Uhr; 1.10.–31.3. 10–12, 14–16 Uhr).

Am nahegelegenen Markt steht nicht nur die monumentale **Stadthalle**, sondern auch das Wahrzeichen Brügges, der 88 m hohe **Belfried** mit seinem Glockenspiel. Wer die 366 Stufen hinaufsteigt, kann von der Aussichtsplattform einen weiten Blick über die Stadt und das satte Grün der umliegenden Polder genießen (tgl. 1.4.–

30.9. 9.30–17 Uhr; 1.10.–31.3. 9.30–12.30, 13.30–17 Uhr).

Spuren der Hanse sind das **Haus der Genuesen** (1399–1441), ein ehemaliges Handelskontor von Genua, der **Oosterlingenplein**, wo einst das Kontor der Deutschen Hanse stand, aber auch das **Haus ter Beurze** (15. Jh.) und die **Poortersloge**, der Versammlungsplatz der reichen Kaufleute. Von der ehemaligen Stadtbefestigung sind die Stadttore **Gentpoort**, (1400/01) und **Smedepoort**, 1367–68 erbaut und in der Folgezeit mehrfach verändert, erhalten geblieben.

Ein Ausflug führt zum noch teilweise von einer Wallanlage (1615) umgebenen **Damme.** Der Ort am 1812–14 gegrabenen Napoleonkanal (*Damse Vaart*) und an der Lieve ist Schauplatz des »Eulenspiegels« von Charles de Coster. Sehenswert sind das schmucke Sint-Janshospitaal (13. Jh.) und die teilweise abgetragene Liebfrauenkirche, eine Hallenkirche aus dem 14. Jh. In den Kasematten, dem ehemaligen Munitionslager am Ostrand, haben heute Fledermäuse ihren Schlafplatz, und auf den Wiesen von Damme sind Bleß- und Kurzschnabelgänse zu beobachten.

ⓘ **Information:** Dienst voor Toerisme, Burg 11, 8000 Brügge, ✆ 0 50/44 86 86, Fax 44 86 00.

⌷ **Unterkunft:** *** Hotel Egmond, Minnewater 15, ✆ 34 14 45, neogotisches Schlößchen in beschaulicher Lage am Minnewaterpark, 10 Min. vom Bf.; ***Hotel Fevery, Collaert Mansionstraat 3, ☎ 33 12 69, gediegenes Familienhotel nahe St.-Gillis-Kerk; Budget-Hotel Passage, Dweerstraat 26-28, ☎ 34 02 32, Wohnhaus aus dem 18. Jh., nahe St.-Salvator-Kathedrale.

 Restaurants: Den Gouden Harynck, Groeninge 25, ☎ 33 76 37, Exquisites, u. a. gewürfelte Jakobsmuscheln, geräucherter Hummer auf Feigenchutney; La Civière d'Or, Markt 33, ☎ 34 30 36, mit Blick auf den Belfried in Meeresfrüchten und Wildgerichten schwelgen; Soul Food, Langestraat 15, ☎ 33 41 13, kulinarisch die Welt genießen.

Kneipen/Cafés: Brugs Beertje, Kemelstraat 5, ☎

33 96 16, braunes Café mit 300 belgischen Bieren; Hobbit, Kemelstraat 8, ☎ 33 55 20, Spare Ribs, Boogie und Zigeunerweisen; De Werf, Werfstraat 108, ☎ 33 05 29, Jazz vom Feinsten, experimentelles Theater; Brugge Celebrations, Vlaamingstraat 86, ☎ 34 75 72, mittelalterliches Gelage in ehem. Kirche.

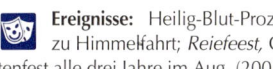 **Einkaufstip:** Chocolate Line, Simon Stevinplein 19, hier sieht man, wie Pralinen und Trüffel gemacht werden; Lace Antique Irma, Oude Burg 4, ab 14 Uhr wird geklöppelt.

 Ereignisse: Heilig-Blut-Prozession zu Himmelfahrt; *Reiefeest,* Grachtenfest alle drei Jahre im Aug. (2001…).

Verbindung: IC Oostende – Brügge – Gent – Brüssel – Köln.

Beginenhof in Brügge

Oostende

20 Mio. Besucher kommen jährlich für einen Tagesausflug an die belgische Nordseeküste, jeder zehnte davon in die Hafenstadt Oostende. Badeurlauber lockt der 8 km lange Sandstrand, andere unternehmen eine Sightseeing-Tour mit der Tram entlang der belgischen Küste. Etwa ein Drittel der belgischen Fischereiflotte ist hier beheimatet; sie liegt am östlichen Hafenufer, wo in der Fischhalle montags bis mittwochs um 7 Uhr früh der angelandete Frischfisch versteigert wird.

Die Fußgängerzone zwischen Seedeich, Handelsdock und Leopoldpark ist die Finkaufsmeile mit Straßencafés und Ladenpassagen. Mijnplein und Wapenplein laden jeden Donnerstag zu einem Bummel über den Markt ein. Am Wapenplein befindet sich das **Museum für Bildende Künste** (Museum voor Schonen Kunsten; tgl. außer Di 10–12, 14–17 Uhr). In diesem Museum wird ein kleiner Teil des Gesamtwerks des aus Oostende stammenden »Malers der Masken« James Ensor (1860–1949) gezeigt. Unter den ausgestellten Arbeiten sind »Die Gendarmen« (1892), nach dem Aufstand der Fischer von 1887 entstanden, und »Ensors Mutter auf dem Totenbett« (1912). Vergeblich wird der Besucher jedoch nach seinen »Maskenkompositionen« suchen, die sich in Gent und Antwerpen befinden.

In der Vlaanderenstraat steht das **James-Ensor-Haus**, das Wohnhaus des Malers, der es 1917 erbte. Im Erdgeschoß betritt der Besucher einen Laden mit kitschigen Souvenirs, Masken, Muscheln und Ansichtskarten, den einst Ensors Onkel Leopold Haegheman betrieb. Im Zwischengeschoß befindet sich die Dokumentenstube mit Briefen und Partituren des Malers, aber auch seine Totenmaske und seine Palette. Überall im Haus hängen Reproduktionen von Ensors Arbeiten wie »Der Einzug Christi in Brüssel« (1.6.–30.9. Mi–Mo 10–12, 14–17 Uhr, Jan.–Mai außer Osterferien Sa/So 14–17 Uhr, Nov./Dez. außer Weihnachtsferien Sa/So 14–17 Uhr).

Oostende, Hafen

Bis 1917 bewohnte Ensor eine Dachkammer im Eckhaus Vlaanderenstraat/van Iseghemlaan. Hoch oben unter dem Dach malte der junge Künstler Stadtansichten von Oostende, zu denen auch »Rue de Flandre« gehört.

Apartmenthäuser und Hotels, die »Zigarrenschachtelarchitektur« der 1960er und 70er Jahre, überragen die gepflasterte Strandpromenade. Balkone aus Schmiedeeisen, ionische Säulen und Löwen zieren die »Grand Villa Maritza« (1885), die in einer Zeit erbaut wurde, als der Badeurlaub an der See nur den gutbetuchten Bürgern vorbehalten war. Die **Koninklijke Gaanderijen**, Wandelkolonnaden am Oostende Beach Club und Thermae Palace Hotel, sind verlassen. Niemand schützt sich hier vor der Sonne, blasser Teint ist längst kein Zeichen von Vornehmheit mehr – Bräune ist heute angesagt. Auf der nahen **Wellington Rennbahn**, der einzigen Pferderennbahn aus Gras, finden seit 1883 regelmäßig Galopp- und Trabrennen statt.

Das **Museum voor Moderne Kunst** vermittelt einen Querschnitt über die moderne Bildende Kunst Belgiens. Minimal Art ist ebenso vertreten wie konzeptionelle Kunst oder der moderne Realismus eines Marcel Maeyer mit »Parkingmeters« (1973). Plastiken von Georges Minne (1866–1941) wie »Mutter und Kind« (1921/29), eine Mutter, die ihr Kind eng umschlungen hält, stehen in Wechselwirkung zu den großflächigen, abstrakten Arbeiten

eines Roger Raveel (1921). (Di–So 10–18 Uhr.)

Information: Toeristische Dienst, Monacoplein 2, 8400 Oostende, ✆ 0 59/70 11 99, Fax 70 34 77.

Unterkunft: **** Hotel Europe, Kapucijnenstr. 52, ✆ 70 10 12, gemütliches, strandnahes Familienhotel mit Sauna; ***Bero Tulip Inn, Hofstraat 1a, ✆ 70 23 35, Happy-Trip-Hotel-Arrangement mit Unterkunft und Zug-/Bus-/Tramkarte; Armand De Smidt, Promenade 70, ✆ 70 05 10, 2 Doppelzimmer am Meer; B&B Lily's House, Zwaluwenstraat 178, ✆ 70 87 47, ruhig.

Jugendherberge: »De Ploate«, Langestraat 82, ✆ 80 52 97.

Camping: Oasis, Duinenstraat 284, ✆ 30 19 55.

Restaurants: Gloria, Albert I promenade 60, ✆ 80 66 11, Nordseefisch, Hummer, Meeresblick; Lobster, Van Iseghemlaan, 64, ✆ 50 02 82, in Kasinonähe Meeresfrüchte vom Feinsten; Savarin, Albert I Promenade 75, ✆ 51 31 71, Meeresfrüchte, Meeresblick.

Post: Stadhuis und H. Serruyslaan/Ooststraat.

Banken: Pieterslaan, Wapenplein und Kapellestraat.

Ereignisse: »Ball der toten Ratten«, größter Maskenball Europas im März.

Verbindung: Zug: IC Köln–Liège–Brüssel–Gent–Brügge–Oostende, Tram Knokke–De Panne. **Auskunft Tram:** De Lijn, Nieuwpoortsesteenweg 110, 8400 Oostende, ✆ 0 59/ 56 53 53.

Route 5

Von Veurne nach Kortrijk

Veurne

Ieper

Kortrijk

In der Umgebung von Veurne

Spitze Kirchtürme und weiße Mühlenstümpfe ragen in den graublauen Himmel, der sich über die tiefgrüne, flache Polderlandschaft Westflanderns spannt. Noch kaum verwischt sind die Spuren des Ersten Weltkriegs im Land rechts und links der Ijzer. Immer wieder tauchen Hinweise auf Soldatenfriedhöfe auf, trifft man, wie bei Ieper, auf Granattrichter, Kreuze und Mahnmale. Vom Krieg verschont geblieben ist Veurne mit dem malerischen Marktplatz und dem prächtigen Rathaus. Die goldenen Sporen der Schlacht bei Kortrijk sind aus der frühgotischen Liebfrauenkirche schon lang verschwunden, doch ist sie ebenso sehenswert wie das Rathaus mit seinem feinen Steinmetz- und Schnitzwerk.

Veurne

Die Stadt Veurne (Furnes, 11 800 Einw.) hat Georges Simenon zu seinem 1938 erschienenen Roman »Der Bürgermeister von Furnes« inspiriert. Darin beschreibt er die Stadt so: »Wir haben eine Stadt von fünftausend Einwohnern, die von dem umliegenden Landgebiet lebt, das heißt von der Milch, der Butter, den Eiern, dem Getreide, den Rüben…« Das tut Veurne noch immer, wenn auch heute neben der Landwirtschaft auf den Poldern der Region Veurne-Ambacht die Nahrungsmittelindustrie (Zucker, Kartoffelchips) erwähnenswert ist.

Ihren Aufstieg von einer kleinen Burg, die der flandrische Graf Bodewijn im 9. Jh. erbaute, zu einem blühenden Gemeinwesen bereits im 14. Jh. verdankte Veurne dem Tuchgewerbe. Mit dessen Niedergang litt auch die Stadt, erst die Regentschaft von Albrecht und Isabella von Spanien brachte wieder etwas Wohlstand. Die Religionskriege Mitte des 16. Jh., die Eroberungsfeldzüge Ludwigs XIV. und schließlich die beiden Weltkriege des 20. Jh. zogen Veurne schwer in Mitleidenschaft. Stolz ist die Stadt darauf, daß der erste Monarch des unabhängigen Belgiens, Leopold I., am 17. Juli 1831 auf seinem Weg von Calais nach Brüssel in Veurne weilte. Im Ersten Weltkrieg richtete König Albert I. im Rathaus sein Hauptquartier ein.

Um einen der schönsten Marktplätze Belgiens, den Grote Markt, gruppieren sich die Renaissance-Backsteinhäuser mit Treppengiebeln. In dieses Ensemble fügen sich das **Rathaus**, errichtet 1596 bis 1612, sowie das **Landhuis** (1613–21) ein. Überragt wird das Landhuis, der ehemalige Gerichtshof und Ratssitz der umliegenden Region, vom **Belfried.** Die Säle des Rathauses sind kostbar ausgestattet. So besitzt der Hochzeitssaal, in dem die Trauungen vollzogen werden, eine Mechelner Ledertapete mit Vogel- und Blumendarstellungen. Das Gestühl mit seiner roten Bespannung – Leder wurde mit Ochsenblut getränkt – stammt von 1693. (Führungen 1.4.–30.9. tgl.

11, 14, 15 und 16.30 Uhr; 1.10.–31.3. tgl. 11, 15 Uhr.)

Hinter dem Ensemble steht die **St.-Walburga-Kirche,** eine im 10. Jh. erbaute Stiftskirche, die im 13.–14. Jh. durch einen gotischen Kirchenbau ersetzt werden sollte. Es wurden jedoch nur der Chor und der Portalbau vollendet, das Langhaus wurde erst zu Beginn des 20. Jh. angefügt, von dem geplanten Turm stehen nur noch einige Reste.

Beachtenswert ist die Kanzel (1727) mit der Darstellung des hl. Johannes bei der Niederschrift der Offenbarung auf der Insel Patmos. Im nördlichen Querschiff steht die vergoldete Statue der hl. Walburga, der Patronin der Kirche.

Route 5: Von Veurne nach Kortrijk

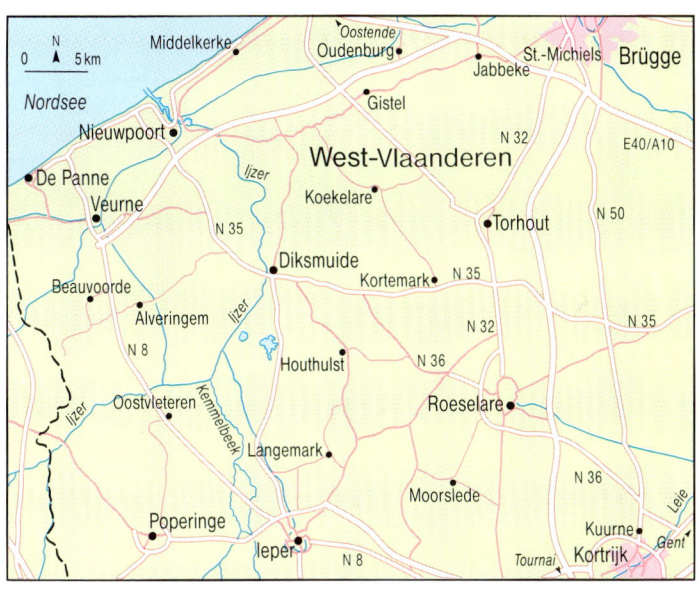

Im nahen Stadtpark finden sich die Spuren einer alten Burganlage. Wer von dort durch die Pannesstraat zur Noordstraat geht, sieht auf der linken Seite die ehemalige Lateinschule, die **Latijnse School** (1324), und gegenüber das Haus **Het Nobele Roze** (1572), die älteste Herberge Belgiens. Als der Dichter Rainer Maria Rilke Belgien bereiste, kehrte er 1906 hier ein.

An der Ecke zur Ooststraat, bereits wieder am Markt, erhebt sich der wuchtige **Spanische Pavillon,** größtenteils 1448–1452 erbaut. Er diente bis 1586 als Rathaus und war später Wachlokal der spanischen Offiziere. Östlich des Marktes, am Appelmarkt, ragt die **St.-Niklaas-Kirche**, eine dreischiffige Hallenkirche mit Backsteinturm, empor (16.6.–15.9. 10–12, 14–17 Uhr).

Nicht nur auf dem flachen Land stößt man auf beeindruckende Gehöfte, sondern auch in Veurne selbst, nämlich das **Zuidgasthuishoeve**. In diesem ist das **Internationale Bäckerei- und Konditoreimuseum** untergebracht. Es zeigt die Herstellung von Schokolade, Pralinen und Blätterteig. Schokoladenformen aus Bakelit in Gestalt von Löwen, Fischen, Scheren und Spaten sind ebenso ausgestellt wie eine Eismaschine mit Fahrradantrieb (1.4.– 30.9. Mo–Do, Juli/Aug. auch Fr 10–12, 14–18, Sa/So 14–18 Uhr; 1.10.–31.3. So–Do 14–17 Uhr).

Sehenswert ist nahe Veurne **Beauvoorde Kasteel**. Es ist ein von einem Wassergraben und einem kleinen Park umgebenes Schloß aus dem frühen 17. Jh., das zu Beginn des 19. Jh. im Stil der Neo-Renaissance erweitert wurde. Der reiche Kunstsammler A. Merghelynk stattete es, nachdem er es

1874 erworben hatte, mit Stücken aus seiner Sammlung aus, darunter Weihwassergefäße aus Delft (18. Jh.), und die Täfelung aus der Abtei von Oudenberg bei Oostende (1. 6.–30. 9. Di–So Führungen 14, 15, 16 und 17 Uhr).

Sehr zu empfehlen ist eine Radeltour auf der reizvollen, ausgeschilderten **Veurne-Ambacht-Route.** Recht erholsam geht es durch die grüne westflämische Polderlandschaft zu den Dünen von Koksijde

Information: Dienst voor Toerisme, Grote Markt 29, 8630 Veurne, ✆ 0 58/31 21 54, Fax 31 55 93.

Unterkunft: ****Hotel Croonhof, Noordstraat 9, ✆ 31 31 28; ** Driekoningen, Wulveringemstraat 40, Beauvoorde, ✆ 29 90 12.

Restaurants: De Beurs, Grote Markt 32, ✆ 31 11 84, lokale Spezialitäten wie *Veurnse Potjesvlees* und *Veurnambachtse Hesp;* Erasmus, Grote Markt 20, ✆ 31 39 27, Fisch; Ibis, Grote Markt 10, ✆ 31 37 00, Wild- und Lammgerichte.

Ereignisse: Blumenmarkt, Pfingstsonntag; Bußprozession am letzten So im Juli; Glockenspielkonzerte vom Belfried 1.7.–31.8. Mi 10.30–11.30, So 20–21 Uhr; Orgelkonzerte in der St.-Walburga-Kirche im Juli/Aug.

Verbindung: Zug: IR De Panne – Veurne – Gent – Brüssel. **Bus:** De Panne – Veurne, Ieper – Veurne, Poperinge – Veurne.

Ieper

Die westflandrische Stadt Ieper (Ypern, 35 400 Einw.), während des Ersten Weltkrieges fast vollständig zerstört und anschließend wiederaufgebaut, erlebte ihre Blütezeit im 13. Jh., nachdem ihr 1170 die Stadtrechte verliehen worden waren. Über den nahen Seehafen Nieuwpoort und die schiffbare Ieperlee wurde zollfrei englische Qualitätswolle eingeführt, zu Tuch verarbeitet und anschließend exportiert. Der Tuchhandel mit italienischen Städten wie Genua, Vene-

dig und Florenz, aber auch mit dem russischen Nowgorod trug entscheidend zum Wohlstand der Stadt bei, die um 1260 bereits 40 000 Einwohner hatte. Wie in anderen flandrischen Städten, in denen sich im Laufe des 13. Jh. eine Patrizierschicht herausgebildet hatte, versuchten auch die Bürger von Ieper die Macht der flandrischen Grafen zurückzudrängen. Im Jahre 1302 setzten sich Ieper, Gent und Brügge mit ihren Bürgerwehren in der »Schlacht der Goldenen Sporen« gegen die Annexion Flanderns durch die französische Krone zur Wehr (s. S. 29). Hungersnöte, Pestepidemien, wechselnde politische Konstellationen und die Konkurrenz billiger Tuche aus Norditalien und England führten am Ende des 14. Jh. zum wirtschaftlichen Niedergang der Stadt. Erst unter den Erzherzögen Isabella und Albrecht wuchs Iepers Bedeutung wieder, nun als Grenzstadt gegenüber dem »Erzfeind« Frankreich. Die Stadt wurde mit Ravelins und Bastionen, Wällen und Gräben zu einer Festung ausgebaut. Diesen Festungsbau setzte Vauban, Festungsbaumeister unter Ludwig XIV., 1678–84 fort. Die Rolle als Grenzstadt bedeutete bis 1830, daß abwechselnd Spanier, Österreicher und Franzosen Ieper belagerten und einnahmen, so auch nach der Französischen Revolution. In Folge des Wiener Kongresses wurde Ieper bis zur belgischen Unabhängigkeitserklärung Teil des Niederländischen Königreiches.

Belgien
ein Land der Begegnungen

Der demokratische Aufbruch in Belgien und das Scheitern von Volksaufständen in anderen Teilen Europas führte nach 1830 dazu, daß Freigeister und Intellektuelle, Schriftsteller, Maler und Musiker nach Belgien kamen. Sie suchten Freiraum und Anregungen für ihre Arbeit, aber auch Gedankenaustausch mit Gleichgesinnten.

Nach einer Reise durch Belgien im Jahr 1838 bemerkte Alexandre Dumas, der Schöpfer der Romane »Die drei Musketiere« und »Der Graf von Monte Christo«, über die Schlachtfelder von Waterloo (s. S. 93): »Man beginnt erst zu begreifen, daß die Niederlage für die europäische Freiheit notwendig war.« Mit Dumas korrespondierte Giacomo Meyerbeer, der zwischen 1829 und 1860 regelmäßig im Thermalbad Spa kurte. Die gemeinsame Arbeit an der Oper »Les Brigands« (Die Räuber) verband den französischen Schriftsteller und den aus Berlin stammenden Komponisten. Meyerbeer pflegte auch Kontakt mit dem aus Dinant gebürtigen Instrumentenbauer Adolphe Sax, dem Erfinder des Saxophons, den der Komponist zu Problemen der Instrumentierung seiner Werke befragte.

Als Victor Hugo 1831 für seinen Roman »Der Glöckner von Notre Dame« gefeiert wurde, konnte er noch nicht ahnen, daß er 20 Jahre später in die belgische Hauptstadt würde fliehen müssen. Als Deputierter der Pariser Kammer entzog er sich nach dem Staatsstreich Napoleons III. im Dezember 1851 der Verfolgung, indem er mit falschem Paß nach Belgien floh und sich mit seiner Familie in Brüssel niederließ. Seine erste Wohnung war in der Rue de la Violette. Hier arbeitete er an seinem Roman »Les Misérables«,

Victor Hugo

August Heinrich Hoffmann
von Fallersleben

der 1862 in Belgien verlegt wurde. 1852 zog er ins Haus »Le Pigeon«
an der Grand' Place. Doch nachdem er eine Schmähschrift gegen Napoleon III. veröffentlicht hatte, mußte er Belgien verlassen und reiste
von Antwerpen aus auf die englischen Kanalinseln. Hugo hinterließ
seine Eindrücke von Belgien in der Schrift »En Voyage, France et Belgique« (Auf Reisen durch Frankreich und Belgien). Darin charakteri-
siert er auch das Rathaus von Brüssel: »… ein blendender Dichterein-
fall aus dem Kopf eines Architekten.«

Die englische Schriftstellerin Charlotte Brontë war 1842 nach Brüssel gekommen, um Französisch zu lernen, unterrichtete aber auch am
Institut von Professor Constantin Héger Englisch. In der Figur der Haus-
lehrerin Jane Eyre, die bei einem gewissen Mister Rochester in Thorn-
field Hall angestellt ist, verarbeitete sie ihre Liebesbeziehung zu Héger.

Im Rahmen seiner Studien zur flämischen Sprache und Volkskunde
kam August Heinrich Hoffmann von Fallersleben, der Dichter des
Deutschlandliedes, zwischen 1819 und 1856 mehrfach nach Belgien.
Zu Zeiten eines aufkeimenden flämischen Nationalismus und der
Entstehung einer eigenständigen flämischen Literatur waren zeitgenös-
sische Autoren wie Henrik Conscience und Jan Frans Willems seine
Gesprächspartner. Seine philologischen Studien faßte er in dem zwölf-

Karl Marx

bändigen Werk »Horae Belgicae« zusammen, in dem er sich mit der niederländischen Literatur des Mittelalters ebenso wie mit flämischen Autoren seiner Zeit auseinandersetzte.

Nachdem der aus Trier stammende Journalist und Philosoph Karl Marx aus Preußen und Frankreich ausgewiesen worden war, gewährte man ihm in Belgien unter der Bedingung der politischen Enthaltsamkeit Asyl. Dessen ungeachtet schrieb er für die »Brüsseler Zeitung«, ein für deutsche politische Flüchtlinge erscheinendes Blatt, kümmerte sich um die Mitglieder des in London gegründeten »Bundes der Kommunisten« und verfaßte die Schrift »Das Elend der Philosophie«. Anfang 1848 schrieb er gemeinsam mit Friedrich Engels den ersten Entwurf des »Kommunistischen Manifests«. Marx und andere politische Freigeister des »Deutschen Arbeitervereins« trafen sich häufig im »Maison du Cygne« (Haus des Schwans) an der Grand' Place in Brüssel (s. S. 72). Seine politischen Aktivitäten führten schließlich zur Ausweisung. Auch den französischen Sozialisten Pierre-Joseph Proudhon, Verfasser der Schrift »Was ist Eigentum?«, verschlug es nach dem Staatsstreich von Napoleon III. für einige Jahre ins Nachbarland Belgien. Als er 1858 nach Belgien kam, erklärte er öffentlich: »Ich bin kein politischer Flüchtling. Ich bitte Sie um die Erlaubnis, bei Ihnen philosophieren zu können wie seinerzeit Spinoza in Den Haag, Descartes in Stockholm und Voltaire in Ferney.« Während seiner Brüsseler Zeit verfaßte er unter anderem den philosophischen Essay »Krieg und Frieden« (»La Guerre et La Paix«), der 1861 erschien.

Zu den Emigranten auf Zeit gehörte auch der Maler Vincent van Gogh, der 1878 bis 1880 in der Borinage, dem Kohlebergbaugebiet bei Mons, und 1880/81 in Brüssel in der Dwarsstraat, unweit des Jardin Botanique, lebte und arbeitete. Aus jener Zeit stammen seine ersten Zeichnungen. 1886 versuchte er sein Glück auf der Akademie für Schöne Künste in Antwerpen, fand dort jedoch wenig Zuspruch für seine Arbeit. Enttäuscht verließ er die Stadt in Richtung Paris.

Auch im 20. Jh. war Belgien ein Ort der schöpferischen Inspiration, des Gedankenaustausches und des politischen Asyls. So ließ sich der deutsche Dichter Rainer Maria Rilke, der mit dem aus St. Amands gebürtigen Emile Verhaeren befreundet war, auf seiner Reise nach Brügge, Gent und Veurne zu einer Reihe von Gedichten inspirieren. Albert Einstein pflegte den Gedankenaustausch mit Marie Curie bei Zusammenkünften des vom Industriellen Ernest Solvay gegründeten »Rat für Physik«, der sich 1911 in Brüssel zum ersten Mal traf. Nach der Machtergreifung der Nationalsozialisten floh Einstein wie andere Verfolgte des Naziregimes auch nach Belgien. Aufgrund seiner freundschaftlichen Beziehung zu dem belgischen Königspaar hielt er sich bis zu seiner Abreise in die USA in einer Villa auf, die König Albert ihm zur Verfügung stellte. In einem Brief König Alberts aus dieser Zeit heißt es: »Es gibt Menschen, die durch ihre Arbeit und die Überlegenheit ihres Geistes mehr der Menschheit als einem Land angehören, doch das Land, das sie zum Asyl wählen, empfindet darüber einen wahren Stolz.«

Ein Rundgang durch Ieper, der die Befestigungsanlage der Stadt einbezieht, beginnt am Bahnhof. Ein wassergefüllter Graben grenzt den ehemaligen inneren gegenüber dem äußeren Befestigungsring ab. Auf der inneren Befestigungsanlage gelangt man zu Ruinen des **Leeuwentoren** (Löwenturm) und des **Preekherentoren** (Dominika-

ner-Turm, 14. Jh.). Von hier aus sind die beiden »Halbmonde« auszumachen, Inseln im Festungsgraben, die Vauban zur Verstärkung der Festung hat anlegen lassen. Auf dem Weg zur **Rijselsepoort** (Rijseltor), einem Überbleibsel der burgundischen Festung des 14. Jh., liegt auf der Festungsflanke der britische Soldatenfriedhof **Ramparts**

Military Cemetery – Lille Gate. Hier fanden 192 Soldaten der Imperial Forces ihre letzte Ruhestätte, darunter Mitglieder des legendären neuseeländischen Maori-Bataillon.

Entlang der Kasteelgracht erreicht man die **Meensepoort** (1927), vom englischen Architekten Sir Reginald Blomfield wie ein Triumphbogen gestaltet. Sie steht dort, wo Tausende von Soldaten des britischen Empire die Stadt verließen, um auf den Schlachtfeldern rund um Ieper zu kämpfen. Auf Steinpaneelen sind 54 896 Namen der bis zum 15.8.1917 vermißten und gefallenen Soldaten eingemeißelt.

Durch die Meensestraat geht es zum Grote Markt mit dem **Rathaus**, auch Sitz des Dienst voor Toerisme, und der **Lakenhal** (Tuchhalle). Nur der Westflügel hat den Ersten Weltkrieg unbeschadet überstanden; alles andere wurde detailgetreu rekonstruiert. Der **Belfried** mit seinem Glockenspiel war ursprünglich Mitte des 13. Jh. errichtet worden.

Am Kopf der Tuchhalle steht das **Nieuwerck**, das Rathaus. In diesem Renaissancebau (frühes 17. Jh.) ist das **Museum »In Flanders Fields«** (Auf Flanderns Feldern). Die Besucher werden Teil des Kriegswahnsinns, erleben im »Niemandsland« den Anblick von Schützengräben und das Gemetzel zwischen den beiden Frontlinien. Augenzeugen, ein Arzt, ein Dorfpfarrer und ein Kriegsberichterstatter kommen zu Wort und schildern die Gasangriffe und den weihnachtlichen Waffenstillstand. Daneben sind Militaria, »Frontpoesie« – wie das in England und Belgien einst sehr populäre Gedicht »In Flanders Fields« – und historische Fotos aus Ieper vor und nach dem Ersten Weltkrieg zu sehen (1.4.–30.9. tgl. 10–18, 1.10.–31.3. Di–So 10–17 Uhr, ersten drei Wochen im Jan. geschl., Einlaß bis eine Stunde vor Schließung).

Hinter der Tuchhalle ragt der 100 m hohe Turm der **St.-Maartens-Kathedrale** empor. Diese gotische Bischofskirche wurde 1922 wiederaufgebaut und dabei ihr Turm im Gegensatz zum Vorkriegszustand mit einer Spitze versehen. Im Chor befinden sich die Gräber der Bischöfe von Ieper. In der Kirche ruht auch Robrecht van Bethune, Graf von Flandern, der im 13./14. Jh. eine wichtige Rolle im Konflikt mit dem König von Frankreich spielte: Er unterzeichnete 1305 den Vertrag von Athis-sur-Orge, der seine Herrschaft über die Grafschaft Flandern bestätigte. Dies wurde jedoch mit einer erheblichen Geldabgabe zugunsten des französischen Königs und zu Lasten der flandrischen Städte teuer erkauft.

Wer mehr über die jüngere Vergangenheit erfahren will, kann der ausgewiesenen »Autoroute 14–18« folgen, die wie die Fahrradroute »Frontline« zu den Schlachtfeldern des Ersten Weltkrieges führt (Informationsmaterial: niederländisch).

ⓘ **Information:** Dienst voor Toerisme, Stadhuis, Grote Markt, 8900 Ieper, ✆ 0 57/22 85 84, Fax 21 85 89.

Unterkunft: ****Hotel Ariane, Slachthuisstraat 58, ☎ 21 82 18, sehr ruhige Lage; **Old Tom, Grote Markt 8, ☎ 20 15 41; B&B 't Wilgenerf, Elzendammestraat 1, 8906 Elverdinge, ☎ 42 25 41, in einem Landhaus aus dem 17. Jh. logieren.

Restaurants: Den Anker, Grote Markt 30, ☎ 20 12 72, Muschelgerichte; De Wijngaard, Mk. Fochlaan 8, ☎ 20 42 30, Steakgerichte.

Ereignisse: *Last Post*, Zapfenstreich am Menentor, tgl. 20 Uhr; *Kattestoet*, Katzenumzug und -fest mit der Riesenkatze Cieper, Minneke Poes, sowie dem Riesen Goliath, alle drei Jahre am 2. So im Mai (2000...).

Verbindung: Zug: IC Kortrijk – Ieper – Poperinge. **Bus:** Ieper – Poperinge – Veurne, Ieper – Popering – Abele.

Kortrijk

Den Namen der Stadt Kortrijk (76 000 Einw.) verbindet man in Belgien meist mit der »Schlacht der goldenen Sporen« des Jahres 1302 (s. S. 29), nach der die siegreichen Flamen die vergoldeten Sporen der unterlegenen französischen Ritter zusammentrugen und die Gewölbe des Chorumgangs der Liebfrauenkirche mit ihnen schmückten.

Traditionell war Kortrijk, seit 1127 Stadt, Zentrum der Flachsverarbeitung und des Handels. So ist es denn kein Wunder, daß der Handelsgott Merkur seit 1717 vom Belfried über die Stadt schaut. Wichtige Wirtschaftszweige sind heute die Textil-, Elektro- und Schmuckindustrie.

Mitten auf dem **Grote Markt** erhebt sich der **Belfried**, letzter Rest der mittelalterlichen Tuchhalle (1307). Auch das aus dem 16. Jh. stammende, von der Renaissance geprägte **Rathaus** mit sehenswerten historischen Sälen, dem Schöffensaal und dem Ratssaal, steht hier. Es ist durch die sogenannte *Dodenmaaltijd* von 1613, einem opulenten Leichenschmaus anläßlich des Todes der Erzherzogin Isabella, in die Geschichte eingegangen. Im Schöffensaal ist der von 1527 stammende Kamin mit seinen Steinmetzarbeiten zu beachten, im Ratssaal die mit der Figur Karls V., mit Allegorien von Gerechtigkeit und Frieden sowie symbolischen Darstellungen der Tugenden und Laster verzierte Kamineinfassung. Das bemalte Schnitzwerk an den Deckenbalken dieses Saales stellt Szenen weiblicher List und Verführungen dar (Mo–Fr 9–12, 14–17 Uhr).

Durch die Kerkstraat erreicht man die **St.-Maartens-Kirche**. Sie soll eine der ältesten Hallenkirchen Westflanderns sein und besitzt drei gleichhohe Schiffe. Das Glockenspiel des Turms datiert von 1880. Es besteht aus 54 Glocken und wird noch regelmäßig bespielt. Beachtenswert ist die barocke Kanzel (1655) und, rechts vom Eingang, die Taufkapelle mit Rippengewölbe und farbigen Schlußsteinen aus dem 15. Jh. (Mo–Sa 8.30–12, 14–19, So 8.30–12 Uhr; Ostern–Ende Aug. auch So 15–18 Uhr; im Winter Mo–Sa bis 16.30 Uhr).

In unmittelbarer Nähe befindet sich der **Beginenhof** (17. Jh.), in dem heute noch eine Begine lebt. Das **Beginenmuseum** ist in der ehemaligen Wohnung der Vorsteherin untergebracht. Eine Küche und eine Schlafkammer sowie zahlreiche Dokumente vermitteln einen Eindruck vom Alltag der Beginen (Mo, Mi, Do, Sa/So 14–17 Uhr). Nahebei kann man in der ehemaligen **Groeningeabdij Kortrijk** die Spuren von der Vorgeschichte bis zum Ersten Weltkrieg verfolgen und auch von der glorreichen Goldenen Sporenschlacht von 1302 erfahren (Di–So 10–12, 14–17 Uhr).

Geht man am Beginenhof in Richtung Groeningenstraat, so gelangt man zu der Anfang des 13. Jh. vom flandrischen Grafen Boudewijn IX. gestifteten frühgotischen **Liebfrauenkirche** (O. L. V.-Kerk en Gravenkapel). Der große Chor, gedacht für 12 Priester und einen Dekan, wurde um 1300 angefügt. Zu den Schätzen der Kirche zählt das Gemälde »Die Kreuzaufrichtung« (1610/11) von Anthonis van Dyck im linken Querschiff (8.30–12, 14–19 Uhr, im Winter bis 16.30 Uhr, So nachmittags geschl.).

An den Ufern der Leie stößt man auf die **Broeltorens**, mittelalterliche Türme der einstigen Stadtbefestigung. Jenseits der Leie am Broelkaai präsentiert in einem der schönsten Patrizierhäuser dieser Straße das **Broelmuseum** eine bedeutende Sammlung von Damastarbeiten, Porzellan und Silber (Di–So 10–12, 14–17 Uhr).

Auf dem Weg nach Tournai zeigen in einem Flachshof des 19. Jh. das **Nationale Flachsmuseum** mittels szenischer Darstellungen die Flachsverarbeitung und das **Kanten Linnenmuseum** eine einmalige Sammlung von Bordüren und Spitze (1.3.–30.11. Di–Fr 9.30–12.30 13.30–18, Sa/So 14–18 Uhr).

Information: Dienst voor Toerisme, St.-Michielsplein 5, 8500 Kortrijk, ☎ 05 6/23 93 71, Fax 23 93 72.

Unterkunft: ****Parkhotel, Stationsplein 2, ☎ 22 03 03, Hotel 't Belfort, Grote Markt 53, ☎ 22 22 20; B&B Marleen Desfossez-Raes, St. Rochuslaan 11, ☎ 21 60 48; B&B Pieter Halsberghe-Vermeersch, Pater Davidstraat 14, ☎ 21 31 28.

Jugendherberge: Passionistenlaan 1a, ☎ 20 14 42.

Restaurants: Mosselhuis, Poude Vestingstraat 8, ☎ 21 33 83, was sonst als Muscheln; Restaurant Stone Grill, O. L. Vrouw-Straat 48, ☎ 20 12 84, Steakspezialitäten, auf »heißen Steinen« zubereitet.

Musikalische Ereignisse: Golden River City Jazz Festival 1. Wochenende im Sept. **Andere Ereignisse:** *Kortrijker Sinksenfeeste*, Konzerte und Trödelmarkt Pfingsten; *Guldensporenviering* im Juli.

Verbindung: Zug: IC Oostende – Kortrijk – Brüssel.

Route 6

Von Oudenaarde nach La Louvière

Oudenaarde

Tournai

Mons

Binche

La Louvière

Wandteppich in der Tuchhalle von Oudenaarde

Zwischen Oudenaarde und Binche wird die Landschaft durch den Lauf der Schelde geprägt, die sich mit ihren Nebenflüssen durch die sanften Hügel der Flämischen Ardennen schlängelt. In der Borinage bei Mons und am Canal du Centre bei La Louvière sind stillgelegte Förder-türme und leicht begrünte Abraumhalden charakteristi-sche Landmarken. Während Oudenaarde in Ostflandern liegt, gehören die städtischen Ballungszentren Tournai und Mons zur wallonischen Provinz Hainaut.

Oudenaarde

Die Stadt (27 400 Einw.) besitzt seit dem frühen 11. Jh. Stadtrechte. Hier entwickelten sich Ende des 12. Jh. der Tuchhandel und später die Wandteppichweberei, deren Blütezeit zwischen der ersten Hälf-te des 16. Jh. und dem Beginn des 17. Jh. lag und die bis zu 20 000 Teppichwirker beschäftigte. Viele von ihnen waren Anhänger der Lehre Calvins. Im Zuge der Religi-onskriege wurden unter Philipp II. und seinen Statthaltern im ganzen Land Calvinisten als Ketzer ver-folgt, vertrieben und hingerichtet. Als 1582 spanische Truppen unter Alexander Farnese auch Ouden-aarde bestürmten und die Umge-bung verwüsteten, gingen 12 000 Teppichwirker ins Exil. Damit en-dete nicht nur die protestantische Ära der Stadt, sondern auch die Blütezeit der Webereien. Erst unter den Erzherzögen und Statthaltern der Spanischen Niederlande, Isa-

bella von Spanien und Albrecht von Österreich, erhielt die Herstel-lung von Bildteppichen durch Staatsaufträge neue Impulse. Kon-kurrenz aus Lille und Paris führte Ende des 18. Jh. zur Aufgabe der Teppichwebereien. Die noch heute ansässige Textilindustrie wird er-gänzt durch Betriebe im Bereich neuer Technologien.

Die Tradition des Bierbrauens setzen bis heute die für ihr Sauer-kirschbier *(Kriek)* bekannte **Braue-rei Liefmans** und die mehr als 450 Jahre alte **Brauerei Roman** mit ihren Bieren »Sloeber« und »Dub-bel Ename« fort. Das von Henri van Pede entworfene **Rathaus** steht an der Nordseite des Grote Markt. Es gilt als einer der schönsten goti-schen Profanbauten Belgiens. Da-bei wird gern übersehen, daß das heutige, von 1525 stammende Rat-haus mit der angebauten **Lakenhal** noch romanische Spuren besitzt. Im oberen Stockwerk, in der roma-nischen ehemaligen **Tuchhalle,** ist die Sammlung Oudenaarder

Wandteppiche untergebracht. Die Anfänge des Teppichwirkens aus dem 15. Jh. sind hier ebenso zu sehen wie Arbeiten aus dem 17. Jh. An »hochlitzigen« Webstühlen (s. S. 187) fertigt man die maximal 5 m breiten Teppiche, darunter die dekorativen *Verdüren*. Sie zeichnen sich durch die Verwendung von Grün-, Blau- und Brauntönen aus und zeigen eine üppige Flora mit Ziervögeln. Ein Beispiel für eine solche Arbeit ist die »Landschaft mit zwei Fasanen«. Es sind aber auch Bildteppiche mit szenischen Darstellungen wie »Scipio und Hannibal« zu sehen. Auf den Teppichen des 16. und 17. Jh. lassen sich sehr gut die Zeichen der Meister und das Handelszeichen von Oudenaarde erkennen: eine Brille über einem Wappen mit drei roten Balken auf goldenem Grund. In der Silberkammer bewahrt die Stadt, in der vom 14. bis 19. Jh. hundert Gold- und Silberschmiede ihr Handwerk betrieben, ihre silbernen Schmuckstücke auf, so eine Sonnenmonstranz von 1762 (1.4.–31.10. Sa 14–16, So 14–17 Uhr).

Wer aus dem Rathaus auf den Marktplatz tritt, blickt auf die in Brabanter Gotik gehaltene **Sint-Walburga-Kirche.** Der aus »Blaustein« (blaugrauem Kalkstein) erbaute Chor (12./14. Jh.) ist noch Teil der ersten, 1150 erbauten Kirche. Zu den besonders zu beachtenden Kunstschätzen zählen die Verdüren im nördlichen Querschiff (Besichtigung nur mit Fremdenführer des Dienst voor Toerisme).

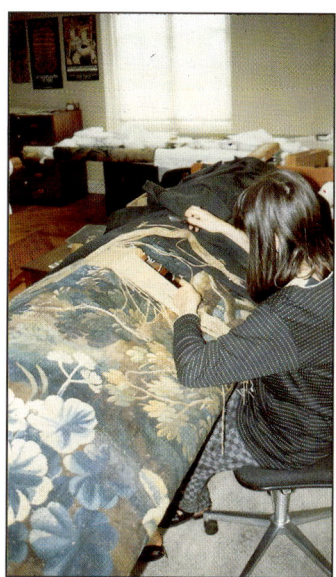

Restaurierung eines Wandteppichs

Am Ende des Marktplatzes steht der Turm einer Burganlage, der **Boudewijntoren,** und das sogenannte **Haus der Margarethe von Parma,** angeblich das Geburtshaus der Tochter Karls V. In Richtung Schelde liegt der **Beginenhof** mit Häusern aus dem 17. Jh. um zwei ineinander übergehende Höfe. Von dort aus sind es nur wenige Schritte bis zur Schelde und zum **Haus de Lalaing** aus dem 18. Jh. Durch eine gemeinnützige Vereinigung wurden in diesem Gebäude sowohl ein Restaurierungsstudio für Wandteppiche als auch ein Webatelier eingerichtet (3.1.–23.12. Mo–Fr 9–17 Uhr).

Route 6: Von Oudenaarde nach Binche

ℹ️ **Information:** Dienst voor Toeris-me, Stadhuis, Grote Markt, 9700 Oudenaarde, ☎ 0 55/31 72 51, Fax 30 92 48

🛏️ **Unterkunft:** ***Hotel-Restaurant Moriaanshoofd, Moriaanshoofd 27, ☎ 3 84 37 87; *Hostellerie »La Pomme d'Or«, Markt 62, ☎ 31 19 00.

⛺ **Camping:** IC-Camping Vlaamse Ardennen, Kortrijkstraat 342, ☎ 31 54 73, Fax 30 08 65.

🍴 **Restaurant:** Restaurant Crombé, Markt 30, ☎ 31 13 17, Spezia-litäten wie Hasenrücken »Grand Ve-neur« und Lachs in Chambordsauce; In de Kroon, Kerzelare 94, ☎ 31 19 75, Aalspezialitäten; Den Wijngaard, Wijn-gaardstraat 8, ☎ 31 22 30, u. a. Kanin-chen in Liefmans-Bier.

🎭 **Ereignisse:** Adriaen-Brouwer-Fest, großes folkloristisches Fest am letzten Wochenende im Juni.

🚆 **Verbindung:** IC Oostende – Ou-denaarde – Brüssel.

Tournai

Tournai (68 100 Einw.) blickt auf eine 2000jährige Geschichte zu-rück. Von den Römern als Straßen-station *Turnacum* gegründet, war sie die erste Hauptstadt des Fran-kenkönigs Chlodwig (5. Jh.). Auch zur Zeit Heinrichs VIII., der im 16. Jh. die Stadt eroberte, unter Karl V. und Ludwig XIV. war sie ei-ne »Königsstadt«. Im 16. Jh. geriet Tournai wie auch das nahegelege-ne Oudenaarde in den Strudel von Reformation und Gegenreformati-on. Die in der Stadt ansässigen Tep-pichweber, aber auch andere Bür-

ger, wurden Protestanten, so daß sich Tournai zeitweilig zu einer calvinistischen Hochburg entwickelte. Unter König Philipp II. stellten spanische Truppen jedoch mit Gewalt die alte Ordnung wieder her.

Wandteppiche werden bis heute in Tournai gefertigt. Neben dem Dienstleistungssektor bestimmt die Zementindustrie ganz entscheidend die Wirtschaftskraft der Stadt an der Schelde. Hier hat sich auch einer der größten belgischen Verlage und Druckereien, nämlich Casterman, bekannt durch die Herausgabe von *Tintin* (»Tim und Struppi«), niedergelassen.

185

Auf der dreieckigen **Grand Place,** dem ehemaligen römischen Friedhof, befinden sich die im Renaissancestil erbaute **Tuchhalle** (Halle-aux-Draps, 1610) und die Kirche **St-Quentin** (um 1200). Am Rande des Platzes ragt der 72 m hohe freistehende **Belfried** empor. Er ist der älteste Belfried Belgiens und wurde im 12. Jh. gebaut. Ein Glockenspiel, das im obersten Stockwerk des Turms installiert worden war, befindet sich heute im Saal unter dem Uhrwerk. Sobald der Turm restauriet ist, kann man ihn wieder über 256 Stufen erklimmen.

Der wohl bedeutendste Sakralbau der Stadt ist die Kathedrale **Notre-Dame** (s. S. 42f.) westlich der Grand Place. Der fünftürmige Bau aus blaugrauem Stein, zwischen dem 11. und 13. Jh. errichtet, gilt als eines der schönsten romanisch-gotischen Gotteshäuser Westeuropas. Während das Schiff, der sechseckige Vierungsturm und die beiden östlichen Türme noch ganz von den massigen Formen der Romanik geprägt sind, zeigen die Westtürme bereits gotische Formen, die der auffällig hohe und lange Chor (1242–55) dann endgültig aufgreift.

Reich mit Steinmetzarbeiten versehen ist das Nordportal (Mantiliuspforte) des Querschiffes. Es zeigt unter anderem figürliche Darstellungen der Tugenden und Laster, zum Beispiel einen Geizhals mit einem Geldsack, der vom Teufel gepackt wird. Die Längswand des romanischen Mittelschiffs gleicht

mit ihren vier Stockwerken einem Aquädukt. Gegliedert wird sie durch Arkadengalerien im ersten und zweiten Stockwerk, Blendarkaden im dritten Stockwerk und eine Fenstergalerie unter dem abschließenden Kreuzgratgewölbe. Besonders hinzuweisen ist auf die Gestaltung der Kapitelle der monolithischen Säulen. Zu sehen ist in der Nähe des Südportals zum Beispiel ein fallender Mann. Möglicherweise ist diese Figur aus einer eindeutigen (Notdurft)-Pose mit nacktem Gesäß erst später in die jetzige Lage gebracht worden.

Aus der Renaissance stammt der triumphbogenartige Lettner (1572). Er ruht auf roten Marmorsäulen und ist mit biblischen Szenen aus dem Alten (Medaillons) und Neuen Testament (Vierecke) dekoriert.

Die **Schatzkammer** enthält den vergoldeten Reliquienschrein des hl. Eleutherius (1247) und den Liebfrauenschrein (1205) des Nicolas von Verdun, der das Leben Mariens (Erscheinung des Engel Gabriel, Besuch bei Elisabeth, Geburt Christi im Stall von Bethlehem) in filigraner Arbeit gestaltet hat. Zudem sind merowingische Ohrringe von Ausgrabungen unter der Kirche St-Piat und ein byzantinisches Kreuz (6. Jh.) mit einem Holzsplitter aus dem Kreuz Christi zu sehen (1.4.–30.9. Mo-Sa 10.15–11.45, 14–17.45, sonst bis 15.45 Uhr, Sa/So 14–16.45, sonst bis 15.45 Uhr).

Jenseits der Schelde, nordwestlich der Innenstadt, erreicht man über Rue de l'Hôpital und Rue

Royale Teile der einstigen Stadtbefestigung. Dazu gehören der massive **Donjon,** der sogenannte »Heinrich VIII.-Turm« oder »Grosse Tour« (1515), an der Rue du Rempart ebenso wie die Brücke **Pont des Trous** (1281–1304) nahe des Boulevard Delwart. Unweit des nördlichen Scheldeufers, auf dem Weg von der Grand Place zum Bahnhof, stehen die beiden ältesten romanischen Häuser Europas (1172–1200, Rue Barre Saint-Brice 10–12). Zwei Querstraßen weiter, in der Rue de Pont, stößt man auf die aus dem 12./13. Jh. stammende Kirche **St-Brice.**

Vom Belfried aus die Rue de la Wallonie, eine alte römische Heerstraße, und die Place Reine Astrid überquerend, erreicht man das **Musée de la Tapisserie,** das im neoklassizistischen ehemaligen Hôtel Gorin untergebracht ist. Im Atelier des Museums arbeitet eine Weberin an einem »Hochwebstuhl« *(haute lisse)* und gibt so Einblicke in die Technik des Wandteppichwirkens. Die hier gezeigte »vertikale« Webtechnik ist typisch für die Ateliers und Manufakturen in Oudenaarde und Tournai.

Die Kunst der Wandteppiche in Tournai hätte sich im 15. Jh. ohne die Aufträge des Herzogs von Burgund nicht entfalten können. Gestaltet wurden vornehmlich Themen der griechischen Mythologie. Szenen aus Homers »Ilias«, die im Detail sehr realistisch sind, sind durch mittelalterliche Burganlagen, Stadtbefestigungen, Herrenhäuser und Paläste voneinander getrennt. Wer genau hinschaut, entdeckt in den Gesichtern der le-

Wandteppich von Pierre Caille

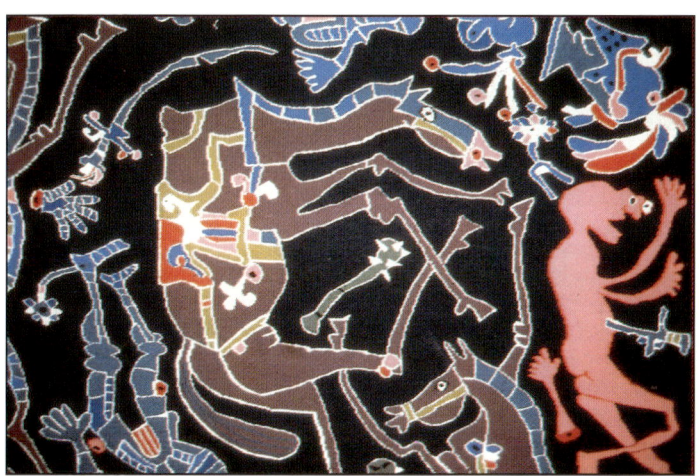

bensgroßen Figuren einen starken Ausdruck. Typisch für Arbeiten aus Tournai ist auch das Einweben von Namenszügen in die dargestellten Figuren.

Zu den zeitgenössischen Textilkünstlern, deren Werke in den Obergeschossen ausgestellt sind, zählt Pierre Caille, dessen Teppiche gekonnt Graffitikunst und Spielzeugmotive wie Reiterfiguren und Pferde vermischen. Dynamik und leuchtende Farben wie in »L'Egrenage«, »Die Sonnenblumenernte«, zeichnen die Arbeiten von Edmond Dubrunfaut aus, dem Begründer der Künstlergruppe *Forces Murales*. Auch im Rathaus ist eine Arbeit von ihm zu sehen: »1745 Fontenoy«.

Vorbei am **Naturhistorischen Museum** (Musée d'Histoire Naturelle), das einem naturhistorischen Kabinett gleicht, gelangt man zum **Museum der Schönen Künste** (Musée des Beaux-Arts), das von Victor Horta (s. S. 47 ff.) entworfen wurde. Die Sammlung umfaßt u. a. Werke von Jacob Jordaens, James Ensor und Vincent van Gogh. Besonders breiten Raum nehmen die Arbeiten des aus Tournai stammenden romantischen Malers Louis Gallait (1810–87) ein. Zu seinen Arbeiten gehören historische Gemälde wie »Die Enthauptung der Grafen Egmond und Hoorn«. Auch die beiden einzigen Gemälde des französischen impressionistischen Malers Edouard Manet, die Belgien besitzt, befinden sich in diesem Museum. Hinzuweisen ist auch auf

Arbeiten des zu den »Flämischen Primitiven« zählenden und aus Tournai stammenden Rogier van der Weyden (Roger de le Pasture), dessen Standbild vor der Kathedrale zu finden ist (s. S. 37).

Sehenswert ist auch das **Archäologische Museum**, das in einem ehemaligen Pfandhaus (1622) untergebracht ist. Ausgrabungsfunde des gallo-römischen Marktplatzes, darunter der berühmte, reich verzierte Sarkophag aus dem 4. Jh., gehören ebenso zur Sammlung wie keltische Geldstücke aus Gold und Silber sowie Waffen aus merowingischen Gräbern, die im Stadtteil Saint-Brice gefunden wurden.

Information: Centre de Tourisme, Vieux Marché-aux-Poteries 14, 7500 Tournai, ✆ 069/22 20 45, Fax 21 62 21.

Unterkunft: ***Holiday Inn Garden Court Tournai, Pl. St. Pierre, ✆ 21 50 77; Hotel D'Alcantara, Rue de Bouchers St-Jacques 2, ✆ 21 26 48.

Jugendherberge: Rue St. Martin 64, ✆ 21 61 36.

Camping: Camping de l'Orient, Vieux Chemin de Mons, ✆ 22 26 35.

Restaurants: Bistro de la Cathédrale, Vieux Marché-aux-Poteries 15, ✆ 21 03 79, französische Küche, lokale Spezialitäten wie *Lapin à la Tournaisienne* (Kaninchen), Bush Beer; La Cave à Bière, Quai Taille-Pierres 3 a, ✆ 21 29 45, in einem romanischen Haus (14. Jh.) an der Schelde.

Ereignisse: *Lundi Perdu* am 1. Mo nach dem 6. Jan., an dem traditionell *Lapin à la Tournaisienne* (Kaninchen mit Pflaumen und Rosinen) gegessen wird; die »Vier Großen Umzüge« *(Journées des 4 Cortèges)* am 2. Wochenende im Juni; große historische Prozession am 2. Septembersonntag; fünftägiges Volkstanzfestival in der 1. Oktoberwoche; Internationale Triennale der Wandteppich- und Textilkunst (2000,...).

 Öffnungszeiten der Museen: Mi–Mo 10–12, 14–17.30 Uhr; geschl. 1./2.1., 11.11., 24.–26.12., 31.12., Mo der *Braderie* im Sept.

Verbindung: IC Liège – Namur – Mons – Tournai, IC Bruxelles – Tournai – Mouscron.

Mons

Mons (92 200 Einw.) ist die Provinzhauptstadt des Hainaut (Hennegaus) und der Mittelpunkt der Borinage, des ehemaligen Steinkohlereviers. Der Abbau der Kohle begann bereits im 12. Jh., erreichte jedoch erst im 19. Jh. seinen wirtschaftlichen Höhepunkt. Kohle wird inzwischen nicht mehr gefördert, die Stadt ist nun ein Dienstleistungs- und Ausbildungszentrum mit Universität. Neue Technologien und die Nuklearforschung machen neben der Zementindustrie, der Aluminium-Erzeugung und dem Einzelhandel die wirtschaftliche Potenz der Stadt aus.

Die »Stadt auf dem Hügel« blickt auf eine fast tausendjährige Geschichte zurück. 1295 war sie bereits Hauptstadt der Grafschaft Hainaut. Sie ist die Geburtsstadt von Roland des Lassus, Orlando di Lasso genannt, einem der bedeutendsten Komponisten des 16. Jh. Auch der Maler Vincent van Gogh hielt sich ein paar Jahre in Mons auf. Er war, wie der Briefwechsel mit seinem Bruder zeigt, vom Elend der Grubenarbeiter tief erschüttert. Das Haus, in dem er zwischen 1879 und 1880 lebte, befindet sich in Cuesmes an der Rue du Pavillon (tgl. außer Mo 10–18 Uhr, erreichbar mit Bus 20).

Ausgangspunkt eines Stadtspaziergangs ist die *Grand Place* mit vielen Cafés, dem Hôtel de la Couronne Impériale (1772) und dem Hôtel de Ville (1459–67), dem in Sand- und Backstein erbauten gotischen **Rathaus.** Auf der Rückseite des Rathauses öffnet sich ein Innenhof *(Cour d'Honneur).* Das Interieur des Rathauses unterlag dem wechselnden Zeitgeschmack. Brüsseler Wandteppiche von 1707 sind hier ebenso zu sehen wie vergoldete Stuckdecken von 1682. Von der Tordurchfahrt erreicht man rechts im Erdgeschoß die *Salle des Saquiaux,* wo die Schlüssel zu den Stadttoren über Nacht in sogenannten *sacquiaux,* Lederbeuteln, bis zum nächsten Tag unter Aufsicht eines Schöffen aufbewahrt wurden. Rechts neben der Zugangstür ist in der Mauer das Standardmaß des Hennegau, der *Pied du Hay Nau,*

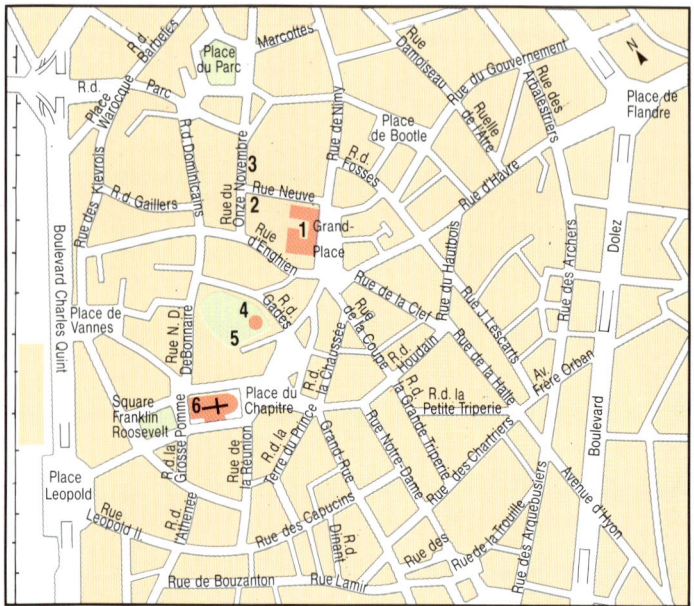

Mons 1 Rathaus   2 Musée du Centenaire (Stadtmuseum)/Kriegsmuseum   3 Musée de la Vie Montoise (Volkskundemuseum)   4 Belfried   5 St-Calixte   6 Sainte-Waudru

mit einer Länge von 29,5 cm eingelassen. An Markttagen diente es der Überprüfung der gekauften Tuche. Neben dem Hauptportal sitzt linker Hand der aus Schmiedeeisen gearbeitete *Singe de Grand-Garde,* ein blankpoliertes Äffchen, das als Glücksbringer gilt.

In den **Jardins du Mayeur** hinter dem Rathaus findet man in ehemaligen Pfandhaus das **Musée du Centenaire**. Es besitzt eine Sammlung von Funden aus der Jungsteinzeit sowie aus der gallo-römischen und merowingischen Periode. Im gleichen Haus erinnert das **Kriegsmuseum 1914–1918 und 1940–1945** an die drei Schlachten um Mons im August 1914, November 1918 und September 1944 (Di–Sa 12–18, So 10–12, 14–18 Uhr).

Das **Musée de la Vie Montoise,** das im Hospital des alten Klosters der Schwestern von Unserer Lieben Frau eingerichtete Volkskundemuseum, vermittelt verschiedene Aspekte der lokalen Kulturgeschichte. Seine Sammlung von Maßeinheiten bewahrt auch ein *Pied de Hainaut,* das Maß des Hen-

negaus in Kupfer, ein Steinmaß sowie die Elle von Mons *(Aune de
Mons;* Di–Sa 10–12, 14–18 Uhr).

An der Südostseite des Square de
Château erhebt sich der barocke
Belfried (84 m), der zwischen
1662 und 1672 erbaut wurde und
den man bereits seit Jahrzehnten
restauriert. Auf einem Hügel unter-
halb des Turms befand sich einst
die gräfliche Burg, von der nur
noch das Torhaus und die **St-
Calixte-Kapelle** (16. Jh.) erhalten
sind (Burgberg: 1.5.–15.9. 10–20,
16.9.–30.4. 10–18 Uhr; Kapelle:
1.5.–31.10. 12–18 Uhr).

Südlich des Burgbergs stößt man
auf die 155 m lange spätgotische
Stiftskirche **Sainte-Waudru** (15.–
17. Jh.) mit ihrem markanten Turm-
stumpf. Sie wurde im Auftrag von
dreißig reichen Stiftsdamen zu Ehren der im Jahre 688 verstorbenen
Waudru (Waltrudis), der Gründerin
eines kleinen Klosters in *Castrilo-
cus,* dem späteren Mons, errichtet.
Nach ihrem Tod wurde die Mutter
von vier Kindern vor allem von kin-
derlosen Frauen verehrt. Sie kamen
nach Mons, um eine Nacht in der
Kirche zu verbringen. Erschien ihnen die Heilige im Traum, so sahen
sie darin ein Zeichen für baldige
Schwangerschaft. Im Inneren sind
Alabasterstatuen von Jacques Du

Rathaus von Mons

Brœucq, Demut, Sanftmut, Hoffnung, Keuschheit und Gerechtigkeit darstellend, und die Teile des aus dem 16. Jh. stammenden Lettners aus schwarzem Marmor und Alabaster ebenso sehenswert wie die Reliquienschreine der hl. Waltrudis. Die Leibreliquie befindet sich in einem Schrein, der oberhalb des Altars, unerreichbar für die Pilger und Gläubigen, auf einer Art Bühne steht. Die Kopfreliquie wird in der ersten Seitenkapelle im linken Seitenschiff verwahrt. Unmittelbar am Südeingang befindet sich der vergoldete, mit Putten verzierte und an Lederriemen aufgehängte Prozessionswagen *Car d'Or* (18. Jh.), der dazu dient, die Reliquien während der *Procession*

Portal der Stiftskirche Sainte-Waudru

de la Trinité aufzunehmen. Die Kutsche wird dann von sechs Pferden aus der Kirche heraus- und durch die Stadt gezogen. Mit der Prozession wird ein Gelübde aus der Zeit der Pestepidemie von 1349 erfüllt. An diesem Tag findet auch der legendäre Kampf des hl. Georg mit dem Drachen *Lumeçon* statt. Dem Heiligen stehen zehn *Chinchins*, »Reiter«, als Beschützer zur Seite. Den Drachen hingegen, der von den sogenannten *hommes blancs* getragen wird, umringen acht schwarzgekleidete Teufel (Schatzkammer: März–Nov. Di–Sa 13.30–18, So 13–17 Uhr).

Unweit der Kirche, in der Rue de la Terre du Prince, kann man noch Reste der **Stadtmauer** (12. Jh.) entdecken. Über die Rue de la Chaussée, einen ehemaligen römischen Heerweg, gelangt man zurück zur Grand Place. Wer durch das Schuhgeschäft Delcambe geht, betritt ein aus dem 16. Jh. stammendes Haus, das an die dahinterliegende Stadtmauer anschließt.

Wer sich für Industriearchäologie interessiert, sollte einen Ausflug in die Borinage nach Hornu unternehmen und das industriearchäologische Museum **Grand Hornu** besichtigen. Hier findet man eine von Henri De Gorge 1810 errichtete neo-klassizistische Industrieanlage, die von einer sehenswerten Arbeitersiedlung und dem Schloß der Familie De Gorge-Legrand umgeben ist. Zur Industrieanlage gehören Verwaltungs- und Werkstattgebäude, eine Zuckerfabrik,

Heuschuppen, Pferdeställe, eine Gießerei und Magazine. Im Ausstellungszentrum wird die Geschichte dieses Unternehmens vorgestellt (1.3.–30.9. Di–So 10–18, 1.10.–28.2. 10–16 Uhr).

Information: Office du Tourisme, Grand Place 20, 7000 Mons, ☎ 0 65/33 55 80, 35 34 88, Fax 35 63 36.

Unterkunft: ***Infotel, Rue d'Havre 32, ☎ 35 62 21, sehr ruhig, nahe Grand Place; **Hotel Le Terminus, Pl. Leópold 3, ☎ 34 05 64; **Hotel Saint-Georges, Rue des Clercs 15, ☎ 31 16 29.

Restaurants: Restaurants: No Maison, Grand Place 21, ☎ 34 74 74, Spezialität Bouillabaisse de Poulet, Ente in Sirup und Pfirsich, Mu-

scheln in Leffe-Bier; Cool Douce, Rue d'Havre 10, ☎ 34 70 73, Spezialitäten von den Franz. Antillen.

 Ereignisse: *Ducasse de Messines,* Patronatstag der hl. Jungfrau von Messines mit Blumenmarkt am Sonntag, der dem 24. März am nächsten ist; *Procession de la Trinité* am 1. So nach Pfingsten.

Verbindung: Zug: IC Brüssel – Mons – Saint Ghislain. **Bus:** Mons – Hornu – St. Ghislain für Grand Hornu.

Binche

Binche (32 700 Einw.) gilt als eine der Hochburgen wallonischen Karnevals und besitzt gleichzeitig den

Kostümwerkstatt der Gilles

Charme einer mittelalterlichen Stadt. Trotz teilweiser Schleifung der mittelalterlichen Stadtumwallung (12. Jh.) durch die Franzosen im Jahr 1554 sind ein 1750 m langer Wehrumgang und 25 Türme erhalten geblieben.

Um sich einen Eindruck von der befestigten Stadt zu verschaffen, empfiehlt sich ein Spaziergang von der Stiftskirche **St-Ursmer** durch die dahinterliegende Parkanlage. Die Kirche wurde Mitte des 12. Jh. erbaut und in späteren Jahrhunderten mehrfach umgebaut. Ein Teil des Turms und das Hauptportal sind romanisch (Mo, Mi 10–15, Fr, Sa 10–13 Uhr).

Westlich der Kirche stößt man auf die **Ruinen des Palastes der Maria von Ungarn**. Über Treppen und Gänge kann man in der Nähe der Rue St-Paul den Fuß der **Stadtmauer** erreichen. Von dort aus geht es über einen kleinen Pfad vorbei an **Grosse Tour** und **Tour au Ferme** (oder de la Sorcière). Über die Rue Boussart erreicht man die Rue de Charleroi und die Rue Carlo-Mahy, wo es ebenso wie an der Rue de Boulevards und Rue du Posty noch Teile der Stadtmauer gibt.

Neben der Kirche St-Ursmer steht die Statue eines **Gille**, der Zentralfigur des Karneval von Binche. Das nahegelegene **Karnevalsmuseum** (Musée International du Carnaval et du Masque; tgl. 9.30–12.30, 13.30–18 Uhr; geschl. Fr/Sa vormittags, 1.11., 24.12.–2.1., Aschermittwoch) ist im Kolleg des Augustinerklosters, einem klassizistischen Bau aus dem 18. Jh., eingerichtet worden. Neben einer Abteilung, die sich dem wallonischen Karneval widmet, zeigt das Museum prächtige Masken und Karnevalskostüme aus Nord- und Lateinamerika, Asien und Europa. Der »Gille« mit Maske, Straußenfederhut und einem leinenen, mit roten und gelben Wappenlöwen verzierten Kostüm ist die Hauptfigur des Karnevals von Binche. Zu seinem klassischen Kostüm gehören auch Schellengürtel, Rüschenkragen und Rüschenmanschetten. Er trägt Holzpantinen und einen Korb mit andalusischen Orangen.

Höhepunkt des Karnevals ist der *Mardi Gras*, der Karnevalsdienstag. Dies ist der Tag der Gilles. Sie kommen dann bereits in der Nacht in den Straßen zusammen und tanzen. Erst zum Umzug am Nachmittag nehmen sie ihre Masken ab. Orientalische Prinzen, Clowns und Bauern begleiten dann die etwa 900 Gilles bei Rundtänzen über die Grand Place.

 Information: Office du Tourisme de Binche, Hôtel de Ville, 7130 Binche, Grand Place, ✆ 0 64/33 67 27, Fax 33 95 37.

Ereignisse: Karneval 3 Tage vor Aschermittwoch mit *Dimanche Gras, Lundi Gras* und *Mardi Gras.*

 Verbindung: Zug: IR Bruxelles – Binche; **Bus:** Mons – Binche.

La Louvière

Dieses Industriestädtchen (76 000 Einw.) ist die »Hauptstadt des Centre«. Wie in der Borinage bei Mons kam es im März 1886 in und um La Louvière zu Hungerrevolten, die dank säbelschwingender Gendarme in einem Blutbad endeten. Das Centre ist geprägt vom Kanal mit vier hydraulischen Schiffshebewerken (1888–1917; die bald durch das gigantische Hebewerk Strépy-Thieu ersetzt werden), von Industriebrachen, begrünten Abraumhalden und einstigen Kohlebergwerken. Boel mit seiner Walzstahlproduktion, Novoboch mit keramischen Produkten und Royal Boch mit seinem Porzellan sind bis heute unübersehbarer Bestandteil von La Louvière.

Gleich am Bahnhof erblickt man die Produktionsstätten von **Royal Boch.** Die 1841 von den Gebrüdern Eugène und Victor Boch aus Luxemburg aufgebaute Porzellanmanufaktur zählt heute nur noch 80 Mitarbeiter. Im **Centre de la Faience Manufacture Royal Boch** (Rue S. Guyaux 70, Di–Sa 10–17 Uhr) kann man der Porzellanherstellung zusehen und die umfangreiche Porzellanssammlung der Brüder Boch bewundern. Wird in Tournai die Tradition der Wandteppichweberei gepflegt, ist es in La Louvière die der graphischen Druckkunst. Das **Centre de la Gravure et de l'Image Imprimée** (Rue des Amours 10, Di–Fr 12–18, Sa/So 11–18 Uhr) besitzt über 3000 Arbeiten von 350 zeitgenössischen belgischen und nicht-belgischen Künstlern. Das Lebenswerk des in Bessarabien (Rumänien) geborenen, ab 1928 bis zu seinem Tod im Jahre 1993 in Belgien lebenden Bildhauers Idel Ianchelevici ist im **Museum Ianchelevici** bewahrt (Pl. Communal, Di–So 14–17 Uhr). 1954 schuf er vor dem Fort Breendonk (s. S. 35) das »Monument national au prisonnier politique«.

Bei Bois-du-Luc, einer typischen Zechensiedlung (1938–53), wurde schon 1685 Kohle gefördert. Nach Schließung der Mine 1973 entstand hier das **Ecomusée Regional du Centre**. Die erbärmlichen Lebens- und Arbeitsbedingungen der Bergleute sind u. a. in einem vollständig eingerichteten Bergmannshaus und im nachgebildeten St.-Josef-Schacht dokumentiert (Rue St-Patrice 2 b, 7100 Houdeng-Aimeries, Mo–Fr 9–12, 13–16.30, Mai–Okt. Sa/So 15–18 Uhr).

Sehr empfehlenswert ist auch eine Bootsfahrt auf dem **Canal du Centre** zwischen La Louvière und Ville-sur-Haine, während der ein Höhenunterschied von 68 m überwunden wird (Information: Compagnie du Canal du Centre, 7110 Bracquegnies, Rue de l'Ascenseur 127, ✆ 0 64/66 25 61).

ℹ️ Information: Info-Tourisme, Pl. Mansart 17/18, 7100 La Louvière, ✆ 0 64/21 51 21, Fax 21 51 25.

 Verbindung: IR Charleroi – La Louvière – Tournai.

Von Charleroi nach Liège

Charleroi

Namur

Huy

Liège

Auf dem Sonntagsmarkt in Liège

Eine Fahrt durch die bedeutendste Industrieregion der Wallonie wird begleitet von einsamen Fördertürmen, spärlich bewachsenen Abraumhalden und Industriekomplexen des 19. Jh. im Stil der Neorenaissance. Das kulturelle Erbe der von Kohle und Stahl geprägten Städte hüten die sehr sehenswerten Museen von Charleroi oder Liège, eindrucksvolle Kirchenschätze finden sich in den Gotteshäusern der Stadt an der Maas. Auch die Universitätsstadt Namur und die Zinngießer-Stadt Huy, beide mit einer trutzigen Festung auf einem Felsen, ziehen zahlreiche Besucher an.

Charleroi

Charleroi (206 500 Einw.), die Hauptstadt des *Pays noir,* wurde nach dem spanischen König Karl II. benannt, der die wallonische Stadt 1666 befestigen ließ. Nach der Eroberung durch die Truppen Ludwigs XIV. setzte dessen Baumeister Vauban den Ausbau des Festungsgürtels fort. Mit der »Entfestung« der Stadt im Jahr 1871 verschwanden diese Anlagen.

Durch Schwerindustrie und Kohlebergbau im 19. Jh. geprägt, hat sich die Stadt nach der Schließung der letzten wallonischen Gruben 1984 in ihrem Erscheinungsbild kaum gewandelt. Cockerill Sambre, ein europäischer Stahlgigant, bestimmt mit seinen stillgelegten und neuerrichteten Produktionsstätten in »Providence«, in der Nähe des Bahnhofs sowie zwischen dem Canal du Charleroi (1856) und der Sambre das Stadtbild. Eisenverarbeitung und Stahlerzeugung siedelten sich hier nicht zufällig an, liegt die Stadt doch in einem der drei größten Erzgebiete der Wallonie, die seit dem 16. Jh. produktiv genutzt werden. Unvergessen bleibt der 9. August 1956, als 262 Bergleute, darunter 136 Italiener, bei einem schweren Grubenunglück in Bois du Cazier (Marcinelle) den Tod fanden. Nicht allein die Schwerindustrie ist in Charleroi zu Hause, sondern durch das Verlagshaus Edition Dupuis auch die bunte Bilderwelt der Comics. Seit dem 100. Geburtstag des belgischen Comics (1996) begegnet man seinen Helden, dem sanftmütigen Cowboy Lucky Luke, dem drolligen Marsupilami sowie dem Pagen Spirou und seinem Eichhörnchen Spip, am Parc Reine Astrid, am Square Hiernaux und an der Avenue Général Michel.

Am besten entdeckt man Charleroi auf einem Spaziergang von der Sambre in der Unterstadt hinauf zur Oberstadt. An der Sambre kommt man an den vom belgischen Bildhauer Constantin Meunier geschaffenen Plastiken eines Bergmanns und eines Stahlarbeiters vorbei. Über die glasüberdachte und mit bauchigen Säulenbalustraden gestaltete **Passage de la Bourse,** erbaut 1893, geht es zur Place Albert I. und zur neoklassizistischen Kirche **St-Antoine-de-Padoue,** in der Gemälde des aus Charleroi stammenden, romantischen Malers François-Joseph Navez (1787–1869) zu sehen sind. Über die älteste Straße der Stadt, Rue de Dampremy, und die ansteigenden Rue de la Montagne, eine Fußgängerzone mit Belle-Epoque-Wohnhäusern, gelangt man zur Place Charles II., an der sich die neobyzanthinischen Kuppelkirche **St-Christophe** (1801) sowie das **Rathaus** (Hôtel de Ville) befinden. 1936 in einer Mischung aus protzigem Neoklassizismus und strengem Art Deco mit dem 70 m hohen Belfried erbaut, beherbergt es das **Musée des Beaux Art.** Nicht allein wegen der surrealistischen Gemälde von René Magritte wie dem Triptychon »Fée ignorante« ist dieses Museum ein unbedingtes Muß, sondern auch wegen der zahlreichen Arbeiten von Pierre Paulus (1881–1959), der zum Kreis der belgischen Realisten zählt. Das gleichfalls im Rathaus befindliche **Musée Jules Destrée** ist dem Streiter für die wallonische Bewegung, sozialistischen Anwalt, Poeten und zeitweiligen Wissenschaftsminister Jules Destrée (1863–1936) gewidmet. Er brachte das belgische Dilemma auf den Punkt: Ein belgischer König, keine Belgier, aber Flamen und Wallonen. (Beide Museen Di–Sa 9–17 Uhr).

Bereits im 16. Jh. wurde in Charleroi die erste Glashütte errichtet. Das östlich vom Rathaus gelegene **Glasmuseum** (Musée du Verre) informiert über die regionale Glasherstellung. Eine Sammlung von böhmischem Kristallglas und Glasarbeiten aus Venedig veranschaulichen die unterschiedliche Verarbeitung (Di–Sa 9–17 Uhr).

Im Stadtteil Marchienne-au-Pont, westlich der Innenstadt, befindet sich das **Industriemuseum** (Musée de l'Industrie). Es ist in einer ehemaligen Schmiede und Gießerei, der *Forge de la Providence,* untergebracht. Auf Text- und Bildtafeln (französisch) wird nicht nur die Technik der Eisengewinnung und -veredelung erläutert, sondern auch die Geschichte des Erzabbaus und der Weiterverarbeitung in Hochöfen. In einer der großen Ausstellungshallen sind neben Turbinen und Teilen von Walzstraßen für Blech und Draht auch Blechschneiden des ausgehenden 19. und frühen 20. Jh zu sehen. In einer weiteren Halle stößt man auf Schmieden und eine *Loge du Con-*

Route 7: Von Charleroi nach Liège

tremaitre, die »Meisterbude« mit naiver Wandmalerei (1.3.–30.11. Di–Fr 9-12, 13–16, Sa 14–17 Uhr).

Wohl über die interessanteste Sammlung von Bilddokumenten sowie zur Geschichte der Fotografie in Belgien verfügt das in einem ehemaligen Karmeliterkloster untergebrachte **Fotografiemuseum** in Mont-sur-Marchienne mit Arbeiten von Adolphe Neyt, Léonard Misso-

ne, Edward Steichen, Paul Nougé (Di–So 10–18 Uhr).

Information: Pavillon d'Information, Gare du Sud, 6000 Charleroi, ✆ 0 71/31 82 18; Office du Tourisme, Avenue Mascaux 100, 6001 Marcinelle, ✆ 88 61 52, Fax 81 61 58.

Unterkunft: ****Holiday Inn, Bd. Mayence 1, ✆ 30 24 24, günstiges Wochenendangebot; **Grand Hotel

Waremme

Hannut

N 69

Awans

Herstal

Liège

Braives

Liège

E 42/
A 15

Flemalle

N 80

Amay

N 90

Meuse

Rotheux-
Rimière

Esneux

N 63

Huy

Ourthe

Andenne

use

Sohait-Tinlot

Marchin

Modave

Ohey

Hamoir

Assesse

Havelange

N

0   5 km

N 4

N 63

Barvaux

Buisset, Pl. Buisset 2, ☎ 31 45 88; Soca-
tel, Bd. Tirou 96, ☎ 31 98 11.

Restaurants: Le Bistro, Rue de
Dampremy 8, ☎ 32 13 43, u. a.
Hühnchen in Weißbier aus Charleroi
(Blanche de Charleroi); Taverne Jacques
Bertrand, Pl. du Manège, ☎ 30 39 33,
geschmachvolles Industriedesign, Grill-
und Muschelgerichte; Le Zinc de la
Mer, Pl. Buisset 11, ☎ 30 95 25, u. a.
Fischpaella.

Ereignisse: Karneval von Charleroi mit den Gilles, Majoretten
sowie den Riesen D'Jean, D'Jenne, El
Facteûr, El Mayeur und El Champète; *Le
Tour St. Jean,* historischer Umzug in
Gosselies, So, der dem 24.6. am nächsten ist; *La Marche de Madeleine, Umzug* in Jumet, So, der dem 21.7. am
nächsten ist.

Verbindung: IC Antwerpen –
Bruxelles – Charleroi.

Die Zitadelle von Namur

Namur

Die Stadt Namur (105 000 Einw.), am Zusammenfluß von Sambre und Maas *(Meuse)* gelegen und umgeben von den Ausläufern der Ardennen, ist Hauptstadt der gleichnamigen Provinz sowie Verwaltungs- und Regierungssitz der Wallonischen Region. Namur war als Teil der Grafschaft Namur Widersacherin des durch den deutschen Kaiser im 10. Jh. gegründeten Fürstbistums Liège. Berengar, Graf von Namur, ließ Ende des 10. Jh. eine erste Befestigungsanla-

ge mit Burgfried (*Donjon*) dort errichten, wo sich auf einem Felsvorsprung die heutige Zitadelle erhebt. Diese strategisch günstig gelegene Festungsanlage wurde im Laufe der Jahrhunderte durch Befestigungsgürtel mehrmals erweitert, ehe sie 1977 ihren militärischen Charakter verlor.

Die **Citadelle de Namur** ist zu Fuß oder in 15 Minuten mit dem *Téléphérique,* der Drahtseilgondel von der Rue Notre-Dame, zu erreichen (Zitadelle 1.7.–4.10. tgl., 4.4.–31.5. Sa/So u. feiertags 11–17 Uhr, 1./2.8. geschl.; Fahrbetrieb der Seilbahn wegen Steinschlaggefahr vorläufig eingestellt). Wer zu Fuß über Steintreppen zur Rampe Verte hinaufsteigt, gelangt zunächst zum ältesten Teil der Anlage, dem **Donjon.** Die Seilbahn hält am Eingang am Stade des Jeux (1907). Von dort aus erreicht man zwei Bastionen, die **Bastion des cinq frères** und die **Bastion des quatre vents.** Die Befestigungsanlage **Terra Nova** (17. Jh.) und die von den Holländern 1815 für 1200 Soldaten erbaute Kaserne sind von dort gut zu überblicken. Über Terrassen gelangt man weiter zum Eingang der dreigeschossigen Kaserne. Unweit von hier befindet sich der Zugang zu den Kasematten, den **Galeries des Boufflers,** die ohne Führung zugänglich sind. Diese unterirdischen, sich über drei Stockwerke erstreckenden Gänge dienten als Lagerraum, Waffenarsenal und Kaserne.

Nur mit einem Begleiter dürfen die übrigen Kasematten betreten werden, die nahe der Kaserne beginnen und in der Nähe des Donjon enden. Sie sind das Werk von Sébastien le Prestre de Vauban (1633–1707), dem Festungsbaumeister Ludwigs XIV. Ein Teil wurde vor dem Zweiten Weltkrieg zu Schutzbunkern gegen die gefürchteten Gasangriffe ausgebaut. Kurzzeitig dienten sie als Kommandantur. Doch angesichts der deutschen Übermacht nach dem Einmarsch im Mai 1940 kapitulierte die belgische Armee und zog sich kampflos aus der Zitadelle zurück (Ostern–31.5. Sa/So, feiertags 11–17 Uhr, 1.6.–30.9. tgl. 11–17 Uhr).

Vom ältesten Teil der Festung ist neben dem Donjon die **Vieille Forge,** die alte Schmiede, erhalten geblieben. Im restaurierten gräflichen Schloß mit Gewölben kann im »Restaurant du Château des Comtes« gespeist werden.

In dem als **Mediane** (16. Jh.) bezeichneten Teil der Festung, zwischen Terra Nova und Donjon gelegen, stößt man auf den sogenannten **Colombier von Mediane.** Hier befand sich zunächst ein Labor der belgischen Artillerie, dann der Taubenschlag, in dem bis zum Beginn des 20. Jh. Brieftauben der belgischen Armee untergebracht waren. In diesen alten Gemäuern hat sich Guy Delforge ein Labor zur Herstellung von Parfüm eingerichtet. Während der Führung in seiner Parfümerie erfährt der Besucher unter anderem, daß zur Herstellung seiner Parfüms etwa 130 verschiedene Essenzen und ätherische Öle notwendig sind. In einem unterirdischen »Duftkabinett« bekommt man einen Vorgeschmack auf seine Parfüms, wenn man an Lavendel, Eukalyptus, Zitronengras und anderen Duftstoffen schnuppert (Führungen: Sa 15.30 Uhr, in Ferienzeiten auch Di–Fr 15.30 Uhr).

Ein Bummel durch die Gassen und Sträßchen der Stadt, durch die Rue des Brasseurs, die Rue Fumal, die Rue St-Jean oder über den Marché-aux-Legumes südlich der Jesuitenkirche Saint-Loup und der klassizistischen Kathedrale St-Aubain (1751–72) ist ebenso lohnenswert wie der Besuch eines der zwölf Museen. Das **Diözesanmuseum** mit dem Kirchenschatz

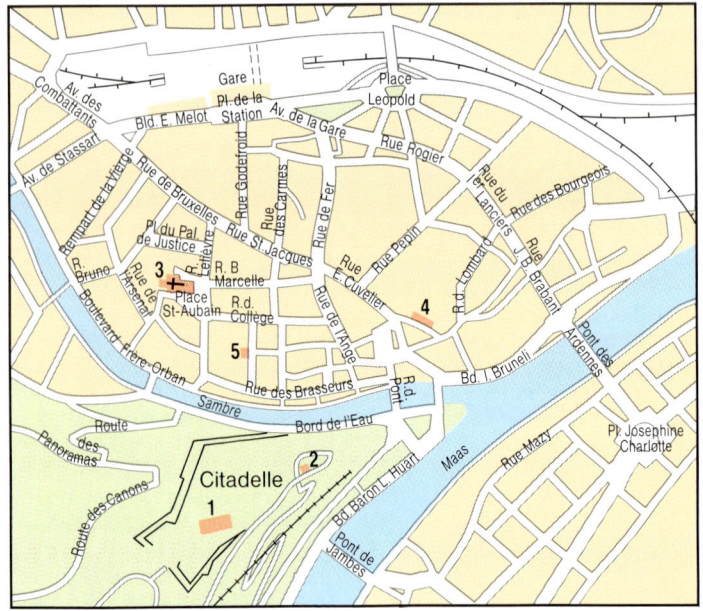

Namur 1 Terra Nova 2 Donjon 3 Konvent der Sœurs de Notre-Dame 4 Provinzialmuseum Felicien Rops

(Musée Diocésain et Trésor de la Cathédrale; tgl. außer Mo u. So vorm. Ostern–31.10. 10–12, 14.30 –18 Uhr; 2.11.–Ostern 14.30– 16.30 Uhr) zeigt Goldschmiedearbeiten aus Namur, Glashandwerk aus dem Tal der Maas und Reliquiare aus dem 8. bis 18. Jh.

Im ehemaligen **Kloster der Sœurs de Notre-Dame** (Rue J. Billard 17) sind die Goldschmiedearbeiten von Hugo d'Oignies zu sehen, eines der bedeutendsten Kunsthandwerker des 12./13. Jh. Filigrane Arbeiten wie das byzanti-

nische Kreuz und Reliquienmedaillons der Hll. Martin und Hubertus sind seine wichtigsten Werke (2.1.–31.12. Di–Sa 10–12, 14–17, So 14–17 Uhr, feiertags geschl.).

Das dem Lithographen und Buchillustrator Felicien Rops gewidmete **Provinzialmuseum Felicien Rops** (Rue Fumal 12, 3.1.–Ostern u. 2.11.–24.12 Di–So 10–17, Ostern– 1.1. Di–So 10–18 Uhr, Juli/Aug. auch Mo) schildert die Lebensstationen des 1833 in Namur geborenen Künstlers anhand seiner Werke. Während seiner Brüsseler Zeit schuf sich Rops mit dem »Journal Uylenspiegel« die Möglichkeit, seine Arbeiten zu veröffentlichen. Damals illustrierte er auch das Werk »Les Derniers Flamands« (Die letzten Flamen) von Charles de Coster, dem Schöpfer der »Uylenspiegel«-Geschichte. Bissige Satire prägt seine Arbeiten wie z. B. das Blatt »La Medaille de Waterloo«, auf dem Napoleon als Gevatter Tod, umgeben von barbusigen Frauen, über das Schlachtfeld schreitet.

Information: Office du Tourisme, Square Léopold, 5000 Namur, ✆ 0 81/24 64 49.

Unterkunft: ***Hotel Beauregard, Av. Baron de Moreau, ✆ 23 00 28, interessantes Wochenendangebot, Besuch der Zitadelle; ***Queen Victoria, Av. de la Gare 12, ✆ 22 29 71; B&B Annie Fernand, Ch. De Dinant 84/6, ✆ 22 00 26, zentral an der Maas.

Restaurants: La Petite Fugue, Place Chanoine Descamps 5, ✆ 23 13 20, u.a. Flußaal mit Mechelener Spargel in grüner sauce; Brasserie Henry, Place Saint-Aubain 3, ✆ 22 02 04, französische Küche.

Jugendherberge: Av. Félicien Rops 8, 5000 Namur, ✆ 22 36 88.

Ereignisse: Ende Sept./Anfang Okt. Internationales Festival des französischsprachigen Films; So Trödelmarkt entlang der Maas.

Verbindung: IC Tournai – Namur – Liège, IC Gent – Aalst – Brüssel – Namur – Dinant.

Huy

Die Geschichte des maasländischen Zentrums der Zinngießereien und Kupferschmieden, der Gerbereien und Brauereien begann bereits im 7. Jh. Händler aus Huy reisten an die Themse und nach Cornwall, Metz und Köln, nach Wien und Polen, um Kupfer, Felle oder Parfüm zu kaufen. Im späten Mittelalter (14.–17. Jh.) begann der Weinanbau an der Maas. Im 17. Jh. wurden jährlich 500 000 l Wein gekeltert und exportiert. Der Einmarsch der Truppen Ludwigs XIV., die Pest von 1689 und die Konkurrenz von Mosel und Burgund führten zum Niedergang des Weinbaus. Erst nach 1960 wurde die Tradition des Weinanbaus in den Hügeln von Huy wieder aufgenommen. Seither begeht Huy, »la Cité Vigneronne«, mit gutem Grund jedes Jahr einen »Sommer des Maasländischen Weingebiets« mit

Erstes Stadtsiegel von Huy

gastronomischen Wochen, Verkostung des Weiß- und des Rotweins, Vorträgen und Ausstellungen.

Eine andere bedeutende Erwerbsquelle war die Zinngießerei. Unter der Bezeichnung *Potstainiers Hutois* wurden Teller, Schalen, Becher, Kerzenständer und Weihwasserkessel gefertigt – dann wurde es vom Porzellan verdrängt. Im 19. Jh. entwickelten sich eisenverarbeitende Industrien. Wachsende ausländische Konkurrenz und der Zweite Weltkrieg führten zum zeitweiligen Niedergang der Industrie, bis sich der Stahlkonzern Cockerill Sambre in Huy engagierte.

Ausgangspunkt eines Stadtrundganges sollte die am Ufer der Maas gelegene Stiftskirche **Notre-Dame** sein. Sie steht am Fuße eines Felsens, auf dem sich eine seit dem 8. Jh. bestehende und über die Zeit hin veränderte Burganlage erhob, die nach dem Ende des Spanischen Erbfolgekrieges (1701–1714) abgebrochen wurde. Die Kirche Notre-Dame wurde Mitte des 11. Jh. für 30 Chorherren gegründet. Die wesentlichen Baumaßnahmen für die weitgehend hochgotische Kirche fielen in die Zeit von 1311 bis 1536. Sehr beeindruckend ist die hochgotische Rosette *Li Rondia*, die die Westfassade durchbricht.

Zu den Kostbarkeiten des Kirchenschatzes gehören vier Reliquienschreine aus dem 12. und 13. Jh. sowie Goldschmiedearbeiten aus Huy und Liège. Sie sind in der Schatzkammer *(Trésor)* im Westturm untergebracht. Hinzuweisen ist auch auf die östlich der zweiten Seitenkapelle gelegene romanische Krypta. An der Ostseite der Kirche, in der Rue de Cloître, befindet sich das Bethlehemportal (14. Jh.). Es zeigt biblische Szenen wie die Geburt Christi, die Anbetung der Heiligen Drei Könige und den Kindermord zu Bethlehem. (Mo–Sa 9–12, 14–17, So 14–18 Uhr.)

Nur wenige Schritte entfernt befindet sich der Zugang zum Fort. Auf dem Weg dorthin kommt man am **Hospice d'Oultremont** (16. Jh.), heute Informationsbüro, vorbei. Das **Fort** wurde 1818 durch die Holländer errichtet, 2000 Arbeiter wurden für die Bauarbeiten

Huy, Kirche Notre-Dame und Festung

eingesetzt. Nach den Revolten von 1848 diente es als politisches Gefängnis, ehe es ab 1876 wichtige Verteidigungsfunktionen einnahm. Über einen kurzen, steilen Anstieg ist das Fort zu Fuß zu erreichen. Die Festung, für eine Besatzung von 600 Mann und 100 Kanonen ausgelegt, war vom Mai 1940 bis zum 5. September 1944 Zwangsarbeitslager für 7000 Belgier, Franzosen und Angehörige anderer Nationalitäten. Hier verbrachten Widerstandskämpfer, aber auch diejenigen, die sich nicht willig zur Arbeit im Deutschen Reich meldeten, Monate und Jahre, sofern sie nicht in das KZ Vucht (Niederlande) oder nach Fort Breendonk bei Mechelen überführt und hingerichtet wurden. Etwa 4 m² große Dunkelzellen, die

nur geringfügig größeren Zellen, spärlich mit Schemel, Pritsche und Eimer ausgestattet, und Zeichnungen des Majors Fernand Dirix, die dieser während seiner Gefangenschaft und nach seiner Entlassung angefertigt hat, verdichten den Eindruck vom Lagerleben (April–Juni, Sept. Mo–Fr 10–17, Sa/So 10–18 Uhr; Juli/Aug. tgl. 10–20 Uhr).

Auf der Grand Place steht **Li Bassinia,** eine 1409 entstandene Brunnenanlage. Geht man durch eine kleine Gasse neben dem **Rathaus** (1754), gelangt man auf die Place Verte mit der Kirche **Saint-Mengold** (1108) und einem im 15. Jh. errichteten Patrizierhaus, der **Maison Nokin**. Ein Gefühl für das Ambiente des mittelalterlichen Huy bekommt man in der Rue des Frères-

Mineurs, in der die **Maison de la Tour** (12. Jh.) steht. Im ehemaligen Franziskanerkloster (1662) ist heute unter anderem das **Musée Communal** untergebracht, das sich nicht nur der Geschichte und Tradition der Zinngießerei, sondern auch der Industriegeschichte von Huy widmet (1.4.–30.10 tgl. 14–18 Uhr).

🛈 **Information:** Office du Tourisme, Quai de Namur 4, 4500 Huy, ☎ 0 85/21 29 15, Fax 23 29 44.

🛏 **Unterkunft:** ***La Réserve, Ch. Napoléon 8/9, ☎ 21 24 03; **Hotel du Fort, Ch. Napoléon 5/6, ☎ 21 24 03.

⛺ **Camping:** Camping Mosan, Rue de la Paix 3, 4500 Huy-Tihange, ☎ 23 10 51.

🏠 **Jugendherberge:** Rue de la Paix 3, 4500 Huy-Tihange, ☎ 23 10 51, Ostern–Ende Aug.

🍴 **Restaurants:** l'Aigle Noir, Quai Dautrebande 8, ☎ 21 23 41/ 23 64 72, Wildspezialitäten wie Hirschmedaillons mit Waldpilzen; La Fleur des Iles, Rue Griage, ☎ 21 61 42, frankokaribische Küche, u.a. Kaninchen mit Honig.

🎭 **Musikalische Ereignisse:** *Ça Jazz à Huy* Anfang Aug. **Andere Ereignisse:** *Fêtes de Wallonie,* Anfang Sept.; *Marché de Noë,* Mitte Dez.

🚆🚌 **Verbindung: Zug:** IC Tournai – Mons – Charleroi – Namur – Huy – Liège – Herstal. **Bus:** Liège – Huy, Huy – Modave (Château de Marchin) – Ciney.

Liège

Liège war im Mittelalter Hauptstadt eines Fürstbistums und ist bis heute ein geistliches Zentrum geblieben, wenn auch nicht alle der 30 Klöster, 5 Abteien, 32 Pfarrkirchen und 7 Stiftskirchen erhalten sind und die Französische Revolution sowie die Industrialisierung im 19. Jh. den Charakter der Stadt gewandelt haben. Gleich anderen alten Industriestandorten muß auch Lüttich (192 000 Einw.) – bekannt für seine Waffenschmiede und Stahlindustrie – sich heute um ein neues Image bemühen, ohne daß sich die Hauptstadt der gleichnamigen Provinzin an den Ufern der Maas (Meuse) zu einer Mixtur aus herausgeputzter Puppenstube und Disney World entwickelt.

An der einstigen Straße der Tuchmacher, Walker und Kupferschmiede, Féronstrée, mit ihren klassizistischen Fassaden aus dem 17. und 18.Jh. verbergen sich hinter den spröden Betonmauern des **Museums der wallonischen Kunst** (Musée de l'Art Wallone) religiöse Gemälde des 17. Jh. von Lambert Lombard und die Arbeiten der sozialen Realisten wie Constantin Meunier, die in Guachen, in Öl und in Bronze die Menschen der Borinage verewigt haben. Ganz besonders ist auf den Vertreter der belgischen Abstrakten Jo Delahaut (1911–92) hinzuweisen, dessen zahlreiche Kompositionen nachdenkliche Blicke auf sich ziehen.

Mit **Georges Simenon** **unterwegs** in Liège

Die Passerelle, die schmale Brücke über die Maas, ist, wie Simenon es beschreibt, »eine Grenze zwischen dem Faubourg und der Stadtmitte, …etwas für die Bewohner von Outremeuse, die Brücke, über die man ohne Hut geht…«. Schaut man von ihr zum Pont des Arches hinüber, so wartet man vergeblich auf vorbeiratternde Straßenbahnen wie die Linie 4, die Simenon so liebte – heute fahren dort die gelbroten TEC-Busse. Wer die Passerelle verläßt, läuft unter den schattenspendenden Bäumen des Boulevard Saucy entlang. Am Ende dieses Boulevards, nicht weit von einem Zeitungskiosk, ist »Tchantchès und Nanesse«, den Volkshelden von Outremeuse, ein Denkmal gesetzt worden.

Die Rue Puits-en-Sock ist immer noch eine der Lebensadern des Viertels jenseits der Maas, ähnlich wie damals, als Großvater Simenon dort sein Hutgeschäft betrieb, wo die Rue des Récollects einmündet. Simenon erinnert sich: »Durch ein armseliges Gäßchen… gelangt Désiré zur Rue Puits-en-Sock, der Geschäftsstraße, in der alle Häuser Ladenschilder haben, die riesige Schere des Eisenwarenhändlers, die bleifarbene Uhr, …und schließlich, über dem Hutgeschäft der Mamelins, der leuchtend rote Zylinder.« Doch all dies hat sich durch Neonreklame und bunte Glasgirlanden über der Straßenschlucht verändert.

Saint-Nicolas, die Familienkirche der Simenons, steht am Ende der Rue des Récollects. Eine riesige Christusfigur schaut vom Giebel des Hauses Nr. 13. Vor der Kirche wendet man sich nach links und gelangt über die Fosse-aux-Raines zur Rue Georges Simenon, der früheren Rue Pasteur. Das Eckhaus »Au Belvedere« von 1911 lenkt die Aufmerksamkeit auf sich: am gekachelten Giebel eine aufgehende Sonne und ein Fanfarenspieler. Vergeblich ist jedoch die Suche nach der ehemaligen Wohnung der Simenons in dieser Straße. In seinen Erinnerungen verschweigt Simenon die Hausnummer der elterlichen Wohnung. In der nahen Rue de la Loi besuchte der kleine Georges den Kindergarten St-André, der sich mit staubbedeckter, dunkelroter Backsteinfassade noch immer in der Straße (Nr.44–48) befindet.

Die Straßen laufen strahlenförmig auf die Place du Congrès zu. Die Anlage ist fast so, wie sie Georges Simenon noch aus seiner Kindheit kannte: »... so sauber, vollkommen rund, mit ihren vier gleich großen Grünflächen, ihren Bänken, der Straßenbahn 4, die eine gleichmäßige Kurve beschreibt«. Die Fahrgeräusche der Straßenbahn gibt es nicht mehr, doch auf der Mitte des Platzes steht unterdessen eine Büste des Schriftstellers, dem allerdings die typische Maigret-Pfeife fehlt.

Outremeuse ist das Viertel der Gäßchen. Links und rechts der Rue Puits-en-Sock dringt man in Gänge und Passagen ein, glaubt, sich in private Wohnhöfe verirrt zu haben. Doch »schmutzige Mädchen ohne Schlüpfer, die mit gespreizten Beinen am Bürgersteigrand sitzen« und »Babys mit laufender Nase«, wie sie Simenon noch kannte, sind aus dem Straßenbild verschwunden. Der Flaneur durch die Rue Roture wird morgens vom Geruch der Putzmittel eingehüllt und abends vom Duft des »Boeuf à griller«, das Maigret gern mit einem Bier speiste.

(Di–Sa 13–18, So 11–16.30 Uhr). Im nahen **Hôtel d'Ansembourg** betritt man ein Herrenhaus aus dem frühen 18. Jh., dessen Zimmer ein druckkomponiertes Raumensemble darstellen. Beeindruckend sind die herrlichen Wandteppiche aus Oudenaarde sowie im Musikzimmer die Stuckarbeiten, in denen man Lauten-, Harfen- und Flötenspieler entdeckt (Di–So 13–18 Uhr). Gleich nebenan befindet sich das **Waffenmuseum** (Musée d'Armes) in einem neoklassizistischen hochherrschaftlichen Palais mit Innenhof (1775) – und Geschichte: Hier übernachtete Napoleon 1803 und 1811. Das Museum widmet sich mit 11 000 Ausstellungsstücken der Tradition der Lütticher Waffenschmiede (Mo, Mi–Sa 10–13, 14–17, So 10–13 Uhr). Einen Besuch wert ist auch das **Musée Curtius,** ein 1660 im maasländischen Renaissancestil erbautes Palais. Neben einer Sammlung von archäologischen Funden aus der Römer- und Frankenzeit zeigt es erlesenes maasländisches Kunsthandwerk, darunter das kostbare Evangelienbuch des Bischofs Notker (10. Jh.). Im gleichen Haus stellt die feine Sammlung des **Glasmuseums** (Musée du Verre) u. a. Arbeiten von René Lalique (1860–1945), einem der wichtigsten Vertreter des Art Nouveau vor (geöffnet wie Waffenmuseum).

Auffallend sind die Zwillingstürme der aus Kohlensandstein errichteten romanischen Kirche **St-Barthélemy,** eine ehemalige Stiftskirche, die im 11./12. Jh. entstand und Teil der Stadtbefestigung war. Besonderer Anziehungspunkt ist das auf einem Steinsockel ruhende Taufbecken. Wie die zehn Ochsen, die es tragen, ist es aus Messing gefertigt und gruppiert im Hochrelief verschiedene Taufszenen um jene des Christus im Jordan. Ob es aus dem 10. oder dem 12. Jh. stammt, ist trotz eingehender Untersuchung nicht zu klären (Mo–Sa 10–12, 14–17, So 14–17 Uhr).

Über den nach historischen Vorbildern erbauten und postmodern interpretierten Cour-St-Antoine, in dem einst die Brauer wohnten und arbeiteten, geht es zur Rue Hors-Château. Von ihr zweigen schmale Gäßchen mit sorgsam restaurierten Fachwerkhäusern ab, darunter die Impasse de la Vignetten. Wie der Gassenname schon verrät, standen hier ursprünglich Weinstöcke: von

ihrem Ende hinauf bis zur Zitadelle. Erstklassig war der Wein wohl nicht, denn es wird erzählt, wer ein Loch im Strumpf stopfen wollte, mußte nur einen Tropfen Lütticher Wein darauf fallen lassen. Die **Zitadelle** erklimmt man über die mehr als 373 Treppenstufen der Montagne de Bueren. Andernfalls spaziert man durch enge Gassen und über Treppen zum ehemaligen **Beginenhof »Zum Heiligen Geist«** und durch eine kleine Parkanlage zum **Tour des Vieux Joncs,** einem Teil der ehemaligen Komturei des Deutschen Ritterordens (10. Jh.).

In einem früheren Minoritenkloster widmet sich das **Musée de la Vie Wallone** der Alltagskultur Walloniens. Umfangreich ist die Marionettensammlung, darunter vier Maurenkrieger, Prinzessin Rosemunde, die Heiligen Drei Könige und die folkloristische Figur des Tchantchès, die einmal wöchentlich auf der Marionettenbühne des Museums Groß und Klein erfreuen (Di–Sa 10–17, So 10–16 Uhr).

In der »Unterstadt«, unweit der Place St-Lambert, unter der zur Zeit das Archéoforum mit einer Ausstellungsfläche von 7000 m^2 eingerichtet wird, um die Reste der Kathedrale St-Lambert und einer römischen Villa (2. Jh.) zu bewahren, stehen das ehemalige **Bischöfliche Palais** mit klassizistischer Fassade und zwei Innenhöfen im Renaissancestil sowie ein wenig abseits die Stiftskirche **Ste-Croix** (979), eine gotische Hallenkirche mit romanischen Fragmenten in der Chormauer (tgl. 8–18 Uhr). Sehenswert ist das Gemälde »Auffindung des heiligen Kreuzes« von Bertholet Flémalle (1614–75). Ganz in der Nähe der Heiligkreuzkirche wurde der Komponist und Organist César Franck (1822–90) geboren, der das Oratorium »Les béatitudes« schuf.

Daß **St-Denis** ursprünglich eine romanische Kirche war, davon zeugen noch das Hauptschiff und der untere Teil des Querschiffes. Wahre Schmuckstücke sind die Orgelempore und das Orgelgehäuse von 1589 sowie ein Retabel (16.Jh.) mit Szenen aus der Legende des hl. Dionysius (Mo–Sa 9–12, 13.30–17, So 9–10 Uhr). Anstelle der zerstörten Mutterkirche St-Lambert wurde 1801 die einstige Stiftskirche **St-Paul** zur Kathedrale erhoben. Auffallend in diesem gotischen Bauwerk, das im wesentlichen zwischen dem 13. und 16. Jh. entstand, sind die gemalten Rankenornamente in den Gewölben von Haupt- und Querschiffen. Im

Kreuzgang befindet sich die sehenswerte Schatzkammer mit der aus Gold und Silber gefertigten Reliquienbüste des hl. Lambertus (frühes 16. Jh.), deren Kopf den Schädel des Heiligen bewahrt (Kirche: tgl. 8–12, 10–17.15 Uhr; Schatzkammer: Di–So 14–17 Uhr).

Interessantes Beispiel für eine spätgotische Kirche ist **St-Jacques,** südlich der Kathedrale gelegen. Von einem romanischen Vorgän-

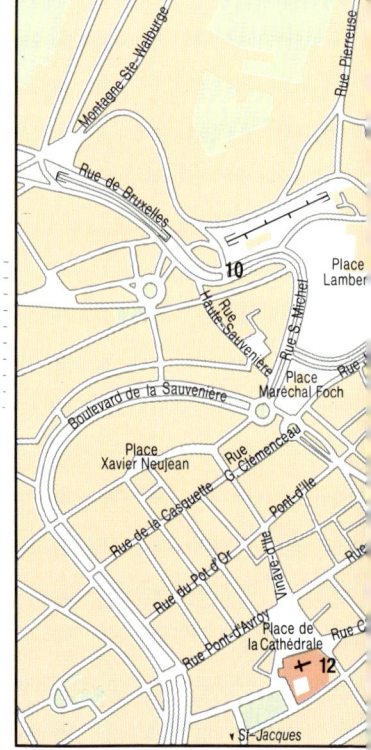

gerbau aus dem 11.Jh. stammen Teile des Turms. Die Säulen des reichgeschmückten Hauptschiffes zieren Schnitzbildnisse von Heiligen, u. a. des hl. Lambertus, aus dem 17. Jh. (Juni–Sept. Mo–Fr 10–12, 14–18, Sa 10–12, 14–16.15, So 14–18 Uhr, sonst tgl. 8–12 Uhr).

Auf der Südspitze der Maasinsel Outremeuse liegt inmitten des Parc de Boverie das **Museum der Modernen Kunst.** Es ist in einem Palais untergebracht, das 1905 für die Weltausstellung errichtet wurde, und wegen seiner hervorragenden Exponate ein absolutes Muß für Liebhaber der Malerei ab dem Impressionismus. »Die blauen Pferde« von Franz Marc oder Paul Gaugins »Hexe d'Hiva-Oa« beeindrucken durch ihre Farbkraft ebenso stark wie der Symbolismus eines Fernand Khnopff, von dem u. a. »Die Freunde« und »Der Mund«

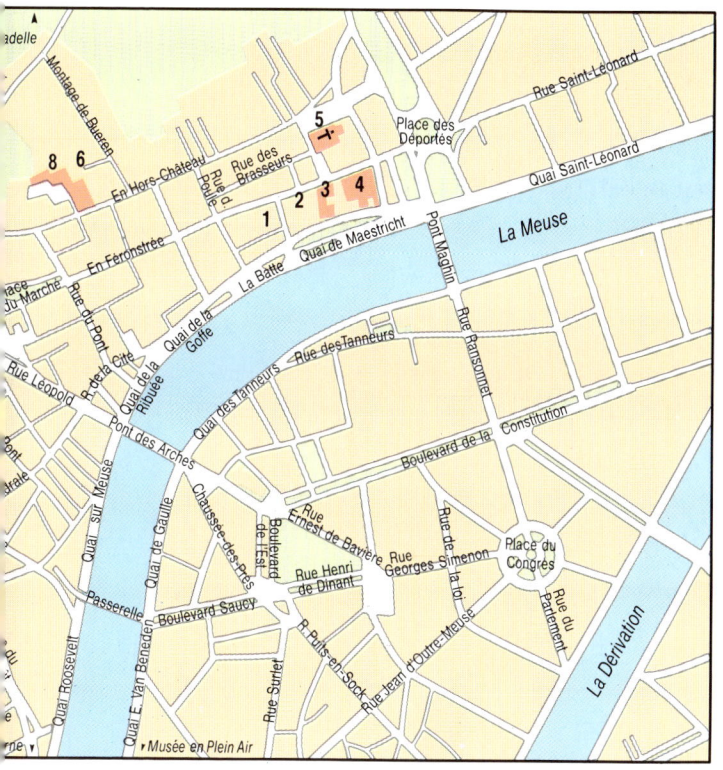

gezeigt werden, oder Ensors Maskenbilder, u. a. »Masques scandalisés« und »Masques et la Mort« (s. S. 41). Aus den 50 und 60er Jahren stammen die skurrilen farbenfrohen Arbeiten von Karel Appel und die figurativ-abstrakten Landschaften von Corneille und Alechinsky, die zur COBRA-Bewegung gehörten, sowie flächige Abstraktionen von Jo Delahaut (Öffnung wie Museum der Wallonischen Kunst).

Ein Rendezvous mit der Crème de la Crème der belgischen Moderne findet in ähnlich schöner Parklandschaft statt: Wer den Universitätscampus auf dem Plateau Sart-Tilman besucht, trifft im **Musée en Plein Air** auf so bekannte Künstler wie Pierre Alechinsky, Tapta, Jo Delahaut, Jan Charlier und Serge Vandercam. (Secrétariat du Musée, Château de Colonster, Allée des Erables; Bus 48).

Information: Office du Tourisme, En Féronstrée 92, 4000 Liège, ☏ 0 41/2 21 92 21, Fax 2 21 92 22. Hier auch Infos über die jeweils So stattfindenden deutschsprachigen Spaziergänge über Treppenstraßen zu ehemaligen Weinbergen und zur Zitadelle, durch das charmante Outremeuse, rund um die Kathedrale und zu alten Kirchen und ehrwürdigen Gemäuern.

Unterkunft: : **** Hotel Bedford, Quai St-Léonard 36, ☏ 2 28 81 11, umgebaute Textilfabrik von 1828 an der Maas und am Markt La Bat-

Im Zentrum von Liège

te mit Restaurant/Frühstücksraum in ehem. Rekollektenkloster (17. Jh.); ** Hotel Simenon, Bd. de l'Est 16, ☏ 3 42 86 90, Zimmerdekor nach Simenons Romanen, mitten in Outremeuse; * Metropole, Rue des Guillemins 141, ☏ 2 52 42 93, nahe Bahnhof, Restaurant mit ausgewählten Wildgerichten.

Jugendherberge: Georges Simenon, Rue Georges Simenon 2, ☏ 3 44 56 89.

Restaurants: Mamé vî cou, Rue de la Wache 9, ☏ 2 23 71 81, u. a. Entenkeule mit Waldpilzen, junge Pute in Rahmsenfsauce; ås Tchantchès, Rue Grand-Bêche 35, ☏ 3 43 39 31, Haus aus dem 15. Jh. in Outremeuse, folkloristische Taverne, u.a. Hase auf Lütticher Art, Rindskarbonnade in Nanesse-Biersauce, Ente mit Genever flambiert *(Pèkèt)*; Le Déjeuner sur l'Herbe aux Bégards, Rue des Bégards 2, ☏ 2 23 54 02, u. a. geräucherte Ente, gegrillte Täubchen, Hummer in Safran und Orange; Le Thème, Impasse de la Couron 9, ☏ 2 22 02 02, nach Jahreszeit wechseln Interieur und Gerichte, u. a. Lamm auf Thymian, Ente in Honig.

Post: Rue de Regence 61 (Hauptpost), Rue des Guillemins. **Banken:** Boulevard de Sauvenière, Place St-Paul.

Ereignisse: *Procession la Vierge Noire d'Outremeuse* (Prozession der Schwarzen Madonna), *Spectacles de marionettes liègeoises* (Marionettentheater) und *Grand Cortège Folklorique* (Umzug), während des Volksfestes in Outremeuse am 15. 8.; *Jazz à la Liége* Anfang Mai.

Verbindung: IC – Köln – Liège – Brüssel – Oostende.

Zwischen Hohem Venn und Ardennen

Eupen

Malmédy

Stavelot

Blick auf Eupen

Vom Rand des Hertogenwaldes bei Eupen geht es durch den nördlichen Teil der deutschsprachigen Ostkantone und der wallonischen Provinz Liège. Dabei durchquert man die Hochebene des Hohen Venn (Hautes Fagnes) mit den höchsten Erhebungen bei Baraque Michel (675 m) und Botrange (694 m). Das pittoreske Städtchen Malmédy mit seinen schieferverkleideten Häusern liegt bereits im französischen Sprachgebiet. Dem Lauf der Warche folgend, erreicht man Stavelot und das Tal der Amblève mit seinen Nadelwäldern.

Eupen

Nahe der deutsch-belgischen Grenze, nur wenige Kilometer von Aachen entfernt, liegt Eupen (17 000 Einw.). Bereits 1213 erwähnt, gehörte die Stadt zunächst zum Herzogtum Limburg, fiel 1288 an das Herzogtum Brabant, war zeitweilig Teil des Herzogtums Burgund, ehe über Jahrhunderte die Habsburger die Geschicke der Stadt bestimmten. Von der Französischen Revolution bis zum Wiener Kongreß war Eupen französisch, dann fiel es an Preußen. Nach dem Ersten Weltkrieg wurde Eupen belgisch (s. S. 33).

Eupen ist heute Sitz der Deutschsprachigen Gemeinschaft und deren Exekutive. Hier werden für die etwa 60 000 deutschsprachigen Belgier die Weichen im Hinblick auf Umwelt-, Kultur-, Gesundheits- und Schulpolitik gestellt.

Am Rathausplatz steht das **Rathaus** mit klassizistischer Fassade aus weißem Kalkstein, ein ehemaliges Kloster, das seit 1863 Sitz der Stadtverwaltung ist. Nur wenige Schritte entfernt hat heute der Verlag der deutschsprachigen Tageszeitung »Grenz-Echo« im ehemaligen Wohnhaus des Tuchkaufmanns Ackens sein Domizil. Die **St.-Nikolaus-Pfarrkirche** (1724–29) besitzt charakteristische Zwiebeltürme. Der Aachener Architekt Johann Josef Couven, der auch für den Eupener Tuchfabrikanten Grand Ry gearbeitet hat, entwarf den Hochaltar mit seinem schönen Schnitzwerk.

In der Klötzerbahn hat die Deutschsprachige Gemeinschaft in einem ehemaligen Palais des Tuchfabrikanten Grand Ry ihren Sitz. Entlang der nahen Gospertstraße hatten sich im 18. Jh. die Tuchmacher niedergelassen. In der Hochblüte des Tuchhandels gab es 60

Kaufleute und 1500 Tuchscherer in der Stadt. Ihre schmucken Bürgerhäuser aus dem 17. und 18. Jh., vor allem Nr. 22, 42 und 56, lohnen eine nähere Betrachtung. Im Haus Nr. 52 ist das **Stadtmuseum** untergebracht. Es zeigt eine Sammlung Raerener Töpferarbeiten sowie das rekonstruierte Atelier des Goldschmieds Julien Toussaint (Di–Fr

Route 8: Zwischen Hohem Venn und Ardennen

9.30–12, 13–16, Sa 14–17, So 10–12, 14–17 Uhr).

Rund um den Werthplatz stehen die im frühen 18. Jh. erbauten Wohnhäuser der einstmals in der Stadt ansässigen reichen Tuchhändler. Sie bilden ein klassizistisches Ensemble mit Dreiecksgiebeln über dem Eingang und sind aus Backstein und blaugrauem Kalkstein (»Blaustein«) erbaut.

Auf die Spendenfreudigkeit der Tuchmacher geht die **Kapelle zum**

Der Naturpark Hohes Venn

Das Hohe Venn (Hautes Fagnes) ist Teil der nördlichen Ardennen. **Baraque Michel** und **Botrange** sind die höchsten Erhebungen der Vennlandschaft (und damit ganz Belgiens). Auf Schichten von Quarziten und Tonschiefern der Kambriumzeit, rötlichem Sandstein der Permzeit, Sand- und Feuerstein der Kreidezeit rund um Baraque Michel finden sich Heideflächen, Hochmoore, aber auch Fichtenwälder, die dort wie in anderen Teilen der Ardennen zum Zwecke rentabler Forstwirtschaft angelegt wurden. Hin und wieder sind geschlossene Rotbuchenhecken zu sehen. Typisch für das Venn ist der Birken-Buchen-Wald auf sauren, torfhaltigen Böden. Die vorhandenen Torfmoore stach man bis 1957 ab, um Brennstoff zu gewinnen. Auf den abgetorften Flächen wurden Fichten angepflanzt, die den Nachschub von Nutzholz sichern sollten. Seit 1957 jedoch sind Hoch- oder Torfmoore sowie Gras- und Trockenheiden als Naturpark geschützt. Und innerhalb dieses Parks werden 4200 ha vor jeglichem Eingriff bewahrt.

Besonders schützenswert ist das Hochmoor. Solche Moore entstehen durch die auf wassergesättigten Böden gedeihenden Torfmoose wie z. B. das Warzige Bleichmoos. Durch den dichten Teppich der Moose wird die Sauerstoffzufuhr eingeschränkt, so daß absterbende Pflanzen nicht zersetzt werden und ihre Reste eine immer dicker werdende Schicht bilden. Auf diese Weise entstanden vor etwa 7000 Jahren die ersten Torfmoore. Heute, nach dem Ende des Torfstichs, sind sie wieder bis zu 7 m mächtig, doch fast zwei Drittel aller dort vorkommenden Pflanzen sind bereits stark gefährdet oder vom Aussterben bedroht.

In der Vennlandschaft wachsen neben Torfmoosen Wollgras, Moos-, Rausch-, Krähen- und Preißelbeere, aber auch Rosmarinheide und Siebenstern. Segge, Schachtelhalm und verschiedene Arten von Knabenkraut sind in den Feuchtgebieten, Mooren und Heiden ebenso heimisch wie Sumpflabkraut und Borstgras, Narzissen, Flockenblume, Wicken, Pfeifengras, Arnika und Erika. Behaarter und Englischer Ginster mit gelben Schmetterlingsblüten sind grelle Farbtupfer vor dem Hintergrund des grünen Erlenbruchs.

Buntspecht, Fliegenschnäpper, Kernbeißer, Bergfink und Waldkauz haben ihre Reviere in den Wäldern. Kraniche und Kiebitze bevorzugen die feuchteren Gebiete des Venn. Streng gehütet wird der Bestand an Birkhuhnpaaren, zu deren Balz- und Nistrevieren kein Zugang be-

steht. Bäche, Teiche und Tümpel sind idealer Lebensraum für Teichralle, Wasseramsel und Graureiher.

Südlich von Baraque Michel und der **Fischbachkapelle**, die 1830 gestiftet und bis Mitte des 19. Jh. wichtiger Orientierungspunkt im Venn war, da jeden Abend im First ein Licht brannte, befindet sich das **Poleur-Venn** mit einem Naturlehrpfad. Markierungen und Informationstafeln verweisen auf die landschaftlichen Veränderungen durch Torfstich und die Herausbildung der Trockenheide. Auffällig ist das **Signal von Botrange**, nicht nur touristischer Beobachtungsturm, sondern auch trigonometrischer Punkt. In seiner Umgebung findet man weitere trigonometrische Punkte wie die Tranchot Pyramide (1807).

Die ca. 200 000 Besucher pro Jahr haben Spuren im Venn hinterlassen. Sie vernarben nun langsam, da die wallonische Regionalregierung das Hohe Venn durch ein strengeres Zonierungskonzept besser schützt. Der Naturpark ist in drei Zonen eingeteilt worden: Mehr als 30 km Wanderwege in der sogenannten B-Zone des Naturparks bieten jedermann ausreichende Möglichkeit, Flora und Fauna des Venns zu erleben. Nur in Begleitung eines von der Abteilung Natur und Forsten des Ministeriums der Wallonischen Regionalregierung anerkannten Wanderführers ist das Betreten der empfindlichen Biotope, vor allem der Ruhezonen und Futterplätze des Birkhuhns, gestattet. Dies betrifft die Gebiete Cléfay, Wallonisches Venn, Teile des Zwei-Serien-Venn und Grand Fagne. Teile des Allgemeinen, des Steinley und des Brachvenns (die sogenannte D-Zone) dürfen das ganze Jahr über nicht betreten werden. In trockenen Sommern mit erhöhter Brandgefahr wird der gesamte Naturpark für Besucher gesperrt. Als Zeichen dafür werden entlang der Straße rote Fahnen aufgestellt. Ausgenommen von Zugangsbeschränkungen sind das Poleur-Venn bei Baraque-Michel sowie das Neu-Lowé-Venn bei Botrange, die ganzjährig begangen werden dürfen.

Von Mitte März bis Mitte November werden sonntags um 11 Uhr vom Informationsbüro Signal de Botrange aus (Route de Botrange 133, ✆ 0 80/44 72 73) geführte Wanderungen unternommen. Regelmäßig bieten auch Vereinigungen wie »Randonnées fagnardes« (M.A. Théâtre, Rue Abbé Peters 13, 4960 Malmédy, ✆ 0 80/33 07 67) und der »Eupener Eifel-Ardennen-Verein« (H. Fijalkowski, Stendrich 50, 4700 Eupen, ✆ 0 87/55 20 83) geführte Wanderungen im Hohen Venn an.

---

hl. Lambertus (1690) zurück, in der ein Barockaltar (1694) mit einer Kopie des Rubensgemäldes »Himmelfahrt Mariens« zu sehen ist (das Original befindet sich in der Liebfrauenkathedrale von Antwerpen).

Übrigens, wer schon immer einmal wissen wollte, wie Schokolade entsteht, sollte das **Schokoladenmuseum der Chocolaterie Jacques** am Stadtrand von Eupen besuchen. Neben der Besichtigung der überaus interessanten Ausstellung zur Geschichte des Kakaoanbaus und zur Schokoladenherstellung kann man auch einen Blick in die heutigen Produktionshallen werfen (Rue de l'Industrie 16, Mo–Fr 9–17, Sa 11–17 Uhr).

Der nahe Eupen gelegene **Osthertogenwald** lädt zu Wanderungen auf markierten Wegen ein, die nicht nur um den Eupener Stausee führen, sondern auch in die Moorlandschaft des Hohen Venns.

Die Nationalstraße N 28, die durch den Deutsch-Belgischen **Naturpark Hohes Venn** verläuft, ist der direkte Weg nach **Baraque Michel** und zur **Fischbachkapelle**, aber auch nach Botrange und zum Naturparkzentrum, **Centre Nature Botrange** (✆ 0 80/44 03 00, tgl. 10–18 Uhr). Dieses Naturparkzentrum widmet sich in Dauer- und Wechselausstellungen der Flora und Fauna des Hohen Venns. Ein dichtes Busnetz ermöglicht im übrigen die bequeme Anreise ins Hohe Venn (Auskunft: TEC, ✆ 0 87/74 25 92).

ℹ️ Information: Verkehrsverein Eupen, Marktplatz 7, 4700 Eupen, ✆ 0 87/55 34 50, Fax 55 66 39. Freizeit-Telefon Ostbelgien 0 80/22 74 74 (24 Std.-Ansage).

🛏 Unterkunft: **** Ambassor-Hotel Bosten, Haasstr. 81, ✆ 74 08 00; ***Rathaus-Hotel, Rathausplatz 13, ✆

Eupen, St. Nikolaus

74 28 12; Zum Goldenen Anker, Marktplatz 13, ☎ 74 39 97.

 Camping: Hertogenwald, Oeststraße 78, 4700 Eupen, ☎ 0 87/74 32 22.

 Restaurants: La Luna, Rathausplatz 13, ☎ 55 83 80; Le Gourmet, Haasstraße 81, ☎ 74 08 00, schmackhaftes Wild wie Rehfilet in Lebkuchen mit Wildsauce, Hasenspieße in Genever.

 Post: Schulstraße 2, Schilsweg 44. **Banken:** Rathausplatz, Kirch- und Bergstraße.

 Ereignisse: Karnevalsumzüge Rosenmontag, Fastnachtsdienstag.

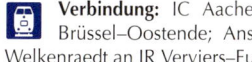 **Verbindung:** IC Aachen–Liège–Brüssel–Oostende; Anschluß in Welkenraedt an IR Verviers–Eupen.

Malmédy

Am Zusammenfluß von Warche und Warchenne liegt Malmédy, ein Städtchen (10 700 Einw.), das sich um die 648 durch den Mönch und Missionar Remaklus gegründete Abtei entwickelte. Durch spätere Schenkungen vergrößert, wurde die Abtei mit der von Stavelot, ebenfalls eine Stiftung des hl. Remaklus, vereinigt. Diese beiden Abteien bildeten bis 1794 ein Abteifürstentum.

Nicht nur die Tuchindustrie (17./18. Jh.), sondern auch die Lederverarbeitung brachten Malmédy zeitweise wirtschaftlichen Aufschwung. Die Tradition der Mitte des 19. Jh. bestehenden 65 Gerbereien wird heute von der Utammo-Gruppe fortgesetzt und bietet einige hundert Arbeitsplätze. Mitte des 18. Jh. wurde in der Stadt mit der Papierherstellung begonnen, die sich heute in Händen der Firma Intermills befindet.

Die Ausstellung im **Papiermuseum**, das im Maison Cavens untergebracht ist, widmet sich der Geschichte der Papierherstellung. Auch das **Karnevalsmuseum** ist in diesem ehemaligen Waisenhaus (1830) untergebracht. Nach dem Mardi Gras und dem Beginn der Fastenzeit werden für ein Jahr die traditionellen Figuren des *Cwarmê*, des Malmédier Karnevals, nur hier lebendig. Zu sehen sind der *Trouv'lê* mit der Bäckerschaufel, der vom Bürgermeister während

Djoupsène und Haguète

des Karnevals die Schlüsselgewalt erhält, und der *Grosse-Police,* der mit seiner Glocke den Karneval am Samstag einläutet. Der *Haguète* mit seiner Scherenzange, mit der er so manchen Neugierigen während des Karnevals zum Kniefall zwingt, wird von zwei *Djoupsènes,* zwei »Ägyptern«, begleitet. Zu sehen sind auch die aus der Commedia dell' Arte bekannten Figuren des *Pierrot* und des *Harlekin* (beide Museen sind geöffnet Juli/Aug. Di–So 14–18, Sept.–Juni Di–So 14–17 Uhr; geschl. 1.1., Karnevalstage, Ostersonn- und -montag, 24., 25. und 31.12.).

Die **Kathedrale** mit ihren Doppeltürmen wurde 1775 im Stile Ludwig XVI. erbaut und den Heiligen Peter, Paul und Quirin geweiht. Diese sind in den Chorfenstern dargestellt. Die Fenster des Querschiffs tragen das Wappen des Fürstbistums Stavelot-Malmédy und des Bischofs von Liège (Führungen Juli/Aug. 10–12, 14–18 Uhr). Das ehemalige **Klostergebäude** von 1706, in dem heute das Fremdenverkehrsamt untergebracht ist, schließt an die Kathedrale an.

Eine **Gedenkstätte** in Erinnerung an die blutige Rundstedt-Offensive findet sich in der Parkanlage bei der Kathedrale. Zwischen Dezember 1944 und Januar 1945 versuchte die Deutsche Wehrmacht mit 250 000 Soldaten in einer Offensive, den Weg vom Rand der Ardennen zur Maas gegen die anrückenden alliierten Verbände freizukämpfen. Dadurch verwandelte sich die Region in ein riesiges Schlachtfeld (s. a. S. 34).

Auf einem abschließenden Rundgang durch Malmédy sollte man vor allem in der Rue Neuve, Rue la Vaulx und Rue Derrière-La-Vaulx die Fassaden betrachten, die mit Schieferplatten in verschiedenen Mustern verkleidet sind.

Information: Bureau d'Information, Place du Chatelet 10, 4960 Malmédy, ☎ 0 80/33 02 50, Fax 77 05 88.

Unterkunft: ***Hotel La Forge, Rue Devant les Religieuses 31, ☎ 33 99 79, zentrale Lage; Hotel Floral-Club, Pl. Albert I. 8, ☎ 33 08 33, im Herzen des Städtchens.

Jugendherberge: Bévercé 8a (Route d'Eupen), ☎ 33 83 86.

Restaurants: Au Petit Louvain, Chemin-Rue 47, ☎ 33 04 15, Wild- und Fischspezialitäten; A vî Mâm'dî, Pl. Albert I.41, ☎ 33 96 36.

Post: Rue Steinbach 4.

Banken: Stadtzentrum.

Ereignisse: Carnaval de Malmédy (Cwarmê) Sa–Fastnachtsdienstag; Blumenfest Mitte Mai.

Verbindung: Zug: IC Liège – Trois-Ponts – Arlon – Luxembourg, IR Verviers – Eupen. **Bus:** Verviers – Malmédy – St. Vith – Reuland.

Stavelot

Stavelot, Teil des ehemaligen Abteifürstentums Malmédy-Stavelot, liegt an der Amblève. Von der um 650 erbauten Kirche St. Peter sind keine Spuren mehr vorhanden. Auch die an ihrer Stelle unter Heinrich III. geweihte Abteikirche besteht nur noch aus einem Drittel des Westturms sowie den ausgegrabenen Fundamenten des Mittel- und Querschiffs. Die Kirchenruinen befinden sich in unmittelbarer Nähe des heutigen **Rathauses**. Dieses palaisartige Ensemble, im Stil Ludwigs XIV. 1780 bis 1793 erbaut, war ursprünglich die Residenz der Fürstäbte. Nach der Französischen Revolution und dem Wiener Kongreß wurde das Abteifürstentum aufgelöst.

In den Gewölben und Nebengebäuden des Rathauses sind die beiden Museen der Stadt, das **Musée de l'Ancienne Abbaye** mit religiösen Kunstschätzen aus dem 13. bis 19. Jh. und das **Musée du Circuit** untergebracht (beide Museen: tgl. 10–12, 14–17.30, Uhr, 3.11.–3.3. bis 16.30 Uhr). Jene Automobilrennen, die auf der Rennstrecke Spa – Francorchamps ausgetragen wurden, werden in diesem Museum lebendig. Man sieht hier z. B. einen Ford Custom mit Standardkarosserie, den Seriengewinner von 1950, oder ein »Bristol Sportcoupé« von 1953. Neben Rennwagen verfügt das Museum über eine Sammlung von Motorrä-

Pappnasen, Schweinsblasen und Konfetti

Wallonischer Karneval

Savoir vivre, leben und leben lassen, bei geselligem Beisammensein aus vollem Herzen zu feiern, scheint die Lebensart der Belgier zu sein. Ausgelassen geht es vor allem während des Karnevals in Aalst, Binche, Eupen, Malmédy und Stavelot zu. Gefeiert wird am Anfang wie auch in der Mitte der Fastenzeit, die sechs Wochen vor Ostern beginnt.

Wochen nachdem in Malmédy zum Ausklang des närrischen Treibens die *Haguète*, eine lebensgroße Stoffpuppe, verbrannt worden ist, beginnt das närrische Treiben in Stavelot. Fleißige Hände werkeln und basteln, legen letzte Hand an die Kostüme und proben in Fanfarenzügen die Rumba-Rhythmen, die während des Karnevals zu hören sein sollen.

Besonders begeistert bei der Sache sind die Mitglieder der *Blancs Moussis*, einer ehrwürdigen Bruderschaft von Männern, die in Stavelot geboren sein müssen. Ins Leben gerufen wurde sie 1499, als Wilhelm von Manderscheidt Fürstabt von Stavelot-Malmédy war. Gegen sein Verbot des Karnevals, an dem sich traditionell auch Mönche der Abtei beteiligt hatten, rebellierten die Einwohner von Stavelot. Eingehüllt in Bettlaken und Bezüge, die Gesichter hinter weißen Masken mit hochstehenden roten Nasen verborgen, wurde lustig gefeiert. Masken und Kostüme boten Anonymität und Schutz vor dem Arm des Fürstabtes. An diese Tradition knüpfen die *Blancs Moussis* heute an.

An Laetare, dem Beginn des Frühlings, wird Stavelot zur Karnevalshauptstadt. Fröhlicher Gesang wird von den *Blancs Moussis* angestimmt, die während des Karnevals zum Herrenessen zusammenkommen. »Wir bleiben fröhliche Wallonen, würdig unserer Ahnen, denn wir sind wie sie Bacchus-Jünger…«, klingt es sonor. Die Zeilen »Füllt den Becher bis zum Rand, füllt ihn aufs Neue randvoll. Denn wir sind die größten Säufer vor dem Herrn…« lassen den Gerstensaft sprudeln.

Am Samstagvormittag deutet nur wenig auf den närrischen Umzug hin. Von einigen Fassaden grüßen *Blancs Moussis* aus Pappmaschee, die Bürgerhäuser rund um die Place St-Remacle zieren gelb-blaue Kokarden, beim Bäcker warten *Blancs Moussis* aus Marzipan auf ihre Käufer. Mit Einbruch der Dämmerung jedoch beleben sich die Straßen. Jetzt mischen sich Katzen unter Sträflinge, bayerische Jodler mit Lederhosen unter Geister und Gorillas. Pfadfinder mit gelbem Halstuch und in kurzen Hosen trotzen der Frühjahrskälte und halten nach ihrem Fähnleinführer Ausschau. Fanfarenzüge und Musikkapellen lassen Samba à la Rio erklingen. Schaulustige stehen an den Straßenrändern und warten auf gelb-schwarz gekleidete Harlekine und Minnie Mouse mit rosa Rüschen-Petticoat. Der Duft von Fritten zieht über den Platz vor der Alten Abtei, Zuckerwatte verklebt so manches Kindergesicht.

Nach diesem Auftakt folgt am Sonntag der Höhepunkt mit Konfettikanonen auf dem Wagen der *Blancs Moussis*, deren Nachwuchs ebenso unterwegs ist wie drei Riesen in Blancs-Moussis-Kutten. Mit Leitern ausgerüstet eilen die weißen Kapuzenmänner von Haus zu Haus und kleben Plakate, die mit witzigen Wortspielen dem einen oder anderen Mitbürger einen »Denkzettel« verpassen.

Die *Blancs Moussis*, die Gesichter hinter weißen Masken verborgen, bewegen sich tanzend durch die Straßen. Einzelne tauchen in der staunenden Menge unter, dem Nächstbesten einen Schlag mit der mitgeführten Schweinsblase versetzend. Fast unbemerkt füllen derweil andere Konfetti in den Hemdkragen eines Zuschauers. Währenddessen zieht Wagen um Wagen an den Umstehenden vorbei, verklingen Sambarhythmen und machen stampfendem Techno-Beat Platz.

Sobald die Nacht hereingebrochen ist, kochen die Katakomben der Ancienne Abbaye über, wenn in den Kellergewölben Discomusik und Dixieland ertönen. Gefeiert wird bis morgens, und so manch ein *Blanc Moussi* sitzt dann übermüdet oder halb schlafend im Hôtel d'Orange. Die Kehlen sind müde gesungen, die Stimmen heiser und krächzend. Nur noch wenige Stunden bleiben, bis mit einem weiteren Umzug und dem Abschlußtanz für dieses Jahr das Fest am Montag zu Ende geht.

dern, darunter eine belgische »Saroléa« von 1936. Zeitungsfaksimile, Reklameschilder und Videos geben einen Einblick in die Geschichte des belgischen Motorrennsports seit 1896.

In der Parkanlage in der Nähe der Ruinen der Abteikirche steht die Bronzebüste des in Stavelot geborenen Generals Baron Jacques de Dixmude, der sich im Ersten Weltkrieg in der Schlacht an der Ijzer und im Kongo ausgezeichnet hatte. Ein Mahnmal nahebei erinnert an den Naziterror im September 1944. Die Plastik eines tanzenden *Blanc Moussi* verweist auf die lange Tradition des Karnevals, der ohne die »Bruderschaft der Blancs Moussis« nicht denkbar ist. Vom Park aus steigen die Straßen zur Place St. Remacle an, die von Bürgerhäusern des 17. und 18. Jh. gesäumt ist. Plätschernde Brunnen und Fachwerkbauten zwischen der Rue Haute und Rue Devant les Capucins, darunter das Hôtel d'Orange, sind architektonische Kleinode.

Zwischen Stavelot, Coo und Trois-Ponts gibt es nicht nur zahlreiche Wanderwege, sondern auch Möglichkeiten zum Kanufahren auf der Amblève. Lohnenswertes Ausflugsziel sind die **Grottes de Remouchamps** (März–15.Nov. 9–18, ansonsten 9.30–17 Uhr; letzter Zugang jeweils 1 Stunde vor Schließung). Diese Tropfsteinhöhlen liegen auf dem Weg von Stavelot nach Liège im Tal der Amblève. Zu Fuß und mit dem Boot sind die Höhlen mit sachkundiger Führung in Deutsch, Niederländisch, Französisch zugänglich.

Information: Office du Tourisme, Musée de l'Ancienne Abbaye, 4970 Stavelot, ✆ 0 80/86 27 06, Fax 86 27 06.

Unterkunft: *****Romantik-Hotel Val d'Amblève, Route de Malmedy 7, ✆ 86 23 53; ***Hotel d'Orange, Devant les Capucins 8, ✆ 86 20 05; B&B Boutet-Mayeres, Hameau de Lodomez 11, ✆ 86 23 24, ländliche Idylle, Rabatt bei zwei und mehr Übernachtungen; B&B Marcel Rey, Route de Coo 79, ✆ 86 31 77, nahe verschiedener Wanderwege mitten im Grünen.

Camping: Camping de l'Eau Rouge, Route Cheneux 25, 4970 Stavelot, ✆ 86 30 75.

Ereignisse: Karnevalsumzug mit den Blancs Moussis zur Mitfastenzeit drei Wochen vor Ostern.

Verbindung: Zug: IC Liège – Trois-Ponts – Luxembourg, IC Aachen – Liège – Brüssel – Oostende, IR Verviers – Eupen. **Bus:** Trois-Ponts – Stavelot – Malmédy, Liège – Remouchamps, Trois-Ponts – Remouchamps.

◁ Jahrmarkt in Stavelot

Route 9

Durch die Ardennen

Durbuy

Hotton

La Roche-en-Ardenne

St-Hubert

Blick auf Hotton

Auf kurvenreichen Straßen, durch die Täler von Maas, Ourthe und Semois und über die bewaldeten Hochflächen der Ardennen gelangt man vom malerischen Städtchen Durbuy mit seinen engen Gassen zu den »Grotten von Tausendundeiner Nacht« bei Hotton, die in farbigem Licht erstrahlen. In La-Roche-en-Ardenne ist die mittelalterliche Burgruine Anziehungspunkt. In den umliegenden Wälder genießt man die Stille während einer Wanderung auf einsamen Waldwegen. Schließlich führt die Tour auch in die »Stadt der Jagd« St-Hubert mit ihrer prächtigen Abteikirche und dem nahegelegenen Freiluftmuseum der ländlichen Wallonie, wo die Urform eines Hochofens zur Eisengewinnung noch erhalten ist.

Durbuy

In einer Schleife der Ourthe liegt Durbuy (9200 Einw.) und stellt sich wie viele andere Orte in den Ardennen als ein typisches Fremdenverkehrsstädtchen vor. Freizeitangebote wie z. B. Kajakfahren oder Wandern, Radfahren, Tennis und Schwimmen gehören ebenso zum Angebot wie die Besichtigung der »Ferme au Chêne«, einer kleinen Brauerei.

Durbuy erhielt 1331 Stadtrechte. Zu dieser Zeit war das Städtchen bereits zwei Jahrhunderte lang im Besitz der Grafen von Luxemburg und Teil der »Terre de Durbuy«. Die Verteidigungsanlagen, deren Reste am Parkplatz am Ende der Avenue Hubert Philippart noch zu sehen sind, entstanden während der Regentschaft von Johann dem Blinden, Graf von Luxemburg und König von Böhmen.

Das **Château des Comtes d'Ursel** ist eine auf das frühe 11. Jh. zu datierende Schloßburg (nicht zugänglich). Neben dem großen runden Turm im Nordwesten sind noch die Ruinen einer früheren Kapelle zu entdecken. Am Fuße der Burg befindet sich die ehemalige **Getreidehalle** (Halle-aux-Blés), in der heute der Fremdenverkehrsverein residiert. Das Fachwerk dieses Gebäudes, das einst auch Brauerei, Schule und Hohes Gericht war, zeigt am Dachgiebel Holzschnitzereien, die die »Dummheit« und die »Weisheit« symbolisieren. Die nahegelegene Kirche **St-Nicolas** (17. Jh.) in der Rue de Récollets besitzt einen sehenswerten Taufstein aus dem 16. Jh. und eine barocke Kanzel aus dem 17. Jh. Beim Übergang in die Rue de Récollectines (Nr. 67) findet sich ein Rest des **Franziskanerinnenklosters** (17. Jh.), das nach der Französischen Revolution verkauft und teilweise abgebrochen wurde. Die Klostermauern, die gleichzeitig als Stadtmauern dienten, erstrecken sich bis zum Fels La Falize, Start von Fuß- und Radwanderungen nach Barvaux (7 km).

ⓘ Information: Royal Syndicat d'Initiative, Halle-aux-Blés, 6940 Durbuy/Ourthe, ✆ 0 86/21 24 28, Fax 21 36 81.

🛏 Unterkunft: **L'Esplanade, Pl. Aux Foires 23, ✆ 21 16 81; Les Clos de Récollets, Rue de la Prévôté, ✆ 21 29 69; Tropical Hotel, Rue des Comtes de Luxembourg 41, ✆ 21 39 95; B&B Marie-José Ninane, Rue Comte d'Ursel 20, ✆ 21 27 12.

🏕 Camping: La Chenaie, Rue de Gibet, ✆ 21 12 43; Le Vedeur, Route de Liège, ✆ 21 12 09.

🍴 Restaurants: Le Parc, Av. Hubert Philippart, ✆ 21 10 65, u. a. Hase mit Backpflaumen; Le Sanglier des Ardennes, Rue Comte d'Ursel 14, ✆ 21 32 62, Wildspezialitäten.

🎭 Ereignisse: 14.2. *Fête de la Saint-Valentin;* Ende Aug. Blumenkorso; Juli/Aug. Klassikfestival; Nov. *Festival de Trompes de Chasse* (Jagdhornfestival); Comic-Festival Anfang Okt.

🚆🚌 Verbindung: Zug: IC Liège – Bomal – Barvaux – Jemelle. **Bus:** Barvaux – Durbuy.

Hotton

Hotton (4600 Einw.) lebt sommers wie winters von den Einnahmen aus dem Tourismus. Der Ort am Ufer der Ourthe, in den Ausläufern des Plateau des Tailles ist idealer Ausgangspunkt für Wander-, Rad- und Kajaktouren in die Hochardennen. Kletterer können sich an den Rochers de Renissart und den Rochers de Maffe versuchen.

Ausgrabungen in der Umgebung von Hotton belegen die Besiedlung der Region bereits in der Jungsteinzeit. Während der Eroberung Galliens errichteten die Römer ein befestigtes Lager auf einem der Hügel in der Nähe von Hotton, unweit des Heerweges Arlon-Tongeren, aus dem eine römische Siedlung entlang des rechten Ufers der Ourthe entstand. Erste schriftliche Zeugnisse über die Existenz der Ortschaft datieren von 1187. Im 16. Jh. fiel Hotton an den Grafen von Montaigu de Saint-Thibaut. 1535 wird der Ort eine Herrlichkeit, d. h. Sitz der niedrigen Gerichtsbarkeit in der Grafschaft. Von den Wirren des Dreißigjährigen Krieges blieb Hotton ebensowenig verschont wie von der Hegemoniepolitik Ludwigs XIV. Nach der Französischen Revolution wurde Hotton 1795 Teil des französischen Département Entre-Sambre-et-Meuse, nach dem Wiener Kongreß (1815) bis zur Unabhängigkeitserklärung Belgiens Teil des Vereinigten Königreichs der Niederlande. Im Zweiten Weltkrieg rückte Hotton zeitweise in den Mittelpunkt der Kriegshandlungen, als sich zwischen September und Dezember 1944 alliierte und deutsche Truppen während der Ardennenoffensive an der Brücke der durch Hotton fließenden Ourthe gegenüberstanden. Die 650 Gräber alliierter Soldaten auf dem Commonwealth War Cemetery sind bis heute eine bleibende Erinnerung, ebenso eine Gedenkplatte am Pont de Hotton, der Stelle, an der die deutsche Wehrmacht zum Stehen gebracht wurde.

Hotton ist stolz auf die funktionsfähige Mühle **Moulin Faber** von 1729. Sie besitzt zwei Mühlräder, die durch einen aus der Ourthe abgeleiteten Mühlbach in Bewegung versetzt werden können. Eines der Mühlräder ist aus Holz, das andere aus Eisen. Mit diesen beiden Mühlen wurde sowohl Futter- als auch Brotmehl unterschiedlicher Feinheit gemahlen. Während der Führung wird die Mühle betrieben, so daß man zu Recht von einem »lebenden Mühlenmuseum« sprechen kann (Besichtigung mit Führung Juli/Aug. 14.15, 15 und 16 Uhr, Auskunft bei R.S.I., s. S. 236).

Wer noch etwas Zeit hat, sollte sich entschließen, einen Teil des Fernwanderwegs (Grande Randonnée) 57 zu erlaufen und die **Grottes de Hotton**, auch »Grotten aus Tausendundeiner Nacht« genannt, zu besuchen (1.4.–31.10.

Route 9: Durch die Ardennen

10–17 Uhr, Juli/Aug. bis 18 Uhr, die Führung dauert ca. 50 Min.).

Information: Royal Syndicat d'Initiative, Rue Haute 4, 6990 Hotton, ✆ 0 84/46 61 22, Fax 46 76 98.

Unterkunft: **Hotel de l'Ourthe, Rue de la Vallée 20, ✆ 46 63 91; La Commanderie, Rue Haute 44, ✆ 46 78 77; B&B Jacques Morant, Rue Bel Horizon 3, ✆ 46 73 76, nahe der Ourthe.

Camping: ***Chez Philou, Av. de la Gare 17, ✆ 46 78 87.

Verbindung: Zug: Liège – Melreux – Marloie – Jemelle. **Bus:** La Roche – Melreux – Hotton.

La Roche-en-Ardenne

Das Ardennenstädtchen La Roche-en-Ardenne (4000 Einw.) gehört zu den Orten, die in Folge der Ardennenoffensive 1944/45 teilweise zerstört wurden. Die strategisch wichtigen Brücken über die Ourthe waren Ziel einer deutschen Offensive, die versuchte, den Vormarsch der in der Normandie gelandeten und von dort vorrückenden alliierten Truppen zu verhindern, doch konnte sie durch die Luftüberlegenheit der Alliierten gestoppt werden. Insgesamt rund 70 000 Bomben und Granaten fielen auf die Stadt.

1046 wurde La Roche als *Rupes Seremani* zum ersten Mal urkundlich erwähnt. Daß zuvor die Römer hier siedelten, belegen Ausgrabungen von Münzen aus der Zeit Kaiser Domitians (81–96) und Gefäße aus der Zeit von Konstantin II. (337–340).

Nach dem Tod Karls des Großen und der nachfolgenden Teilung des Fränkischen Reiches wurde La Roche Teil des Herzogtums Lothringen und der Grafschaft La Roche. Durch Besitztausch fiel die Grafschaft im 11. Jh. an Kaiser Heinrich III. und nach dessen Tod an die Grafen von Namur. Erst mit der Französischen Revolution endet die Geschichte der Grafschaft.

Zu den sehenswerten Baudenkmälern der Stadt gehört die Kirche **St-Nicolas** (1899–1901), die wertvolle Kunstschätze aus dem 16. und 17. Jh. besitzt, darunter eine geschnitzte und bemalte Pietà im Chor und eine Madonna mit Kind von Reinier Panhay de Rendeux (1793).

Aus massiven Schistblöcken ist die mittelalterliche **Burg** auf einem Felsausläufer oberhalb der Ourtheschleife erbaut worden. Die ursprünglich aus dem 9. Jh. stammende Burg wurde im Lauf der Jahrhunderte durch zahlreiche Umbauten, die der veränderten Waffentechnik Rechnung trugen, von Grund auf verändert. Dies geschah u. a. während der 16jährigen Besetzung unter Ludwig XIV., als die sogenannte Louis-XIV-Terrasse für die Aufstellung von Bronzekanonen erbaut wurde. Ein Unwetter 1721 und ein Brand 1789

La Roche-en-Ardenne

beschädigten die Anlage schwer. Danach diente die Burg als Steinbruch für den Wiederaufbau der niedergebrannten Stadt. Vom höchsten Punkt der Burg, dem 49 m hohen Turm, hat man eine schöne Aussicht auf die Umgebung von La Roche (April–Juni, Sept./ Okt. tgl. 10–12, 14–17 Uhr; Juli/ Aug. tgl. 10–19 Uhr; 1.11–1.4. Mo–Fr 14–16 Uhr; Weihnachts- u. Frühjahrsferien Sa/So 10–12, 14–16 Uhr; geschl. bei Schnee und Eis; Greifvogeldressur 12.7.–17.8. 14–18 Uhr).

Auf dem gekennzeichneten Wanderweg 4 oberhalb der Burg kommt man zur Kapelle **St-Marguerite** (um 1600). Sehenswert ist die Skulptur der Heiligen Margareta (17. Jh.). An die jüngste Geschichte erinnert nicht nur ein auf dem Parkplatz an der Ourthe aufgestellter Pershing-M-46-Panzer, sondern auch das **Musée de la Bataille des Ardennes** mit einer Militaria-Sammlung (tgl. 10–18 Uhr).

An traditioneller Töpferei Interessierte sollten das **Museum Les Gres de La Roche** (Rue Rompré 28) besuchen und den Mitarbeitern über die Schulter schauen (außer Januar tgl. 10–17 Uhr).

Wer in der waldreichen Umgebung von La Roche eine Wanderung unternehmen will, kann dafür 120 km markierte Wege benutzen.

Für Rad- und Kajaktouren gibt es Mietkajaks und -fahrräder am Ort. Zudem bieten sich in der Umgebung ausgezeichnete Möglichkeiten für Mountain Biking. Eine entsprechende Tourenkarte gibt es bei S.I. de La Roche.

Information: Syndicat d'Initiative, Place du Marché 15, 6980 La Roche-en-Ardenne, ✆ 0 84/41 13 42, Fax 41 23 43.

Unterkunft: ***Hotel und Restaurant Le Chalet, Rue du Chalet 61, ✆ 41 24 13; Hotel Beau Rivage, Quai de l'Ourthe 26, ✆ 41 12 41.

Camping: Lohan, Route de Houffalize 20 a, ✆ 41 15 45; Le Grillon, Rue de la Gare 10 a, ✆ 41 20 62.

Fahrräder/Kajak: Ardenne Aventures, Rue du Hadja 1, ✆ 41 19 00; Auberge de la Laiterie, Mierchamps 15, ✆ 41 21 84.

Verbindung: La Roche – Melreux – Hotton mit Anschluß an den Zug nach Liège.

St-Hubert

Der Ort St-Hubert (5800 Einw.) wirbt für sich mit dem Motto »Hauptstadt der Jagd und der Natur«. Der Name der Stadt verweist auf den hl. Hubertus, der in Chroniken aus dem Ende des 7. Jh. im Zusammenhang mit einer Klostergründung erwähnt wird. Ehe Hubertus 727 Bischof von Maastricht und Liège wurde, war er Würdenträger am Hofe von König Pippin dem Kurzen. Bereits im 9. Jh. veranlaßte der damalige Bischof von Liège die Überführung der sterblichen Überreste des Heiligen nach *Andagena*, dem späteren St-Hubert. Dort hatten Benediktiner unterdessen eine Kirche und eine Abtei erbaut, die durch die Reliquien des Heiligen mehr und mehr an Bedeutung gewannen. Die ersten Wallfahrten wurden um 845 organisiert. Noch heute finden Pilgerfahrten und -märsche wie die von Andenne nach St-Hubert statt, um zum hl. Hubertus, dem Schutzpatron der Jagd, zu beten. Seinem Gedenken ist auch der jährlich stattfindende Internationale Jagdtag und die St. Hubertusfeier gewidmet.

Eine Zäsur in der Geschichte der Abtei war die Französische Revolution, in deren Zuge die Kirche und der Klosterbesitz an einen Privatmann veräußert wurden. Dieser wollte die Kirche abbrechen lassen, um das Material dann gewinnbringend veräußern zu können. Durch den Rückkauf im Jahre 1808, der von zehn angesehenen Bürgern in die Wege geleitet wurde, wurde der Abriß der Kirche jedoch verhindert.

Ältester Teil dieser **Abteikirche St-Hubert** ist die romanische Krypta, die vom Chorumgang aus zugänglich ist. Darin befinden sich eine sitzende Madonna sowie die Gräber verschiedener Äbte. Nach

St-Hubert

Verwüstungen während der Religionskriege (Mitte des 16. Jh.) wurde die Kirche im Renaissancestil umgebaut. Besonders sehenswert sind die Schnitzarbeiten des Chorgestühls (1733) mit Szenen aus dem Leben des hl. Benedikt (linker Hand) und des hl. Hubertus (rechter Hand; 4.11.–Ostern Sa/So 9.30–17 Uhr, in der übrigen Zeit tgl. 9.30–17 Uhr).

Auf der Place de l'Abbaye mitten in der Stadt befindet sich das **Palais Abbatial**, ein Abteipalais, das unter dem Abt Célestin de Jong zwischen 1729 und 1731 im klassizistischen Stil erbaut wurde. In ihm sind heute das Fremdenverkehrsamt, das Staatsarchiv und der Kulturdienst der Provinz Luxembourg untergebracht.

In der näheren Umgebung von St-Hubert finden Naturfreunde im **Bois Roi Albert I.** ideale Wandermöglichkeiten. Zu den einige Kilometer nördlich von St. Hubert gelegenen Museen führt nicht nur die N 849, sondern auch Wanderwege wie die Grande Randonnée 14 (Bouillon-La-Roche). Im Musée de la Vie Rurale en Wallonie, dem **Freiluftmuseum des wallonischen Landlebens,** sind Gebäude aus unterschiedlichen Regionen der Wallonie inmitten eines Waldgebietes wiederaufgebaut worden. Aus dem Condroz stammt z. B. ein riedgedecktes Haus (18. Jh.), dessen eine Giebelseite aus Fachwerk und die andere aus Rieddeckung besteht. Unweit des Flüßchens Masblette steht eine dampfbetriebene Sägemühle von 1900. In einer Backstube mit zeitweiligem Atelier zur Holzschuhfertigung ist eine Ausstellung zu Flora und Fauna der Umgebung zu sehen. Jenseits der Ruisseau steht ein Fetischbaum, ein *arbre-aux-clous*. Im Baum finden sich nicht nur großköpfige Nägel, sondern auch Eisenkreuze und Hufeisen sowie Stoffreste. Von diesen Fetischen erhofften sich abergläubische Landbewohner Linderung und Heilung, wenn sie erkrankt waren. Wie eine Kapelle ist die gemischte Schule mit einem Jungen- und einem Mädcheneingang gestaltet. Beachtenswert ist auch eine Nagelschmiede (*Clouterie*), deren Blasebalg durch einen in einem Rad laufenden Hund angetrieben wurde (1.3–22.11., tgl. 9–17, Juli/Aug. bis 18 Uhr).

Wer sich für die ursprüngliche Technik der Eisengewinnung und des Hochofens interessiert, sollte sich unbedingt das **Eisenmuseum** (*Musée du Fer*) anschauen. Hier existiert noch ein Hochofen, der unter dem letzten Abt von Saint-Hubert, Dom Nicolas Spirlet (1760–1794), errichtet wurde. Erläuternde Materialien und erklärende Schrifttafeln sind in beiden Museen in französischer und niederländischer Sprache vorhanden (1.3.–31.12. tgl. 9–17, Juli/Aug. bis 18 Uhr).

Information: Syndicat d'Initiative, Rue St-Gilles, 6870 St-Hubert, ✆ 0 61/61 30 10.

Unterkunft: Hotel du Luxembourg, Pl. du Marché 7, ✆ 61 10 93; Hotel de l'Abbaye, Pl. de la Basilique, ✆ 61 10 23.

Camping: Eurocamp, Rue de Martelange, ✆ 61 12 65.

Restaurant: Hotel-Restaurant Hotel de l'Abbaye, Pl. de la Basilique, ✆ 61 10 23, Wild und Fisch (Forellen).

Ereignisse: Am Wochenende, das dem 21. 7. am nächsten ist: *Grande Fête Artisanale* im Freilichtmuseum der Provinz Luxembourg-Belge »Fourneau St. Michel«, ein folkloristisch-kunsthandwerkliches Spektakel; 1. Wochenende im Sept.: *Journée Internationale de la Chasse et de la Nature* (Internationaler Tag der Jagd und der Natur) mit Hochamt und Segnung der Tiere sowie historischem Umzug; 3. 11. St. Hubertusfest.

Verbindung: La Roche-St-Hubert, St-Hubert-Gare Poix St-Hubert mit Anschluß an IC Zug Brüssel–Namur–Arlon–Luxembourg; St-Hubert-Marche-en-Fammenne, St-Hubert–Libramont–Bouillon und in Libramont ebenfalls Anschluß an IC Brüssel–Luxembourg.

TIPS & ADRESSEN

Alle wichtigen
Informationen rund
ums Reisen – von
Anreise bis Zoll –
auf einen Blick.

Wissenswertes über
Unterkünfte und
Urlaubsaktivitäten.

Ein kulinarisches
Lexikon erläutert die
wichtigsten Spezia-
litäten des Landes,
und Literaturtips hel-
fen bei der Einstim-
mung auf Belgien.

INHALT

Bitte schreiben Sie uns, wenn sich etwas geändert hat.
Alle in diesem Buch enthaltenen Angaben wurden vom Autor nach bestem Wissen erstellt und von ihm und dem Verlag mit größtmöglicher Sorgfalt überprüft. Gleichwohl sind – wie wir im Sinne des Produkthaftungsrechts betonen müssen – inhaltliche Fehler nicht vollständig auszuschließen. Daher erfolgen die Angaben ohne jegliche Verpflichtung oder Garantie des Verlages oder des Autors. Beide übernehmen keinerlei Verantwortung und Haftung für etwaige inhaltliche Unstimmigkeiten. Wir bitten dafür um Verständnis und werden Korrekturhinweise gerne aufgreifen:
DuMont Buchverlag, Postfach 10 10 45, 50450 Köln
E-Mail: reise@dumontverlag.de

REISEVORBEREITUNG

Informationsstellen

In Deutschland
Belgisches Verkehrsamt
Berliner Allee 47
40212 Düsseldorf
✆ 02 11/86 48 40
Fax 13 42 85

In Österreich
Tourismus-Werbung Flandern/
Brüssel
Maria Hilferstraße 121b
1060 Wien
✆ 01/5 96 06 60
Fax 5 96 06 95

Buchungsservice für
Pauschalangebote/Hotels
Belgium Touristik Reservations
BTR, Anspaachlaan 111
B-1000 Bruxelles
✆ 00 32/2/5 13 74 84
Fax 5 13 92 77

Diplomatische Vertretungen

In Deutschland
Botschaft des Königreichs Belgien
Friedrichstr. 95
10117 Berlin
✆ 0 30/20 35 20

Belgisches Generalkonsulat
Cäcilienstr. 46
50667 Köln
✆ 02 21/20 51 10

In Österreich
Botschaft des Königreichs Belgien

Wohllebengasse 6
1040 Wien
✆ 01/5 02 07

In der Schweiz
Botschaft des Königreichs Belgien
Jubiläumsstr. 41
3005 Bern
✆ 0 31/3 51 04 62

Einreisebestimmungen

Mit dem Schengener Abkommen und der weiteren Harmonisierung in der EU sind die Grenzkontrollen i.d.R. zwar weggefallen, einen mindestens 3 Monate gültigen Reisepaß oder Personalausweis sollte man dennoch mitführen, Urlauber aus der Schweiz benötigen ihn ohnehin zur Einreise und für einen bis zu dreimonatigen Aufenthalt.

Die Einfuhr von Waren zum ausschließlich privaten Bedarf bleibt im Transfer über ein EU-Land abgabenfrei. Als Richtmengen gelten für Reisende über 17 Jahren: 800 Zigaretten, 400 Zigarillos, 200 Zigarren oder 1000 g Tabak; an alkoholischen Getränken: 10 l Spirituosen, 20 l sog. Zwischenerzeugnisse wie etwa Madeira und Sherry, 90 l Wein, höchstens jedoch 60 l Schaumwein, 110 l Bier.

Bei Mengenüberschreitung muß nachgewiesen werden, daß die Einfuhr nicht geschäftlichen Interessen dient. Kraftstoff, der sich nicht im Fahrzeugtank befindet, kann besteuert werden.

ANREISE

... mit dem Flugzeug

Der Flughafen Brüssel-Zaventem, 14 km außerhalb des Stadtzentrums, wird von 50 internationalen Gesellschaften angeflogen. Dreimal pro Stunde fährt der Airport-City-Express zum Gare Central. Züge verkehren auch von und zum Gare du Nord und Gare Central mit Anschluß an die IC-Züge nach Antwerpen, Leuven Liège oder Oostende. Von Berlin, Bremen, Dresden, Düsseldorf, Frankfurt, Friedrichshafen, Hamburg, Hannover, Leipzig, München, Münster-Osnabrück, Nürnberg und Stuttgart fliegen Sabena und Lufthansa mehrmals täglich nach Brüssel. Reisende aus der Schweiz und Österreich können u. a. mit Sabena von Zürich, Genf und Basel sowie Wien direkt nach Brüssel fliegen.

... mit der Bahn

Von Köln und Aachen aus ist Belgien mit dem IC und dem Thalys Köln – Aachen – Liège – Leuven – Brüssel – Gent – Oostende im Stundentakt schnell und bequem zu erreichen. Für die Schweiz und Süddeutschland gibt es fünfmal täglich eine Verbindung von Basel über Straßburg, Metz, Luxembourg und Namur sowie Brüssel; einmal täglich hat auch Österreich direkten Anschluß nach Belgien.
Auskunft: Belgische Eisenbahnen in Deutschland, 50668 Köln, Goldgasse 2, ✆ 02 21/13 49 82, Fax 13 27 47

... mit dem Bus

Eurolines Continentbus (✆ 0 40/ 24 71 06) bietet die Strecke Hamburg – Brüssel an.

Mit der *Deutschen Touring* (✆ 0 69/7 90 32 48 u. 02 21/13 52 52) kann man von Aachen, Dresden, Frankfurt, Kassel, Köln, Leipzig, und München nach Brüssel und Gent reisen.

Die Strecke von Berlin und Hannover nach Antwerpen und Brüssel bedient *Gulliver's Reisen* (✆ 0 30/ 78 10 21). Wer von Berlin aus nach Mons und Liège möchte, besteigt den Bus von *Berlin Bayern Express* (✆ 0 30/86 00 96 92).

... mit dem Auto

Ein dichtes Autobahnnetz im Rhein-Main- und im Ruhrgebiet sowie dessen Anbindung an das der Niederlande und Belgiens lassen viele Möglichkeiten für die Anreise zu.

Wer in die belgischen Ostkantone zwischen Eupen und St. Vith oder die Ardennen reisen möchte, wählt z. B. die E5 Köln – Aachen – Liège – Leuven – Brüssel und Eynatten.

Für einen Urlaub in den Provinzen Limburg und Antwerpen bietet sich die Einreise über die Niederlande an, d. h. über die E9 Eindhoven – Maastricht – Liège sowie E 38 Eindhoven – Breda und E 10 Breda – Antwerpen.

Aus dem Südwesten und Süden kommt man über die A 27 Bitburg-Verviers

Organisierte Reisen

Das *Belgische Verkehrsamt* (s. S. 243) offeriert in der Broschüre »Flandern Urlaubsland« eine Fülle von Pauschalangeboten, meist in **** und *** Hotels, z. B. Schloßaufenthalte und Aktivurlaube mit Radtouren und Brauereibesuch in Limburg, einen historischen Kurzbesuch oder Schlemmerurlaub in den Kunststädten Antwerpen, Brügge und Gent, ein Carolus-Wochenende in Mechelen mit Stadtführung und Bierverkostung, Oostende mit einem Ausflug nach England und Radeln in der Leieregion und auf der Deichroute bei Oudenburg (West-Flandern).

Eurolines Continentbus (s. S. 244) bietet eine Städtereise nach Brüssel mit zwei Übernachtungen an. Ebenso finden sich Operntage in Liège im Angebot von *Balconop-OPT* (Rue du Marché-aux-Herbes 61, 1000 Bruxelles, Fax 02/5 13 69 50). Wer wissen möchte, was sich hinter der Tour »Industrielle Archäologie« verbirgt, wende sich an das *Syndicat d'Initiative de la Région du Centre* (Place Mansart 17–18, 7100 La Louvière, ✆ 0 64/26 15 00, Fax 21 51 25).

Auch eine Kreuzfahrt auf der Maas von Dinant nach Maastricht bietet Gelegenheit, Dinant, Namur, Liège und die Kristallglasfabrik Val Saint-Lambert zu besuchen; zu buchen über *Idéal Toruisme* (Boulevard de la Sauvenière 26, 4000 Liège, ✆ 04/2 22 48 90, Fax 2 22 49 57).

Mehr über die 2–6tägige Radtour durch Süd-Limburg erfährt man beim regionalen *Verkehrsverein Haspengau* (✆ 00 32/11/69 58 59, Fax 69 43 07). Sportliche Wanderer mögen sich für die 6tägige Tour durch Ostbelgien vom *Verkehrsamt der Ostkantone* (s. S. 254) erwärmen. Mit dem Mountain Bike, zu Fuß und im Kajak kann man sich Bouillon, der Wiege des ersten Kreuzzugs, nähern, *Auberge d'Alsace* (Faubourg de France 3, 6830 Bouillon, ✆ 0 61/46 65 88, Fax 46 83 21). Spannend kann auch ein verlängertes Wochenende »Indiana Jones« mit Felsenklettern und Kajak-Abfahrt auf der Ourthe sein, *S. A. Durbuy Confort & Aventure* (Allée du Val 62, 6940 Barvaux-sur-Ourthe, ✆ 0 86/21 28 15, Fax 21 20 07).

Umfangreich ist auch das Ausflugsangebot »B Dagtrips« der *Belgischen Eisenbahnen*. Der Besuch von Tournai nebst dem Zugang zu drei Museen nach Wahl, der Schatzkammer der Kathedrale und einer Bootsfahrt auf der Schelde gehören ebenso zum Angebot wie die Reise in die Vergangenheit des Kohlebergbaus mit dem Besuch des Besucherbergwerks von Blegny. Wie wäre es denn mit einer Fahrt mit der Dampflok auf der historischen Linie der Vennbahn in Ostbelgien? Auch wer auf das Weltkulturerbe »Schiffshebewerke des Canal du Centre« neugierig ist, kommt mit der Bahn an sein Ziel. Die Bahn ermöglicht auch das Erlebnis einer Fahrt mit der »Draisine« von La Molignée und den Badespaß in Spa. Auskünfte erteilen die Belgischen Eisenbahnen (s. S. 244) und die Reisezentren der Bahnhöfe von Antwerpen, Arlon, Brügge, Brüssel, Charleroi, Gent, Kortrijk, Mons, Namur und Tournai.

UNTERWEGS IN BELGIEN

... mit öffentlichen Verkehrsmitteln

Die Belgischen Eisenbahnen (NMBS) unterhalten ein dichtes Zugnetz mit Intercity- und Interregio-Verbindungen, aber auch mit Pendlerzügen im Nahverkehr. Dadurch sind nicht nur die städtischen Ballungszentren, sondern auch kleine Ferienorte ohne Probleme zu erreichen. Orte, die nicht unmittelbar an Bahnlinien liegen, werden von Bussen mehrmals am Tag, auch an den Wochenenden und nach 20 Uhr, angefahren.

Die Bahnhöfe größerer Städte verfügen über Schließfächer und Gepäckaufbewahrung (60 BEF pro Tag). Fahrplan- und Tarifauskünfte gibt's in Brüssel unter ✆ 02/5 25 25 25 (französisch und niederländisch). Beschwerden nimmt der Ombudsman der NMBS (✆ 02/5 25 40 00, Fax: 5 25 40 10) entgegen.

Die Belgischen Eisenbahnen bieten zahlreiche günstige Angebote: Der *Multi-Pass* für 3–5 Reisenden kostet für max. 3 Fahrgäste 1260 BEF, für 4 Reisende 1420 BEF und für 5 Urlauber 1580 BEF. Der Paß ist 2 Monate lang gültig und ermöglicht eine Hin- und Rückfahrt zwischen zwei beliebigen belgischen Bahnhöfen. Außer im Juli und August darf an Werktagen die Fahrt erst nach 7.45 Uhr begonnen werden.

Für alle; die noch keine 26 Lenze alt sind, ist der *Go Pass* gedacht, der innerhalb von 6 Monaten 10 Fahrten erlaubt und 1420 BEF kostet. Es gelten bezüglich der Abfahrten die gleichen Bedingungen wie beim *Multi Pass.*

Senioren ab 60 greifen zum nicht personengebundenen *Golden Railpass,* der keine zeitliche Einschränkung kennt, für 6 Fahrten 1 Jahr gilt und für die 2. Klasse 1260 BEF und die 1. Klasse 1940 BEF kostet.

Außerhalb der Spitzenzeiten kann man mit dem *Pass 9+* die Bahn benutzen. Für 10 beliebige einfache Fahrten, die nach 9 Uhr beginnen müssen zahlt man für die 2. Klasse 2100 BEF, für die 1. Klasse 3230 BEF.

Wer mit dem Bus durch Belgien reisen möchte, wende sich in Flandern an die regionalen Infobüros von *De Lijn* (✆ 02/5 26 28 28) und in der Wallonie an die von *TEC* (✆ 0 10/ 28 04 04). Auskünfte zu den städtischen Verkehrsmitteln in Brüssel: ✆ 02/5 12 20 00, Mo–Fr 7.30–17.30 Uhr.

Preisgünstig ist man auch mit der *Mitfahrzentrale Taxistop* unterwegs, die zudem einen hilfreichen B&B-Führer herausgibt: Wolvengracht 28/1, B-1000 Bruxelles, ✆ 02/ 2 23 23 10; B-9000 Gent, Onderbergen 51, ✆ 09/2 23 23 10.

... mit dem Auto

Belgien verfügt über ein gut ausgebautes Straßennetz mit Nationalstraßen und Autobahnen.

Auf **Autobahnen** gilt eine Geschwindigkeitsbegrenzung von 120 - km/h, auf zweispurigen Nationalstraßen von 90 km/h, innerhalb geschlossener Ortschaften von 50 km/h. Die Ausfahrten der Autobahnen sind durchnumeriert, was die Orientierung erleichtert. Etwas verwirrend sind die Ortsbezeichnungen, die, je nachdem, ob man sich im flämischen oder im wallonischen Landesteil befindet, nur in der jeweiligen Sprache erscheinen, z. B.

Antwerpen – Anvers
De Haan – Le Coq sur mer
Eupen – Nean
Gent – Gand
Ieper – Ypres (Ypern)
Kortrijk – Courtrai
Leuven – Louvain (Löwen)
Liège – Luik (Lüttich)
Mechelen – Malines
Namur – Namen
Soignies – Zinnik
Tongeren – Tongres
Tournai – Doornik
Voeren – Fourons

Verkehrsbestimmungen: Es müssen Sicherheitsgurte angelegt werden, Kinder unter 12 Jahren müssen auf der Rückbank sitzen. Es gilt die 0,5-Promille-Grenze für das Fahren nach Genuß von Alkohol. Neben der üblichen Ausschilderung wird Parkverbot durch eine durchgezogene gelbe Linie am Bordstein signalisiert. Bei Verkehrsvergehen ist die Polizei berechtigt, das fällige Bußgeld an Ort und Stelle zu kassieren.

Tankstellen entlang der Autobahnen sind Tag und Nacht geöffnet. Tankstellen, die nachts kein Personal beschäftigen, haben automatische Zapfsäulen, die 100-Francs-Scheine oder Kreditkarten annehmen. An den Tankstellen ist verbleites Super, Superplus (unverbleit 98 Oktan), Eurosuper (unverbleit, 95 Oktan) und verbleites Normalbenzin (Regular, 91–92 Oktan) erhältlich. Über die Abgabestellen von Autogas informiert LPG Info, Rue Lambert Crickx 19, B-1060 Bruxelles, ✆ 02/5 23 63 03.

Pannenhilfe:
K.A.C.B./R.A.C.B. SOS-Pannenhilfe: 0 78/15 20 00
Touring Secours/Touring Wegenhulp: 0 70/34 47 77
VTB-VAB: 03/2 53 63 63
Da die Pannenhilfe der Automobilclubs i.d.R. nur für Clubmitglieder kostenlos ist, sollte man deswegen beim ADAC anfragen. Es ist möglich, Mitglied in einem belgischen Automobilclub zu werden: RAC de Belgique, Aarlenstr./Rue d'Arlon 53, B-1040 Bruxelles, ✆ 02/2 87 09 11–12; Touring Club de Belgique/Touring Secours, Wetstr./Rue de la Loi 44, B-1040 Bruxelles, ✆ 02/2 33 22 11.

Mietwagen erhält man u. a. bei Hertz (✆ 02/7 20 60 44) am Flughafen Brüssel-Zaventem und zudem bei diversen AVIS-Niederlassungen:
Antwerpen (B-2000), Platin en Moretuslei 62, ✆ 03/2 18 94 96
Brüssel, Flugh., ✆ 02/7 20 09 44
Brüssel (B-1070), Gare du Midi, ✆ 02/5 39 13 62
Brügge (B-8000), St-Pieterskaai 48, ✆ 0 50/31 45 44
Gent (B-9000), Kortrijksesteenweg 676-678, ✆ 09/2 22 00 53
Hasselt (B-3500), Gouv. Verwilgensingel 28, ✆ 0 11/21 02 51
Liège (B-4000), Bd. d'Avroy 238b, ✆ 0 41/2 52 55 00
Mons (B-7000), Bd. Gendebien 8, ✆ 0 65/36 13 59
Namur (B-5000), Av. des Combattants 31, ✆ 0 81/73 57 80
Oostende (B-8400), Visserskai 8, ✆ 0 59/70 07 89

UNTERKUNFT

Hotels

Das Übernachtungsangebot reicht vom einfachen Familien- bis zum Luxushotel. Die Ausstattung eines Hotels bestimmt nur zum Teil den Preis, es hängt auch oft vom Standort ab. Während man etwa für ein Zimmer in einem 4-Sterne-Hotel in Aalst 140–235 DM bezahlt, kann es in gleicher Ausstattung in Mechelen 225–390 DM, in Brüssel hingegen 270–900 DM kosten.

Das Belgische Fremdenverkehrsamt gibt jedes Jahr die Hotelführer »Flandern« sowie »Ardennen und Brüssel« heraus, in dem alle Hotels mit Ausstattungshinweisen und Preisangaben aufgenommen sind. Die Klassifizierung bezieht sich auf den Ausstattungsstandard der Hotels und wird nach der »Benelux-Norm« durchgeführt.

****	Zimmer mit Bad/WC, Restaurant, Zimmerservice und Nachtportier
***	Die meisten Zimmer mit Bad/WC, Gästeaufenthaltsraum (ohne Verzehrzwang), kein Nachtportier
**	Mindestens 25 % der Zimmer mit Bad/WC
*	Zimmer mit fließend kaltem und warmem Wasser, eventuell Dusche, WC auf dem Flur
H	nur minimale Komfortansprüche
O	Übernachtung ohne Komfortgarantie

In den meisten der im Hotelführer aufgelisteten Häuser ist Frühstück im Übernachtungspreis inbegriffen. Die Zimmer der 3- und 4-Sterne-Hotels sind zumeist mit Farb-TV und Telefon, einige auch mit Föhn und Hosenbügler ausgestattet.

Wer nicht selbst buchen möchte, wende sich an das *BTR* in Brüssel (s. S. 243).

Privatunterkünfte und Ferienhäuser

Neben »Bed & Breakfast« bietet sich bei längeren Ferien in den Ardennen oder an der Nordseeküste das Anmieten eines Hauses oder einer Ferienwohnung an. Der Preis für ein Doppelzimmer »B & B« liegt bei etwa 45–110 DM, für ein Ferienhaus je nach Größe bei 500–1200 DM in der Woche.

Informative Broschüren sind: »Bed & Breakfast and Rentals« (150 BEF, Taxistop, Onderbergen 51, 9000 Gent, ✆ 09/2 23 23 10), »Maisons d'Ardenne« (Fédération Touristique du Luxembourg Belge, Quai de l'Ourthe 9, B-6980 La Roche-en-Ardenne, ✆ 0 84/41 10 11), »Gîtes de Wallonie« (Gîtes de Wallonie, Rue du Millénaire 1, B-6941 Villers-Ste-Gertrude, ✆ 0 86/49 97 24), »Provincie Antwerpen Gastkamers en Vakantiewoningen« und »Logies, Accomodations, Logement, Unterkunft« (Toeristische Federatie Provincie Antwerpen, s. S. 253). In dem vom Verkehrsamt der Ostkantone (s. S. 254) herausgegebenen »Ferienkatalog« findet man zahlreiche Angebote von Ferienwohnungen, für deren Anmieten man sich am besten an die Reservierungszentrale wendet (✆ 0 80/22 76 64).

Für Ferienwohnungen und -häuser an der belgischen Nordseeküste wendet man sich an den *Belgischen Reservierungsservice* (BRS, Markusplatz 12, 50968 Köln, ✆ 02 21/37 60 40, 9–21 Uhr, Fax 37 10 41.

Jugendherbergen

Die Jugendherbergen unterstehen in Flandern der »Vlaamse Jeugdherbergcentrale« (van Stralenstr. 40, B-2060 Antwerpen, ✆ 03/2 32 72 18, Fax 2 31 81 26), in der Wallonie der Organisation *Les auberges de jeunesse Asbl* (Rue de la Sablonnière 28, B-1000 Bruxelles, ✆ 02/2 19 56 76, Fax 2 19 14 51).

Jugendherbergen gibt es u. a. in Antwerpen, Bokrijk, Bouillon, Brügge, Champlon, Diest, Gent, Geraardsbergen, Huizingen, Huy-Tihange, Kortrijk, Liège, Maldegem, Malmédy, Namur, Oostduinkerke, Oostende, St. Vith, Tienen, Tongeren, Tournai, Vleteren, Voeren, Westerlo und Zoersel. Brüssel verfügt über drei Jugendherbergen.

Angeboten werden Einzel-, Doppel- und Mehrbettzimmern für bis zu 8 Personen mit Frühstück. In den Jugendherbergen von Bouillon, Namur und Tournai kostet dies 405 BEF, in der Brüsseler Jugendherberge Jacques Brel und der Herberge Generation Europe in Liège im Einzelzimmer 695 BEF, im 2-Bett-Zimmer 570 BEF und im 4-Bett-Zimmer 410 BEF. In Zoersel

übernachtet man hingegen schon für 320 BEF. Wer seinen Lunch im Hostel einnimmt zahlt 170–275 BEF, für ein Menü werden 275 BEF verlangt.

Die Brüsseler Herbergen Jacques Brel und Nihon, sind ebenso wie die in Malmédy, Namur, Torunai und auf behinderte Gäste eingestellt.

Camping

Einen billigen Urlaub verlebt man auf den Campinganlagen, die in offiziellen Verzeichnissen von *Toerisme Vlaanderen* und *OPT* aufgenommen wurden. Die Plätze sind in vier Kategorien eingeteilt:

*	Trinkwasser, Kaltwasserduschen, Toiletten, Waschbecken und beleuchtete Gemeinschaftsanlagen
**	tagsüber bewacht, 20% der Plätze verfügen über Elektroanschlüsse
***	Tag und Nacht bewacht, Warmwasserduschen, Spiel- und Sportanlagen, Wasch- und Geschirrspülgelegenheiten, ein Laden und ein Aufenthaltsraum, Stromanschlüsse für 50 % der Plätze
****	alle Plätze mit Stromanschluß, Restaurant

Je nach Austattung der Anlage kostet eine Übernachtung für 2 Erwachsene und 2 Kinder mit Auto und Zelt zwischen 200 BEF (Yvoir) und 1000 BEF (Brüssel).

KULINARISCHES LEXIKON

Asperges op z'n Vlaams   Spargel mit gehacktem Ei

Antwerpse handjes   Gebäck aus Schokolade mit Cremefüllung

Anguille au Vert/Paling in t'groen   Aal in grüner Kräutersauce

Canard à l'orange   Geschmorte Ente mit Orangen

Carbonade flamande   Rindfleischragout in Bier

Choezels   Innereien und Champignons in Madeira-Sauce

Couques   Gewürzbrot aus Dinant

Doubles   Mit Käse aus Herve oder Maredsous gefüllte Crépes, eine Spezialität aus Binche

Endives à la Flamande   Chicorée auf flämische Art

Fazant met Groene Appels   Fasan im Schmortopf mit grünen Äpfeln, Speck und Zwiebelstücken

Hochepot   Eintopf mit Innereien vom Schwein, Speck und Gemüse in kräuterwürziger Brühe (Gent)

Hutspot   Eintopf mit püriertem Gemüse und Fleischstücken

Kletskoppen   Dünne Haselnuß-Mandel-Zuckerkekse

Lapin à la Moutarde   Kaninchen mit Senf

Noisette de Porc aux Pruneaux   Schweinefilet mit Backpflaumen

Partrijs in de Pot   Rebhühner im Schmortopf mit Wirsingkohl

Sole au Gratin   Überbackene Seezunge mit gehackten Schalotten, Champignons und Petersilie

Slaapmuts   Hefeteigtasche mit Marzipanfüllung

Tarte au Maton   Torte mit Frischkäse und Mandeln, eine Spezialität aus Geraardsbergen

Varkensrollade met Appels   Schweinerollbraten mit Apfel

Waterzooi   Huhn oder Fisch (Steinbutt oder Aal) in Hühner- bzw. Fischbrühe mit Crème fraîche

Witte Worst   Weißwurst (Veurne)

Worstebrood   Blätterteiggebäck mit Schweinemett oder Kalbsgehacktem (Antwerpen)

URLAUBSAKTIVITÄTEN

Radfahren

Radfahren ist die beste und gesündeste Art, sich die Sehenswürdigkeiten und Naturschönheiten Belgiens zu erschließen. Aus der Vielzahl der markierten Touren, die fast alle Landesteile bieten, seien hier nur einige genannt:

Der **Duinpolderpad** führt durch die Dünen der Nordseeküste. Auf der **Schmugglerroute** ist man in der Polderlandschaft des belgisch-niederländischen Grenzgebietes bei Damme. Der **Baksteenpad** an Schelde und Rupel führt zum Ziegeleimuseum in Rumst und zur prächtigen St. Bernardusabtei (Hemiksem). Die Wälder bei Westerlo erschließt der **Laak - en Netepad.** Was es mit dem einstigen Bollwerk »Festung Antwerpen« auf sich hat, erfährt man radelnd auf der 40 km langen **Brialmontroute,** bei der man auch zum Provinciaal Museum Sterckshof (Antwerpen) mit seiner herausragende Sammlung von Silberwaren gelangt. In das beschauliche Umland von Mechelen führt die **Dijlevalleiroute.** Wer zwischen Dendermonde und Aalst in die Pedale treten möchte, folgt der **Reuzenroute.** Die Geheimnisse des Tabakanbaus erfährt man auf der **Tabakroute** rund um Wervik (Westflandern). **Twee Getenroute** und **Landense Fietsroute** führen durch das Haspengau, die **Kastelenroute** zu Schloß Gaasbeek im Pajottenland westlich von Brüssel. Über 32 km führt der Weg von Han-sur-Lesse, über Lavaux-Sainte-Anne mit einem Wasserschloß (15. Jh.) bis nach Rochefort mit seinen Burgruinen.

Entlang der 641 km-Fahrrad-Route durch Flandern kann man auf Campingplätzen in sog. Trekkerhütten (4 Schlafplätze, Kochstelle) übernachten; **Information/Reservierung** bei TFPA Toerisme Kempen, Grote Markt 44, B-2300 Turnhout, ☎ 0 14/43 61 11, Fax 42 88 01.

Zumeist sind die Touren mit sechseckigen, gut sichtbaren Schildern markiert, auf denen der Tourname, das Toursymbol und die Richtung angegeben sind. Ergänzend kann man in Broschüren mit Tourenvorschlägen und Skizzen (Niederländisch/Französisch) nachschlagen, um sich auf der Strecke zu orientieren und über Sehenswürdigkeiten zu informieren. Ratsam ist auch der Kauf einer topographischen Karte, insbesondere für Touren durch die bergigen Ardennen, um je nach Anstiegsgraden und körperlicher Fitness die Länge der Tour festlegen zu können. Karten und Broschüren können über Tourismusföderationen der Provinzen bezogen werden.

Radverleih: Auf 35 Bahnhöfen kann man sich zwischen 7 und 20 Uhr Räder mit Dreigangschaltung ausleihen. Die Bahnreise nebst Fahrradmiete kostet je nach Anreisestrecke zwischen 335 und 615 BEF. In Rivage, Spa, Trois-Ponts und Vielsalm kann man übrigens auch Mountain Bikes mit 21 Gängen ausleihen. Dann zahlt man je nach Anreisestrecke plus

Bike-Miete 650–840 BEF. Die Kaution beträgt jeweils 500 bzw. 1500 BEF. Wer lediglich ein Rad mieten möchte, zahlt 325 BEF pro Tag. Auf Anfrage erhält man eine Pumpe, eine Werkzeugtasche, Gepäckgummibänder und ein Schloß. Verleihbahnhöfe findet man im Faltblatt »Trein+Fiets«, Tourenideen in der Broschüre »B-Dagtrips« (Belgischen Eisenbahnen, s. S. 244).

Wandern

Überall in Belgien gibt es gut markierte Wanderrouten, die durch die schönsten und touristisch interessantesten Gegenden des Landes führen. Wanderkarten und -vorschläge sind bei den örtlichen Fremdenverkehrsämtern und bei den Tourismusföderationen erhältlich. Nur in Niederländisch/Französisch erschienen sind die »Topo-Gids« (hrsg. S.G.R., Postbus 10, 4000 Liège 1) zu verschiedenen *Grande Randonnées* (Fernwanderwegen).

Überaus interessant sind die thematischen Tageswanderungen des Naturzentrums »Haus Ternell« in Eupen (✆ 0 87/55 23 13), so die vom Brack- zum Imgenbroicher Venn und die botanische Tour durch den Hertogenwald.

Wen es in die Ardennen zieht, durchstreift in fünf Tagen das Lesse-Tal und besucht Famenne sowie Andenne; Reservierung: Cap Nam, Rue Pieds d'Alouette, 18 Bte 2, 5100 Naninne, ✆ 0 81/40 80 10.

Kajakfahren

Herrlich sind Kajakausflüge auf der Lesse, einem Nebenfluß der Maas, sowie ab Hotton oder La-Roche auf der Ourthe. Mit »B-Dagtrips« der Belgischen Eisenbahnen (s. S. 245) geht es nach Houyet und von dort mit *Kayaks Libert* (✆ 0 82/22 61 86) die Lesse hinab nach Anseremme. An vielen Orten kann man Kajaks mieten, meist wird auch der Rücktransport der Boote organisiert.

Informationen: Ardenne-Aventures, Rue de l'église 27, 6980 La Roche, ✆ 0 84/41 13 47; Lesse Kayaks, Pl. De l'Eglise 2, 5500 Anseremme, ✆ 0 82/22 43 97; SPRL Kayaks Lesse et Lomme, Le Plan d'Eau, B-5580 Han-sur-Lesse, ✆ 082/22 43 97.

Baden

Für Badespaß sorgt der 66 km lange Nordseestrand zwischen De Panne und Knokke-Heist. Nacktbaden ist allerdings nicht erlaubt. Die Ferienorte entlang der Küste bieten allen Komfort, Strandkörbe und Windschutz können ebenso gemietet werden wie Umkleidekabinen und Strandspielgerät. Nur an den Stränden von Bredene, Koksijde, Nieuwpoort und Oostduinkerke dürfen Hunde frei herumlaufen, nicht aber während der Ferienzeit in Blankenberge, De Haan, Knokke, Middelkerk, Oostende, Zeebrugge. Entlang der belgischen Küste verkehrt eine Küstenstraßenbahn mit 67 Haltepunkten.

REISEINFORMATIONEN VON A BIS Z

Auskunftsstellen

Touristische Informationen sind beim jeweiligen *Syndicat d'Initiative du Tourisme* bzw. *Office du Tourisme* in der Region Wallonie, *Vereninging voor Vreemdelingenverkeer* (VVV) bzw. *Dienst voor Toerisme* in der Region Flandern zu erhalten. Sie verfügen über Hotellisten, Stadtbeschreibungen, Wanderkarten und Fahrradrouten, reservieren Unterkünfte, vermitteln Fremdenführer und Wochenend- und Kurzurlaubsarrangements.

Das Informationsmaterial ist in Niederländisch und Französisch, teilweise auch in Deutsch gehalten. Tourismusverbände der Provinzen und örtliche Fremdenverkehrsämter und -vereine sind in der Regel werktags (manchmal auch sonntags) zwischen 9 und 17 Uhr ansprechbar. Man sollte sich unbedingt vorher telefonisch nach den genauen Öffnungszeiten erkundigen.

**Féderation du Tourisme/
Toeristische Federatie**

Antwerpen
Koningin Elisabethstraat
B-2018 Antwerpen
✆ 03/2 40 63 73
Fax 2 40 63 83
E-Mail tpa@tourprovantwerp.be
Internet: www.tourprovantwerp.be

Flämisch-Brabant
Diestsesteenweg 52/L. Vanderkelenstraat 30, B-3000 Leuven

✆ 0 16/26 76 20, 26 76 22
Fax 26 76 76

Wallonisch-Brabant
Ch. de Bruxelles 218
B-1410 Waterloo
✆ 0 2/3 51 12 00, Fax 3 51 13 00

Brüssel
T.I.B.
Stadhuis van Brussel, Grote Markt
B-1000 Bruxelles
✆ 02/5 13 89 40, Fax 5 14 45 38

Hainaut
31, Rue de Clercs
B-7000 Mons
✆ 0 65/36 04 64, Fax 33 57 32

Liège
77, Boulevard de la Sauvenière
B-4000 Liege
✆ 0 41/2 32 65 10, Fax 2 32 65 11

Limburg
Universiteitslaan 1
B-3500 Hasselt
✆ 0 11/23 74 50, Fax 23 74 66

Luxembourg Belge
9, Quai de l'Ourthe
B-6980 La Roche-en-Ardenne
✆ 0 84/41 10 11, Fax 41 24 39

Namur
Rue Pieds d'Alouette 18 - Bte 2
B-5100 Naninne
✆ 081/40 80 10, Fax 40 80 20

Oost-Vlaanderen
Woodrow Wilsonplein 3

B-9000 Gent
✆ 09/2 67 70 20
Fax 2 67 71 99

Ostkantone
Mühlenbachstraße 2
B-4780 St. Vith
✆ 0 80/22 76 64
Fax 22 65 39

West-Vlaanderen
Kasteel Tillegem
B-8200 Brugge 2
✆ 0 50/38 02 96
Fax 38 02 92

Diplomatische Vertretungen

**Botschaft der Bundesrepublik
Deutschland**
Avenue de Tervuren 190
B-1150 Bruxelles
✆ 02/7 74 19 11, Fax 7 72 36 92

Botschaft der Republik Österreichs
Rue de l'Abbaye 47
B-1050 Bruxelles
✆ 02/6 49 91 70, Fax 6 40 98 27

**Botschaft der Schweizer
Eidgenossenschaft**
Rue de la Loi 26
B-1040 Bruxelles
✆ 02/2 85 43 50, Fax 2 30 37 81

Feiertage

Gesetzliche Feiertage sind 1. Januar, Ostermontag, 1. Mai, Christi Himmelfahrt, Pfingstmontag, 21. Juli (Belgischer Nationalfeiertag), Mariä Himmelfahrt, 1. November (Allerheiligen), 11. November (Waffenstill-

standstag 1918), 1. und 2. Weihnachtstag. An diesen Tagen sind Geschäfte, Ämter und tw. auch die Museen geschlossen.

Geld und Geldwechsel

Der Belgische Franc entspricht 0,04848 DM bzw. 0,0248 Euro. Es sind Münzen zu 50, 20, 5 und 1 BEF sowie 50 Centimes und Banknoten zu 100, 500, 1000, 2000 und 10 000 BEF im Umlauf.

Reise- und Euroschecks, ausgestellt bis 7000 BEF, sind ebenso geläufige Zahlungsmittel wie internationale Kreditkarten, die von Hotels, Restaurants, Geschäften und Banken akzeptiert werden.

Gesundheit

Aufgrund der EU-Verordnung über soziale Sicherheit sind Reisende aus Deutschland während ihres Aufenthaltes berechtigt, Leistungen (ärztliche, zahnärztliche und stationäre Behandlung, Arzneien u. ä.) zu beanspruchen. Die Leistungen werden durch die am Aufenthaltsort zuständigen belgischen Krankenkassen *(Office régional de la Caisse Auxiliaire d'Assurance Maladie-Invalidité* und *Gewestzelijke Dienst van de Hulpkas voor Ziekte- en Invaliditeitsverzekering)* gewährt. Da in Belgien eine ärztliche und zahnärztliche Behandlung nicht kostenlos gegen die Abgabe eines Krankenscheins erfolgt, muß die Behandlung zunächst privat bezahlt werden. Es empfiehlt sich, nur Vertragsärzte zu konsultieren, deren Adressen über die belgischen Kran-

Feste und Festivals

Februar/ März	Binche, Stavelot, Aalst u. a.	Karnevalstreiben und Umzüge
April	Herve	Reiterumzug
Mai	Brüssel	Besichtigung der Königlichen Treibhäuser von Laeken
	Mechelen	Hanswijk-Prozession
	Brügge	Hl. Blutprozession
Anfang Juli	Brüssel	Ommegang
21. Juli	Belgien	Nationalfeiertag
Ende Juli	Brüssel	Zugang zum Königlichen Palast
Juli	Veurne	Bußprozession
August	Leuven	Markt-Rock
	Dendermonde	Traditioneller Riesen-Umzug
	Francorchamps	Großer Preis der Formel Eins
	Liège	Fest des 15. August in Outremeuse
Mitte August	Antwerpen	Jazz Middelheim
	Rossignol	Gaume Jazz Festival
September	St-Hubert	Internationale Jagd- und Naturtage
	Mol	Lichterumzug vom Rosenberg
	Tournai	Große Historische Prozession
September 3. Wochenende	Namur	Fest der Wallonie
Oktober	Gent	Internationales Filmfestspiel zu Flandern-Gent
November	St-Hubert	Pilgerzug zu Ehren des hl. Hubert

kenkassen zu erfahren sind. Gegen Vorlage des von einer deutschen Krankenkasse ausgestellten Vordrucks (E 111) und der detaillierten Honorarabrechnung über die erbrachten Leistungen erstatten die belgischen Krankenkassen Versicherten aus der BRD 75 % der entstandenen Kosten. Eine Kostenerstattung über die Krankenkasse nach dem Urlaubsende ist ebenfalls möglich. Ähnliches gilt für Österreicher, die sich am be-sten vor Reiseantritt bei Ihren Krankenkassen erkundigen.

Schweizer müssen die Behandlungskosten selbst tragen. Wegen einer Rückerstattung sind die jeweiligen Krankenkassen anzusprechen.

Medien

In deutscher Sprache erscheinen die Tageszeitung »Grenz-Echo« und die vierzehntägige »Brüsseler Rundschau« mit Veranstaltungstips. Das flämischsprachige Wochenblatt »Knack« bietet ebenfalls Veranstaltungstips sowie als festen Bestandteil jeder Ausgabe »Knack auf Deutsch«. Auch das englischsprachige Magazin »Bulletin« veröffentlicht jede Woche unter dem Stichwort »What's on?« einen umfangreichen Veranstaltungskalender, der sich nicht nur auf Brüssel bezieht.

Notruf

Feuerwehr	1 00
Polizei	1 01

Öffnungszeiten

Die üblichen sind Verkaufszeiten sind 9–18 Uhr, Fr bis 21 Uhr. Bäckereien, Metzgereien und andere Lebensmittelgeschäfte haben oft auch am Sonntag geöffnet und schließen dafür an einem anderen Wochentag. Banken haben Mo–Fr 9–12.30 und 14–16 Uhr geöffnet, in einigen Städten auch am Sa vormittags.

Post und Telefon

Die Postämter sind in der Regel Mo–Fr 9–17 Uhr sowie Sa 9–12 Uhr geöffnet. Besitzer eines Postsparbuchs können auf allen Postämtern Geld abheben.

Mittlerweile sind Telecard-Telefonzellen eingerichtet worden, die man nur mit Telecards (200 BEF für 20 Einheiten und 1000 BEF für 105 Einheiten, auf Postämtern, an Bahnhöfen, Kiosken erhältlich) benutzen kann.

Landesvorwahlnummern
Deutschland 00 49
Österreich 00 43
Schweiz 00 41
Belgien 00 32

Auskunft
Inlandsauskunft: ✆ 12 07
Auslandauskunft: ✆ 12 24

Verkehrsfunk

Der Verkehrsfunk sendet u. a. auf den Frequenzen FM 94.2, FM 99.9, FM 91.7 und FM 95.7.

LITERATUR-/MUSIKEMPFEHLUNGEN

Lesestoff

Arens, Arnold: Das Phänomen Simenon, Stuttgart 1988

Boon, Louis Paul: Blaubärtchen im Wunderland, Aachen 1994

Boon, Louis Paul: Der Paradiesvogel, Aachen 1993

Claus, Hugo: Belladonna, Stuttgart 1996

Claus, Hugo: Jacobs Verlangen, Frankfurt 1996

Coster, Charles de/Pieter Breugel (III.): Uilenspiegel und Lamme Goedzak, Arnsberg 1996

Fellini, Federico/Simenon, Georges: Mon cher Fellini – Briefwechsel, Zürich 1997

Hugo, Victor: Die Elenden, Zürich 1986

Simenon, Georges: Als ich alt war – Tagebücher 1960–1963, Zürich 1995

Simenon, Georges: Die Flucht der Flamen, Zürich 1991

Simenon, Georges: Der Bürgermeister von Furnes, Zürich 1984

Simenon, Georges: Maigret und der Gehängte von Saint-Pholien, Zürich 1981

Timmermans, Felix: Das Glück in der Stille, Frankfurt a. M. 1997

Yourcenar, Marguerite: Das blaue Märchen und andere Geschichten, Frankfurt a. M. 1997

Im Carlsen-Verlag, Hamburg, sind die Comics »Spirou und Fantasio« von Franquin und »Tintin« von Hergé erschienen

Jazz

Aka Moon: Akasha Vol 1 und Vol 2, Carbon 7

Jean-Pierre Catoul/Gwenael Micault & Band: Other Worlds, 4 Elements

Pierre van Dormaele & Soriba Kouyate: Djigui, Igloo

Kurt van Herck Quartet: Another Day another Dollar, Igloo

Chris Joris: On Children's Street, Lyrae

K.D.'s Basement Party: Sketches of Belgium, De Werf

Octurn: Ocean, De Werf

Rock

Arno: Give me the Gift, Citizen/Delabel

dEus: In a Bar, under the Sea, Bang Productions

Feso: Fesotivities, VIA Records Belgium

F.T.: Faith, FT Records

Tam' Echo 'Tam: A capella, Lyrae

Zap Mama: Zap Mama (7), Virgin

Chansons

Dirk van Esbroeck: De Zee en haar Oevers, Myron

Dirk van Esbroeck: Van op de hoge brug, Myron

Wannes van de Velde: Het beste van Wannes van de Velde, Philips

Willem Vermandere: Een avond in Brussel, Philips

Johan Verminnen: Alles leeft, BMG Belgium

ABBILDUNGSNACHWEIS

Archiv für Kunst und Geschichte, Berlin   S. 29, 31, 33, 37, 40, 42, 52, 173, 174, 175

Bodo Bondzio, Köln   S. 158/9

DuMont Archiv, Köln   S. 28, 38, 39, 41

Ferdinand Dupuis-Panther, Hamburg   S. 16, 26/27, 43 o., 46, 60, 61, 63, 78, 81, 85, 88/89, 92, 93, 94, 107, 111, 115, 116/7, 121, 132, 148, 166/7, 180/1, 183, 187, 221, 223

Wolfgang Fritz, Köln   S. 163

Max Grönert, Köln   S. 10/11, 12

Rainer Hackenberg, Köln   S. 45 li., 56, 86, 102, 196/7, 209, 211, 214, 215, 228

Paul Hahn/lauf, Köln   Umschlagrückseite u., S. 1

Gernot Huber/laif, Köln   Umschlaginnenklappe vorn

Robert Janke, Linnich-Boslar   S. 43 u., 44, 45 re., 66/67, 72, 75, 96/97, 123, 191, 192, 202, 206/7, 226, 230/1, 239

Joseph Jeiter, Morschenich   S. 160

Europa-Farbbildarchiv Klammet, Ohlstadt   S. 70

Werner Preuß, Köln   S. 128

Jo Scholten, Nettetal   S. 24, 57, 142, 164, 170/1, 193, 216/7

Martin Thomas, Aachen   Titelbild, Umschlaginnenklappe hinten, Umschlagrückseite o. und Mitte, S. 2/3, 13, 152/3

Ullstein Bilderdienst, Berlin   S. 32, 51, 54, 55

VG Bild-Kunst, Bonn 1997   S. 28, 41

VG Bild-Kunst, Bonn 1997/Fond. P. Delvaux S. Idesbald/B   S. 42

ZEFA, Düsseldorf   S. 137 (Hackenberg), 237 (Starfoto)

Abbildung S. 126, 127 aus dem Buch »Aus dem schönen Lier« von Felix Timmermanns, mit freundlicher Genehmigung des Insel Verlags Frankfurt

Zitat auf der hinteren Umschlaginnenklappe aus: Felix Timmermanns »Pallieter«, mit freundlicher Genehmigung des Insel Verlags Frankfurt

Karten und Pläne: DuMont Buchverlag, Köln

REGISTER

Orte